■ 河北省社会科学基金项目（HB23ZT074）
■ 中共河北省委党校（河北行政学院）资助项目

基层监督法治化研究

Research on the Rule of Law in Grassroots Supervision

甄贞 著

中国社会科学出版社

图书在版编目（CIP）数据

基层监督法治化研究 / 甄贞著．—北京：中国社会科学出版社，2024.4
ISBN 978 - 7 - 5227 - 3341 - 8

Ⅰ.①基…　Ⅱ.①甄…　Ⅲ.①基层组织—民主监督—研究—中国②基层组织—社会主义法制—研究—中国　Ⅳ.①D638②D927.55

中国国家版本馆 CIP 数据核字（2024）第 066189 号

出 版 人　赵剑英
责任编辑　王　琪
责任校对　杜若普
责任印制　王　超

出　　版　中国社会科学出版社
社　　址　北京鼓楼西大街甲 158 号
邮　　编　100720
网　　址　http://www.csspw.cn
发 行 部　010 - 84083685
门 市 部　010 - 84029450
经　　销　新华书店及其他书店

印刷装订　三河市华骏印务包装有限公司
版　　次　2024 年 4 月第 1 版
印　　次　2024 年 4 月第 1 次印刷

开　　本　710 × 1000　1/16
印　　张　13.75
插　　页　2
字　　数　218 千字
定　　价　75.00 元

序

全面从严治党，聚焦加强党的领导和党的建设，推进制度创新，形成比较完善的党内法规体系，搭建起党和国家监督体系的“四梁八柱”，把权力关进制度的笼子，是新时代中国共产党加强自身建设的鲜明特征和重大举措，也实现了理论上的重大突破。党的十八大以来，以习近平同志为核心的党中央高瞻远瞩，将全面从严治党纳入“四个全面”战略布局，直面“四大考验”“四大危险”，以顽强的意志品质正风肃纪、反腐惩恶，党内政治生活气象更新，党内政治生态明显好转，党的创造力、凝聚力、战斗力显著增强。坚定不移全面从严治党，把党建设得更加坚强有力，为建设社会主义现代化强国提供了重要保障。

基层是党的执政之基、力量之源，基层善治是国家治理体系和治理能力现代化建设的重要内容，基层治理的关键在于基层权力的规范化运行。基层权力作为国家权力在基层的延伸，其规范化运行必须置于有效的制约与监督之下。当前，我国基层权力运行失范与功能异化现象依然存在，是造成基层权力寻租和腐败等问题的根源。监督法治化是习近平法治思想的重要内容，也为推进基层监督的法治化提供了遵循、指明了方向。对基层权力运行进行监督，要通过不断完善党和国家基层监督体系、构建有效的基层监督体制机制实现。

甄贞博士所著的《基层监督法治化研究》，是在其博士学位论文基础上仔细打磨、补充完善而成，付出了很多心血。她按照“理论基础—实践探索—面临难点—原因分析—建构路径”这一逻辑思路展开，以法治化为主线，立足习近平法治思想中的监督理论，梳理党的十八大以来党和国家基层监督的具体实践，分析当前我国基层监督体系中基层组织监督、基层群众监督、基层司法监督、基层舆论监督以及基层专职监督的运行现状及其发挥监督职能中存在的问题，提出应着力从基层监督法治化，即立法、执法、司法、守法、法治文化建设方面入手，不断健全党和国家的基层监督体系，优化基层监督机制。本书很有针对性，也能够对当前基层的反腐败进程起到一定的促进作用。

本书逻辑结构比较严密，论证充分，内容充实，既有理论上的思考，也提出了一些具有应用价值的好建议，实现理论与实践的较好结合。作者本着很强的问题意识，努力在研究视角、研究内容和研究方法上有所创新。在研究视角方面，定位于党的十八大以来党和国家基层监督的体制机制层面。在研究内容方面，对基层组织监督、基层司法监督、基层群众监督、基层舆论监督和村（居）务监督委员会的监督综合起来研究，并对其互动性进行探讨。在研究方法方面，综合运用实证调查法、个案研究法、历史分析法和问卷调查法，既体现时间的纵向维度，又体现空间的横向维度；既有个别案例的剖析，也有就某一方面问题认知的问卷分析。整体来看，基本完成了这样一个具有一定难度的选题，体现了作者较扎实的学术功底和认真执着的科研态度，值得肯定。

监督在管党治党、治国理政中居于重要地位，我们党全面领导、长期执政，面临的最大挑战是对权力的监督。同时，监督问题又是廉政学研究的一个重要领域。基层监督涉及面比较广泛，基层监督质效对于基层权力规范化运行意义重大，而通过加强法律法规建设，提升遵纪守法的意识和执纪执法的力度，使现有的体系更加周严，既能激励基层干部积极作为，又能防止权力的滥用，对于这些问题的研究都有待深入且任重道远。作为已经在党建领域有一定学术造诣的年轻学者，希望甄贞博士在现有研究的基础上继续坚持深入下去，不断产出有价值的研究成果，为推进全面从严治党和基层反腐败斗争的深入发展贡献自己的一分力量！

心无旁骛求是真，艺不精深未可言。甄贞博士在中国社会科学院大学马克思主义学院学习三年，由于新冠疫情的原因更多是线上学习，很欣慰的是甄贞自己没有放松学业，表现出的严谨、执着让我感动。很高兴为甄贞这本专著作序，相信这本书的出版对于甄贞而言是一个新的学术起点，也将会给读者朋友带来更多有益的思考。

孙壮志

2023 年 12 月

目　录

导 论

一 研究缘起

（一）选题背景

党的十八大以来，党和国家提出并不断推进国家治理体系和治理能力现代化。在此背景下，基层治理也受到党和国家前所未有的重视，基层成为构建现代化国家治理体系和治理能力的重要领域。基层治理是国家治理活动的重要内容，是国家和社会治理的基础，关乎中国国家治理体系与治理能力现代化建设的整体进程。党的十八届三中全会通过的《中共中央关于全面深化改革若干重大问题的决定》对社会治理提出明确要求，即“坚持系统治理，加强党委领导，发挥政府主导作用，鼓励和支持社会各方面参与，实现政府治理和社会自我调节、居民自治良性互动”。[①] 这就说明社会治理的主体是多元化的，包括党委、政府、广大人民群众及其他社会组织等。其中，基层党委、政府及基层群众性自治组织作为基层治理的责任担当者和积极推动者，其政治权力的依法行使，是破解基层治理难题、理顺基层利益关系和实现基层资源配置的基本手段。然而，基层党委、政府及基层群众性自治组织的权力配置、结构与运行也存在诸多问题，并造成基层“微权力”运行中的异化现象与职能失范。尤其是随着党和国家大力推动基层治理和乡村振兴战略的实施，治理资源大量融入基层社会，并与基层“微权力”纠缠在一起，而基层“微权力”的异化及其运行失范则为权力寻租提供了可能，成为基层“微权力”滋生腐败的制度性根源。基层监督法治化是破解基层“微

① 《〈中共中央关于全面深化改革若干重大问题的决定〉辅导读本》，人民出版社2013年版，第49页。

权力”运行异化现象与职能失范难题的主要途径，是全面推进依法治国和法治政府建设的重要内容，也是依法行政的基本环节。党的十八大以来，以习近平同志为核心的党中央，在全面依法治国、建设法治中国的伟大实践中，以全新的战略视野和深刻的理论思维，结合中国的实际国情，不断深化对全面依法治国规律的认识，创立了习近平法治思想，为全面推进依法治国和建设法治国家奠定了重要理论基础，提供了根本指引。党的十八届四中全会通过的《中共中央关于全面推进依法治国若干重大问题的决定》，做出了全面推进依法治国的系列重大部署，有力推进了法治中国建设进程。习近平总书记指出：“全面推进依法治国，是解决党和国家事业发展面临的一系列重大问题，解放和增强社会活力、促进社会公平正义、维护社会和谐稳定、确保党和国家长治久安的根本要求。”[①] 因而，推进依法行政，是系统学习和深刻领会习近平法治思想和贯彻落实全面依法治国战略的必然要求。依法行政的目的在于建成法治政府，具体是要求各级政府做到职能科学、权责法定、执法严明、公开公正、廉洁高效和守法诚信。为此，确保行政权力运行的法治化，成为建设法治政府的关键，以及依法治国全面推进的必然要求。

基层“微权力”是国家权力在基层的延伸，处在国家权力结构体系的神经末梢。基层“微权力”运行失范和功能异化治理的关键，在于将之纳入制度性规范的约束，既要坚持依法行政，也要加强基层监督，实现基层监督与依法行政的结合。目前，中国基层“微权力”运行中基层监督体制机制不健全的问题仍然突出，造成基层权力运行与基层监督功能的不匹配。一方面，基层权力运行存在权力集中、审批权滥用可能和权力责任不够明确等问题，造成基层工作人员尤其是基层“一把手”在权力行使中的自由裁量权限过大，可以凭借手中的权力从事谋取私利的行为；另一方面，基层监督在功能设置和资源分配上形成的基层“微权力”监督力度偏弱，无法对基层“微权力”的运行构成有效的制约。因而，在坚持推进基层权力制度性改革，依法明确基层权力行使范围并对基层部门权限进行依法授权的同时，需要着力加强基层监督体制与机制建设，推进基层监督的法治化，依法加强基层监督力量和明确基层监督

---

① 习近平：《论坚持全面依法治国》，中央文献出版社 2020 年版，第 85 页。

职责，建立符合基层“微权力”特点并与其运行机制相适应的基层监督机制，充分发挥基层监督对基层“微权力”的制约作用，将基层“微权力”的运行纳入基层监督的制度性框架。

（二）研究价值

加强基层监督，并将之纳入法治化轨道，是依法规范中国基层“微权力”运行的必然需要，是全面推进依法治国和法治政府建设的必然需要，也是不断夯实党在基层执政的群众基础和不断增强基层政府公信力的必然需要。研究党的十八大以来党和国家的基层监督及其法治化问题，既有非常重要的现实价值，同时也具有较为重要的理论价值。

1. 研究的现实价值

从现实价值看，基层监督及其法治化直面中国基层工作开展中人民群众普遍关注的基层“微权力”运行问题，有助于将国家的权力监督体系推向基层，健全国家监督体系的“神经末梢”，打通国家监察体系建设的“最后一公里”，将基层政府的“微权力”运行充分纳入基层监督之下，以基层监督的法治化强化基层监督力度，依法明确基层监督职责权限，依法健全基层监督的体制机制，依法保障基层监督体系建设的资源投入，让基层“微权力”在基层监督法治化的制约与规范下运行，有效避免基层“微权力”运行失范和功能异化的怪象，让基层老百姓切实感受到基层“微权力”运行在阳光之下。基层“微权力”是国家权力在基层的延伸，其权力的源头在于国家。在中国，基层权力的运行质量直接关乎党的形象，因为党是长期执政党，代表人民执掌国家权力。从党的建设和国家长远发展来看，基层监督及其法治化建设，有助于改善党在人民群众心目中的形象，不断夯实党长期执政的基层群众基础，也有助于不断提升基层政府公信力，更好地维护基层政府与人民群众之间的和谐关系。加强基层监督并推进基层监督的法治化，规范基层“微权力”运行，是赢得人民群众衷心拥护的关键所在，也是党的初心使命所系与中国国家权力运行的目的所系。

2. 研究的理论价值

从理论价值看，研究党的十八大以来党和国家推进基层监督的法治化问题，对于深化对社会主义权力监督理论的认识，也具有特殊的重要意义。基层“微权力”作为国家权力在基层治理中的延伸，权力虽不大，却关系重大。基层“微权力”运行直接关乎人民群众的切身利益，关系基层治理的质量和基层社会的安定，是巩固党基层执政的基石，也是提高政府公信力和赢得人民群众支持的基础。基层治理在国家治理体系中处在最末端，国家治理资源的配置要经过基层“微权力”的运行得以实现，而基层干部是基层“微权力”的执掌者，并在基层“微权力”的使用中拥有较大的自由裁量权。基层干部行使基层“微权力”拥有较大自由裁量权，是基层治理的必然需要，也符合中国相关基层政府组织法以及村（居）民委员会自治组织法律之规定，但这种自由裁量权极易受到利益诱惑和人情社会的误导，造成基层“微权力”的运行失范和功能异化，导致腐败问题。基层“微权力”运行失范和功能异化的出现，除与权力配置的制度性缺陷有关，也与基层监督体制机制不健全，尤其是与基层监督相关法律法规不完善有关。因而，研究党的十八大以来党和国家基层监督的法治化问题，对于完善社会主义权力监督体系，推进社会主义权力监督理论与基层监督实际的结合，深化对社会主义权力监督规律的认识，有着特殊的重要意义。

二　国内外研究现状述评

（一）国内研究现状述评

党的十八大以来，在党和国家不断推进国家治理能力和治理体系现代化、全面推进依法治国与法治政府建设的背景下，基层“微权力”运行也成为国家治理体系建设的重要领域。在此背景下，如何对基层“微权力”运行进行有效制约，确保其运行有序，充分发挥基层治理效能，也成为各界思考的重要问题。在此过程中，积极健全基层监督的体制机制，发挥基层监督对基层“微权力”运行的制约与监督作用，实现基层“微权力”的规范、有序运行，让其在基层治理中充分发挥应有效能，也成为学界思考的重要问题。围绕该问题，学界对基层权力监督、党内监督、法治监督和民主监督在基层监督中的作用、基层“微腐败”治理、基层监督的地方实践等问题进行了一定研究。分析这些研究成果，有助于全面认识党的十八大以来党和国家推进基层监督法治化问题的研究现状，了解研究中聚焦的主要问题及其存在的薄弱环节，并为进一步深化对党的十八大以来党和国家基层监督法治化问题的认识，提供一定借鉴。鉴于此，从基层权力监督、基层党内监督、基层监督法治化、监察体制改革与基层监督关系等几个角度，对党的十八大以来党和国家基层监督法治化问题的相关研究成果梳理如下。

1. 对基层权力监督问题的研究

基层权力，在学界研究中经常被称为基层“微权力”。基层“微权力”虽小，却因缺乏有效的制度性约束在地方干部行使时具有很大的自由裁量空间，成为造成基层“微权力”运行失范乃至滋生腐败问题的根源，也是党的十八大以来党和国家不断加强基层监督的根本原因。党的十八大以来，学界对基层权力监督问题进行了较为充分的研究，其中的一些研究成果对基层“微权力”运行的现状、运行失范的原因以及加强监督制约的具体措施等问题，进行了一定思考。如 2013 年廖琳便在文章中分析了基层政府权力腐败产生的原因，认为应通过推进权力监督法治化和完善权力制衡机制加强对基层权力腐败的监督。[①] 余敏江则聚焦基层“微权力”的监管问题，深刻分析了基层“微权力”运行失范的制度异化本质及其形成机理，提出应通过压实权责一体等措施加强对基层“微权力”的监管。[②] 王建芹和王钰则从规范基层“微权力”制度模式的角度思考如何规范和谁来规范基层“微权力”的问题，认为基层干部在基层“微权力”行使中的自由裁量权限过大，是造成“公民身边的腐败”的根本原因，应当在基层“微权力”制约中坚持权利制约和权力制约相结合。[③] 可以说，以上研究成果，既认识到了基层“微权力”运行中存在的失范现象，也在研究中基本明确了问题产生的根源，同时从监督制衡的角度提出了应对举措，为进一步分析党的十八大以来党和国家的基层监督实践奠定了一定基础，但其在应对措施的分析中对基层监督法治化问题重视不足，并未充分意识到推进基层监督法治化的切实必要性。

在对基层权力监督问题进行探讨的过程中，学界还将更多的研究精力投入对农村基层权力监督问题探讨之中，并产生了一系列研究成果。

---

① 廖琳：《浅谈对基层政府权力腐败监督的有效路径》，《求实》2013 年第 1 期。

② 余敏江：《基层微权力监管存在的问题与治理之道》，《人民论坛》2021 年第 11 期。

③ 王建芹、王钰：《如何制约、谁来监督——规范基层微权力制度模式再思考》，《观察与思考》2021 年第 4 期。

农村基层权力从权力性质上来看具有特殊性，严格来说，因为村民自治组织并非国家一级行政机构，但就其基层权力的来源及其运行效力来看，与乡镇政府等基层行政权力并无本质差别，同样是国家权力在基层的延伸，是国家治理的“神经末梢”。农村基层权力在运行中存在的失范问题由来已久，是制约农村社会治理的重大问题，也是广大农民普遍关注的重要问题，关系到党长期执政的农民群众基础建设。正因如此，学界在研究基层权力监督问题时将更多的精力投入农村基层权力的监督问题研究。研究中，卢福营对农村基层权力监督中村务监督委员会制度的形成过程、权力调控的实质、运行实效以及再创新的举措进行了探讨，认为应在村级权力调控中充分把握农村的基层社会特点，在村级权力调控监督中充分发挥群众性，提高村级治理制度创新中权力监督的自主性。[①] 秦永超则在研究中认为，应当通过完善县级监察委员会对村级公权力监督的有效覆盖机制，推进乡镇和村级监察职能有效衔接，以实现对村级公权力监督机制的优化。[②]

另外，学界也有一些研究在关注农村基层权力监督机制问题时采用了个案研究的方法，以具体的基层监督案例突出研究的实效性，如王力红对北京农村基层“微权力”监督路径的分析、[③] 戴冰洁和卢福营[④]对浙江省武义县后陈村基层社会治理权力调控模式的研究，都属于研究农村基层监督问题的个案研究。这些研究既注意到了农村基层权力监督问题的普遍性，也充分注意到了影响农村基层权力监督生态的地方政策因素和地域社会环境因素，有效提高了问题研究的实效性与针对性。农村“微权力”的基层监督问题，在党的十八大以来党和国家重视并持续推动的背景下，成为学界研究的热点话题，一些学者在研究中还聚焦该问题对农村基层“微权力”运行中的权力制约问题，引入新的

---

① 卢福营：《基层群众自治视野下的村级权力调控制度创新——浙江省武义县后陈村村务监督委员会制度调查》，《杭州师范大学学报》（社会科学版）2014 年第 6 期。

② 秦永超：《监察体制改革背景下农村基层公权力监督机制优化之策》，《领导科学》2020 年第 30 期。

③ 王力红：《农村基层微权力监督路径和策略研究——以北京为例》，《山西农经》2021 年第 16 期。

④ 戴冰洁、卢福营：《农村基层社会治理的权力调控模式创新——写在后陈村村务监督委员会诞生十周年之际》，《浙江社会科学》2014 年第 6 期。

研究方法，进行了更加深入的分析，如陈建平、胡卫卫、郑逸芳对农村基层小微权力腐败的发生机理进行了深入分析，并在此基础上对农村基层小微权力腐败的治理路径进行了探究。① 以上研究成果充分说明，农村基层监督机制建设，是基层监督机制建设的重要内容，也是学界关注的热点话题。

2. 对基层党内监督问题的研究

党执政的基础在基层，加强基层党建既是党的建设的重要基石，也是规范基层权力运行的重要方式。在基层权力运行中，加强基层党内监督机制建设，是基层监督的重要内容和依靠党规党纪加强基层监督的有效途径。党的十八大以来，在全面从严治党向基层深入推进以及党和国家基层治理实践中，基层党内监督机制建设也成为学界探讨破解基层“微权力”运行失范问题时的重要思路。一些研究虽并非单纯从基层党建角度思考规范基层权力运行的问题，但却将研究视角聚焦在基层党员干部权力行使的制度化规范上，实际上也与基层党建密不可分，如文丰安便将基层监督体系的构建探讨聚焦于新时代的基层领导干部上，认为中国对基层领导干部的权力监督仍存在监督体系整体功能弱、监督体系不完善和监督主体之间的制衡不够等问题，并提出通过积极构建具有监督实效的评估制度、明确法治政府绩效评价目标导向、构建党风廉政建设考核评价体系和权力问责清单体系以及增强监督主体独立性等举措优化健全基层领导干部的权力监督体系。②徐光超则从全面从严治党向基层推进的角度思考如何通过健全基层党内监督以对基层权力运行构成有效制约，认为应在基层建立“以权力制权”和“以权利制权”的约束机制，并为加强基层党内监督提供健全的党内法规等制度保障。③

党的十八大以来，党中央推进全面从严治党，高度重视依规治党和制度治党，把加强党内法规制度建设作为全面从严治党的长远之策、根本之策，作为事关党长期执政、国家长治久安的重大战略任务，摆在突

① 陈建平、胡卫卫、郑逸芳：《农村基层小微权力腐败的发生机理及治理路径研究》，《河南社会科学》2016 年第 5 期。

② 文丰安：《新时代基层领导干部权力监督体系的构建与实现》，《探索》2018 年第 4 期。

③ 徐光超：《全面从严治党，如何在基层落地》，《人民论坛》2017 年第 3 期。

出位置，在积极部署推进的背景下，一些博士学位论文也在研究中选择研究党内监督问题，并在研究中对基层党内监督问题有所涉及，如张银霞就系统梳理了中华人民共和国成立以来党的纪律建设历程，并对党的纪律建设的理论基础、主要特点以及党的十八大以来党加强纪律建设的创新举措与成效等问题进行了探讨，该研究对了解基层党内监督机制也可提供一定借鉴。① 张玉玲则对中华人民共和国成立以来党和国家的监督体系建设进行了研究，分析了中国监督体系的构成要素、结构模式、内容逻辑、发展历程与基本经验，并探讨了中国监督体系的现实挑战和完善对策，也为深化对基层党内监督的认识提供了全方位视角。② 整体来看，党的十八大以来学界对党的监督体系进行了较为充分的探讨，但研究中对基层党内监督的重视不足，研究也不够充分，尤其是缺乏针对基层党内监督机制的专门研究。同时，在研究视角上，多将党的监督体系问题置于党建视角之下，从国家权力角度分析党内监督在国家权力运行体系中制约作用的研究成果也很少，但这些研究成果为进一步分析以基层党内监督加强对基层“微权力”的制约提供了一定借鉴。

3. 对基层监督法治化问题的研究

党的十八大以来，党中央在推进全面从严治党的伟大实践中，特别重视依规治党和依法治党，强调要通过加强制度性建设，将党的权力置于制度的牢笼之中。在此背景下，学界关注党和国家的监督体制机制研究的同时，还将该问题与法治化建设对接，主张推进党和国家权力监督体系的法治化。目前，学界在研究中多着眼于党和国家权力监督体系建设的全局，分析权力监督法治化的必要性与法治举措，研究视角聚焦于基层监督法治化问题的研究成果并不多。党的十八大以来，习近平总书记多次强调要坚持建设中国特色社会主义法治体系，加快构建严密的法治监督体系，为基层监督的法治化奠定了重要理论基础。习近平总书记关于法治监督的系列重要讲话，也引发了学界的深入思考。钱程对习近平法治监督理论的生成逻辑进行了研究，认为习近平法治监督理论制度

---

① 张银霞：《新中国成立以来中国共产党纪律建设研究》，博士学位论文，武汉大学，2017 年。

② 张玉玲：《新中国成立以来党和国家监督体系研究》，博士学位论文，东北师范大学，2021 年。

逻辑层面落实在构建严密的法治监督体系之上，所提供的监督体系范式定位非常准确，高度契合权力监督理论创新与社会实践发展需要。[①] 江必新和张雨则对习近平法治思想中的法治监督理论进行研究，并运用该理论对权力制约监督的内在机理进行了完整阐释，对法治监督体系的组织实施进行了深入探讨，将人民利益置于中心地位，重视发挥人民群众的监督主体地位，推动了权力监督和制约模式的创新。[②] 邓峰彬则重点研究了习近平法治思想中的权力监督理论，认为该理论重视加强党的全面领导，强调将人民群众作为权力监督的归宿，主张推进权力配置法治化，力主实现权力监督与制约共存，坚持将权力监督作为反腐防腐的有效武器，为指导推进监察体制改革，将制度优势转化为治理效能，推动国家治理体系和治理能力现代化，提供了理论遵循。[③] 胡玉鸿则将研究视角进一步聚焦于习近平法治思想中的权力运行制约和监督理论，认为该理论立足于权力本质的人民性与权力作用的两面性，主张必须以严密的法律规范和严格的体制机制对权力进行制约和监督，以充分保障人民群众掌握国家权力。[④] 由以上研究成果可知，重视社会主义法治建设，并强调依法实现对权力的监督，充分保障人民群众监督主体地位和当家做主的权力主体地位，是习近平法治思想的重要内容，也为推进权力监督的法治化，提供了理论遵循。

中国的法治监督思想以及对监督的法治化研究是一脉相承的，孙笑侠和冯建鹏曾专门撰文讨论监督能否与法治兼容的问题，认为中国传统的监督制度并非法治监督，而是人治监督，社会主义监督应是法治监督，要根据法治原理与立场，基于分权制约和正当程序，用法治方式推进中国的监督制度变革，将传统监督制度纳入法治系统，将其培育为法治监督的内在成分。[⑤] 陈国权、张岚和曹伟认为，中国经济社会转型中出现的权力失范现象，是法治缺失的现实表征，主张中国应建设完善的权力制约监督体制，推进民主与法治的融合，重点

① 钱程：《习近平法治监督理论生成逻辑研究》，《北京警察学院学报》2021 年第 5 期。

② 江必新、张雨：《习近平法治思想中的法治监督理论》，《法学研究》2021 年第 2 期。

③ 邓峰彬：《习近平法治思想中的权力监督理论》，《人文杂志》2021 年第 6 期。

④ 胡玉鸿：《习近平法治思想中权力运行制约和监督理论》，《江淮论坛》2021 年第 5 期。

⑤ 孙笑侠、冯建鹏：《监督，能否与法治兼容——从法治立场来反思监督制度》，《中国法学》2005 年第 4 期。

发展法治民主。[①] 以上研究成果充分论证了监督法治化的必要性，并将监督法治化作为社会主义民主法治建设的重要内容。

另外，还有一些学者则将研究视角聚焦于党内监督、民众监督和预算监督法治化等更加具体的监督法治化问题。李广德和王晨光研究了党内监督法治化的法理问题，认为党内权力监督的对象应当属于一种社会权力的领导权，与党的代表和机构享有的作为国家权力的执政权有所区别，因为党内权力监督法治化要通过党内规范的法治化实现，党内法治是社会法治建设的类型之一，这就要求对党内权力的监督也要基于社会法治理论展开。[②] 刘振勇和李玉华则对民众监督的法治问题进行了探讨，认为法治中国建设的关键是法治政府建设，民众监督是法治政府建设中的必需力量，中国应尽快完善内部监督机制，有效对接实现民众监督，甚至可以制定和实施民众监督法，依法规范和保证民众对政府行政权力的监督与制约。[③] 蒋武鹏则将研究视角聚焦于更加具体的预算监督法治化问题，重点对中国政府预算监督法治化的困境与问题、法治化的必要性与优势以及法治化路径等问题进行了探讨，认为中国应从预算监督信息公开、合理配置预算监督权、完善预算法律监督程序和创新预算监督实现方式以及强化党对预算的监督等方面构建完善的预算监督机制。[④] 这些研究为推进中国在党内监督、群众监督和预算监督等具体领域的监督法治化实践提供了一定借鉴。

4. 对监察体制改革与基层监督关系的研究

党的十八大以来，党和国家推进监督法治化取得的显著成就之一，是制定并通过《中华人民共和国监察法》，并成立中华人民共和国国家监察委员会。在此基础上，中国持续推进监察体制改革。在此背景下，学界围绕党的十八大以来中国的监察体制改革及其法治化问题，也进行了不少研究。李红勃在研究监察委员会过程中，认为成立监察委员会，

① 陈国权、张岚、曹伟：《论法治民主与权力制约监督》，《社会科学战线》2012 年第 6 期。

② 李广德、王晨光：《党内权力监督法治化的法理论证》，《马克思主义与现实》2018 年第 1 期。

③ 刘振勇、李玉华：《法治中国向度民众监督的博弈规制与价值弘扬》，《广西社会科学》2015 年第 11 期。

④ 蒋武鹏：《国家治理视域下预算监督法治化研究》，博士学位论文，吉林大学，2020 年。

是权力监督中国模式的一种法治化转型，现实中中国的监察委员会有效发挥对权力的制约监督作用仍面临一些困境，仍需要通过改革推进法治化转型。[①] 王建国则基于习近平法治思想，对党的十八大以来中国的监察体制改革进行了系统研究，分析了习近平法治思想对于监察体制改革的意义与作用以及监察体制改革对习近平法治思想的落实情况，并对坚持习近平法治思想深化监察体制改革的路径进行了探索。[②]

在国家监察体制改革的大背景下，党的十八大以来农村基层监督体制的改革也在推进发展中。学界对监察体制改革的研究虽更多着眼于国家监察体制改革的宏观层面，但也有一些学者对监察体制改革与基层监督的关系进行了一定思考。张家伟便将研究视角聚焦于农村基层监督中的村务监督委员会，认为以村务监督委员会加强村务监督是保障村民行使监督权、对村民委员会权力进行限制和制约的有效途径，中国应重视发挥村务监督委员会的基层监督作用，但要提高农民的法治观念，尤其需要修订相关法律法规，对村务监督委员会行使职责给予有效的法律引领。[③] 陈伟则立足国家监察体制改革的大背景，对新时代基层纪检监察监督的实践运行情况进行了考察，并对其质效提升路径进行了探索，认为基层社会治理要充分发挥基层纪检部门的监督作用，基层纪检监察监督是推进国家专责监督向基层延伸和纪检监察全覆盖的必然要求。[④] 马步广和高青莲则对农村基层选举的监督问题进行了研究，建议通过引入选举观察制度加强对农村基层选举的监督，并对进一步完善村委会选举观察员制度的路径进行了探讨。[⑤] 牟春雪则在城市基层社会多元主体合作治理模式的研究中，对多元主体之间领导与监督以及供给与监督等互动结构关系进行了分析，并对城市基层社会多元主体合作治理模式构建中监督约束机制的构建路径

---

① 李红勃：《迈向监察委员会：权力监督中国模式的法治化转型》，《法学评论》2017 年第 3 期。

② 王建国：《习近平法治思想中关于监察法治论述研究》，《学习论坛》2022 年第 1 期。

③ 张家伟：《法治视角下村务监督委员会的作用发挥研究》，《三晋基层治理》2021 年第 4 期。

④ 陈伟：《基层纪检监察监督的实践运行与质效提升》，《湖北社会科学》2022 年第 5 期。

⑤ 马步广、高青莲：《选举观察制度：基层选举监督新形式的探索与实践》，《江淮论坛》2017 年第 1 期。

进行了探讨。①

（二）国外研究现状述评

依法规制行政权力，构建行政监督体系，是西方政治思想与实践的优良传统，也是西方政治学研究思考的重要问题。随着西方政治制度模式深刻影响世界，以法律制约行政权力，也成为人类政治实践普遍认同的重要原则。以法制权的政治思想，在西方政治思想发展中，至少可以追溯到古希腊时期的亚里士多德，是西方国家权力制约思想的源头，也在极大程度上影响着西方后世政治制度的设计、对法律与行政关系的理解以及政治体系中行政监督的发展，也成为西方政治思想中的重要内涵。亚里士多德主张对行政权力进行法律监督的思想在西方思想启蒙中得到继承和发展。洛克在《政府论》中提出“立法权、行政权、联盟权相互制约”②，认为公民自由是一切的基础，法律的目的是尽可能地扩大自由，提出了分权制约的政治权力架构理论。他认为，权力不加限制便会被滥用，防止权力滥用就要对其进行权力划分，并使之相互形成制约关系，一国的国家权力受到合法合理制约，才能成为一个自由和健全的国家。西方思想启蒙时期的另一位启蒙大师孟德斯鸠则在其《论法的精神》一书中明确提出三权分立思想，“每一个国家有三种权力：（一）立法权力；（二）有关国际法事项的行政权力；（三）有关民政法规事项的行政权力”。③ 即将国家权力分为立法、行政和司法三权，对西方资本主义国家的权力结构制约关系进行了系统的理论阐释。与洛克相比，孟德斯鸠的思想不仅强调分权，同时更在于他还注重权力制衡。孟德斯鸠曾明确指出，掌权者手中的权力若不加制约，便容易对权力滥用，防止权力滥用，最佳方法就是以权制权，依法约束权力。④

西方政治思想发展中，从亚里士多德到洛克和孟德斯鸠所确立起来的分权制约思想，为西方近代政治体制确立中国家权力的结构设计奠定

① 牟春雪：《城市基层社会多元主体合作治理模式研究》，博士学位论文，大连理工大学，2019 年。

② ［英］洛克：《政府论（下）》，叶启芳等译，商务印书馆 1964 年版，第 17 页。

③ ［法］孟德斯鸠：《论法的精神》，张雁深译，商务印书馆 2022 年版，第 185 页。

④ ［法］孟德斯鸠：《论法的精神》，严复译，上海三联书店 2009 年版，第 23 页。

了理论基础，并在近现代西方资本主义政体探索完善中得到贯彻，也对当代西方资本主义政体的发展产生深远影响，还成为西方政治学者研究和关注的重要问题。如美国近代著名政治学家古德诺在《政治与行政：一个对政府的研究》一书中对如何制约行政权进行过深入思考，认为对行政权制约，是权力制约的核心内容，应主要通过依法制约的方式实现。[①] 美国著名政治学家威尔逊在荣任第28任美国总统前，也曾对以法制权的问题进行过深入思考。威尔逊在其《国会政体：美国政治研究》一书中充分揭示了议会对行政权进行制约和监督的作用，认为国会是联邦体制中“一切主动和正常的权力的中心和源泉”。[②] 在国家权力结构中，确立以立法对政府的监督制约权力和确保行政权的有效性同样重要，美国国会应当在发挥立法对政府的制约监督中发挥更大作用，并通过更好地代表民意，实现民众对政府的监督，在此过程中公共舆论对政府的监督作用也要受到应有重视和实现。

可见，对权力监督问题的思考是西方学界政治学研究的历史传统，并在西方政治实践发展中不断走向深入，也为在现代国家政体中实现分权制约和行政监督奠定了重要理论基础，甚至在很大程度上，将是否有效对政府行政权建立有效的法律监督体系，视为国家是否体现出现代性的重要指征。因而，撇开意识形态因素来看，依法制权，建立健全的行政监督体系，实现对行政权的法律制约与监督，不断推进包括基层监督在内的监督法治化，是现代国家政治建设的基本原则和发展趋势。

随着中国不断在经济领域创造奇迹，尤其是综合国力的提升和国际影响力的扩大，世界范围内关于“中国共产党为什么能”和“社会主义为什么好”的思考也逐步展开、深化并发展。在此过程中，国外政界和学界针对中国政治权力运行体制与机制的研究也不断增多，成为“中国热”的重要内容与体现。聚焦于本书关注的党的十八大以来党和国家基层监督法治化问题，国外确实鲜有学者论及。但党的十八大以来，党和

---

① ［美］弗兰克·古德诺：《政治与行政：一个对政府的研究》，王元译，复旦大学出版社2011年版，第34页。

② ［美］威尔逊：《国会政体：美国政治研究》，熊希龄、吕德本译，商务印书馆1989年版，第11页。

国家在加强国家权力监督法治化的过程中进行的持续的反腐败斗争引发了国际研究者的一定关注，其研究成果大多着眼于描述当代中国的发展面貌，并对中国国家权力的运行质量和效率进行直接或间接的反映，而缺乏研究的视角与专业的深度。毕竟，党的十八大以来党和国家的基层监督法治化问题，涉及新时代中国基层的现实发展问题，若非对中国基层经济社会发展情况拥有深刻的了解，仅凭一知半解的个人感受，很难对基层监督及其法治化这样一个非常具体的问题进行专业且有深度的研究。

国外对中国基层监督及其法治化问题虽几乎在研究中未涉及，但国外——包括西方社会同样存在基层腐败问题。因而，国外学者对各国基层社会腐败问题的研究也能为中国健全基层监督机制，推进基层监督法治化，以有效应对基层腐败问题，提供一定借鉴。

一方面，西方有不少学者关注过腐败问题，并对腐败的内涵进行过揭示。阿克顿曾在其《自由与权力》一书中揭示腐败的本质，认为腐败来自权力，绝对权力会造成绝对腐败，因而消除腐败就要制约权力，这需要对权力的监督。① 詹姆斯·布坎南则认为，若需要制定法律约束国家公职人员对职权的行使，也就意味着社会已经将其视为可以在自身职权范围内尽最大限度追逐自身利益的人。② 约瑟夫·奈从公共职位角度出发，认为腐败的现象之所以出现，主要是因为公共职位者出于金钱或地位考虑而造成自己偏离了公共角色与规范职责，或出现了谋私行为。③ 另一方面，也有一些海外学者关注所在国家和地区的基层腐败问题。英国阿诺德·海登海默在《对腐败性质的分析》一文中，将腐败界分为微小腐败、常见腐败与严重腐败三类，而其中提到的“微小腐败”就是指基层腐败。④ 塞缪尔·P. 亨廷顿则认为，腐败看似是一个国家权力问题，实则是一个经济社会发展问题，因为所有的政治体制几乎都会出现

---

① ［英］阿克顿：《自由与权力》，侯健、范亚峰译，商务印书馆 2001 年版，第 446 页。

② ［美］詹姆斯·M. 布坎南：《自由、市场和国家——20 世纪 80 年代的政治经济学》，吴良健、桑伍、曾获译，北京经济学院出版社 1988 年版，第 55 页。

③ 王沪宁：《腐败与反腐败：当代国外腐败问题研究》，上海人民出版社 1990 年版，第 37 页。

④ 王沪宁：《腐败与反腐败：当代国外腐败问题研究》，上海人民出版社 1990 年版，第 40 页。

底层官僚和基层机构的腐败问题。[①]

西方学者对腐败和基层腐败问题的研究成果表明，腐败是世界范围内国家权力运行中的通病，西方社会同样面临基层腐败问题。当然，需要客观承认的是，西方在基层监督及其法治化建设上进行过更长的实践探索，也积累了更加丰富的经验，但基层权力运行失范的问题仍不可能在西方社会根除。西方学者对腐败和基层腐败问题的关注，虽并非针对中国基层监督实际，却能充分说明，对于基层权力运行的制约与监督非常必要，而这种监督与制约，必须通过法治化道路。

三　研究思路与主要内容

（一）研究思路

基层善治是国家治理体系和治理能力现代化建设的重要内容，基层治理的关键在于基层权力的规范化运行。基层权力作为国家权力在基层的延伸，其规范化运行必须置于有效的制约与监督之下。当前，中国基层权力运行失范与功能异化现象依然存在，是造成基层权力寻租和腐败等问题的根源。监督法治化是习近平法治思想的重要内容，也为推进基层监督法治化提供了遵循，指明了方向。因而，对基层权力运行进行监督，要通过构建有效的基层监督体制机制实现，而要充分发挥基层监督体制机制对基层权力运行的制约、规范和监督作用，必须推进基层监督的法治化。党的十八大以来，在全面从严治党、建设法治国家和法治政府与推进国家治理体系和治理能力现代化的实践中，党和国家对基层监督法治化日益重视，并在国家监察体制改革推进的大背景下，在一定程度上推进了基层监督法治化进程。但是，中国基层监督对基层权力的制约监督效能仍不够强，基层权力运行失范与功能异化现象存在缺乏足够制约与监督的问题，且仍未得到充分有效的解决。梳理党的十八大以来党和国家基层监督的具体实践，立足于习近平法治思想中的监督法治化理论，分析当前中国基层监督体系中基层组织监督、基层司法监督、基层群众监督、基层舆论监督以及基层专职监督的运行现状及其法治化进程中存在的问题，基

① ［美］塞缪尔·亨廷顿：《变革社会中的政治秩序》，李盛平、杨玉生译，华夏出版社1988年版，第68页。

于法治化思维探索以法治方式健全中国基层监督体制机制的路径，为实现基层善治，推进国家治理体系和治理能力现代化建设，提供一定借鉴。

图0－1表明了本书“基层监督体系”的分析框架，是以法治化为主线，以基层监督相关概念厘定、理论依据和基层监督法治化的实现方式为主要的理论基础，在此之上对党的十八大以来党和国家基层监督法治化取得的实践探索进行梳理，总结其中存在的主要问题并进行原因分析，从而提出推进党和国家基层监督法治化的建构路径。

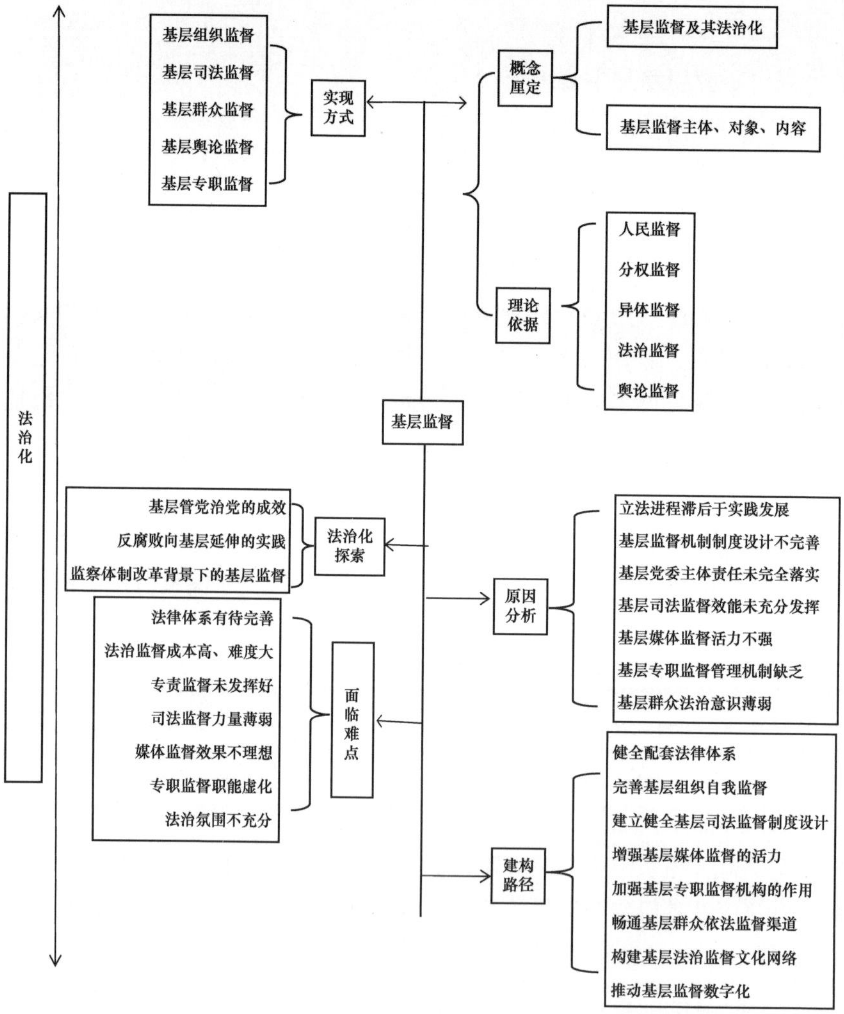

图0－1 基层监督体系分析框架

（二）主要内容

本书的主要内容有七部分，具体如下。

导论，该部分主要是对党的十八大以来党和国家基层监督法治化选题的研究背景和研究价值进行论证，对该选题的国内外研究现状进行述评，同时总结和呈现本书的研究思路与主要内容，对研究中采用的研究方法、创新点以及研究中存在的不足之处进行阐述。

第一章，核心概念厘定与理论依据。本章分为"核心概念厘定"和"主要理论依据"两节内容。在"核心概念厘定"中，主要是对监督、基层监督、党和国家基层监督、基层监督法治化与基层监督主体、基层监督对象、基层监督内容、基层腐败治理以及反腐败向基层延伸等核心概念进行界定；在"主要理论依据"中，主要是对基层监督法治化研究的主要理论依据，如人民监督、分权监督、异体监督、法治监督和舆论监督等基本理论进行阐述。

第二章，基层监督法治化的实现方式。本章共五节，阐明了本书中所研究的基层监督法治化实现方式，以及各种方式相互之间的关系。前四节分别对基层组织监督、基层司法监督、基层群众监督和基层舆论监督的制度设计进行阐释，对基层组织监督、基层司法监督、基层群众监督和基层舆论监督的职能定位进行分析，并对基层组织监督、基层司法监督、基层群众监督和基层舆论监督的运行方式进行总结与论证；第五节为基层专职监督，主要就村（居）务监督委员会制度的创建与发展、村（居）务监督委员会的职能设置与村（居）务监督委员会的运行方式进行分析与阐述。

第三章，党的十八大以来党和国家基层监督法治化的实践探索。本章分为"基层管党治党的成效""反腐败向基层延伸的实践""监察体制改革背景下的基层监督"三节内容。在"基层管党治党的成效"中，主要是对党的十八大以来党和国家全面从严治党的"全"和"严"、"两个责任"的落实以及基层的作风建设实践进行梳理；在"反腐败向基层延伸的实践"中，主要是对党的十八大以来党和国家严肃查处群众身边不正之风、加强基层巡察力度以及开展基层"微腐败"治理的实践进行梳理；在"监察体制改革背景下的基层监督"中，主要是对党的十八大以来党和国家基层纪检监察体制改革、基层反腐有法可依和基层监督实现全覆盖、无死角的实践进行梳理。

第四章，基层监督法治化面临的问题与原因分析。本章共三节内容。在“基层腐败问题的主要表现”一节中，主要对基层违反中央八项规定精神和“四风”问题、基层政策执行中庸政懒政怠政行为、基层侵害群众切身利益现象、基层“微腐败”问题以及基层“一把手”违纪违法现象进行分析；在“基层监督法治化面临的难点”一节中，分别从基层监督法治化的立法、执法、司法和守法层面进行深入分析，包括覆盖基层的党内法规体系和监察法律体系有待完善，基层监督法治化成本高、难度大，基层纪委监委专责监督作用发挥不够，基层司法监督力量薄弱，基层媒体监督效果不理想，部分村（居）务监督委员会职能虚化弱化和基层尚未形成浓厚的法治氛围。在“基层监督法治化遭遇困境的原因分析”一节中，也按照上述分析思路进行分析，包括立法进程滞后于实践进展，基层监督机制的制度设计和运行方式不完善，基层党委主体责任未完全落实到位，基层司法监督效能未充分发挥，基层媒体监督活力不强，村（居）务监督委员会缺乏相应管理运行机制，以及农村基层群众法治意识普遍薄弱，等等，是造成相应问题存在的主要原因。

第五章，基层监督法治化的建构路径。本章共八节，主要内容是立足于当前中国基层监督法治化的现状，探索进一步推进基层监督体制机制完善及其法治化的路径，同样着力于基层监督法治化立法、执法、司法、守法、法治文化建设等方面，包括健全监察配套法律体系与做好“纪法结合”，完善基层组织的自我监督，建立健全提升基层司法监督质效的制度设计，增强基层媒体监督的活力，加强专职监督机构的作用发挥，畅通群众依法监督的渠道，构建基层法治监督文化网络和推动基层监督数字化，从以上八个方面对推进基层监督体制机制完善及其法治化进程，提出具体的策略建议。

结论，该部分主要是对全书研究的核心内容进行总结，进一步凝练研究中体现的核心理念，揭示基层监督及其法治化建设的一般规律以及基层监督与法治化进程互动发展的一般特点，并论述基层监督及其法治化对于推进国家治理体系和治理能力现代化的意义，并对民族复兴进程中基层监督法治化之下的基层社会面貌及其应有的治理水平进行展望。

四 研究方法

（一）文献分析法

党的十八大以来，党和国家的基层监督法治化实践及其相关研究形成了大量文献，诸如党和国家针对监察体制改革、基层监督及其法治化出台的各类文件、相关研究形成的学术论文和各类著作，以及与研究相关的各种理论著作等，构成了本书研究开展的文献基础。对以上文献进行梳理、总结、归纳和分析，是研究开展的必要方式，也是研究能够进行的重要基础。对此，研究中将充分运用文献分析法，对与本书相关的各类文献进行充分利用，尽可能挖掘相关文献对本书的支撑作用，为核心观点凝练及其文本论证提供充分的文献支持。

（二）实证调查法

党的十八大以来，在党和国家大力推进监察体制改革的背景下，基层监督的现实生态也在发生变化。立足于基层监督生态的现状，才能准确把握基层监督及其法治化的特点和存在的问题，进而探索基层监督及其法治化的完善路径。为此，充分运用实证调查法，通过严谨、科学的实证调查，对党的十八大以来党和国家推进基层监督及其法治化的现状及其存在的问题进行总结与分析，是本书能够在现有基础上得以深化的必然需要，也是提高研究论证说服力的必然需要。为此，研究中将充分采用实证调查法，聚焦相关研究论题，充分运用实证调查法，服务于相关研究意图的实现。

（三）个案分析法

党的十八大以来，党和国家推进基层监督及其法治化的实践效果，既在国家统一制度政策的引导下呈现出一定共性表征，也在区域政策和社会环境影响下具有一定的特殊性表征，导致基层监督及其法治化在不同区域乃至不同部门也存在一定差异性。对党的十八大以来党和国家推进基层监督法治化的实践效果进行个案分析，有助于从中发现和总结基层监督法治化的成功经验，也有助于从中发现并深化对基层监督法治化所存在的共性问题的认识，进而为进一步推进基层监督法治化提供对策选择的合理依据。为此，研究中将积极采用个案分析法，为研究观点论证的深化提供必要的论据支撑。

（四）历史分析法

无产阶级政党自创立伊始便重视对内部权力运行的制约与监管，并将这种思想和机制融入无产阶级建党理论中。因而，无论是在马克思和恩格斯领导国际工人运动和建立无产阶级政党组织的过程中，还是列宁在领导俄国共产党创建和发展的过程中，都积累了一定的监督经验，并为我党成立后在领导中国革命和建设的过程中进行局部执政和长期执政进行监督机制建设，以及推动构建基层监督体系，提供了一定的理论借鉴。另外，党自成立伊始便坚持继承和发展无产阶级政党的监督思想，并在执政实践中不断丰富和发展自身的监督机制，也为探索党的十八大以来党和国家的基层监督及其法治化问题提供了历史借鉴。党的十八大以来，党和国家的基层监督及其法治化并非凭空产生，而是对党领导革命、建设和改革进程中开展基层监督及其法治化实践的继承与发展。以历史分析法总结党在十八大以前领导基层监督发展的实践经验，有助于增进对新时代以来党和国家基层监督及其法治化历史动因及其发展脉络的理解，并为探索党和国家基层监督及其法治化的优化路径提供历史借鉴。

（五）问卷调查法

问卷调查法是社会科学研究的重要方法之一，能够反映被调查群体对调查问题的认知、态度和建议。在一定样本数量基础上，加之匿名调查，问卷调查结果能为课题研究提供相对较为客观的参考，为后续如何改进该问题提供佐证材料。基层监督中最主要的监督主体是基层纪检监察机关，因此本书就基层纪检监察机关履行监督职能所存在的问题及对策建议进行了问卷调查。问卷根据发放对象的不同分为两个版本，一个是针对基层纪检监察机关干部的调查问卷，另一个是针对基层其他干部的调查问卷。两份调查问卷的题目既有针对调查对象设置的不同问题，也有相同问题，目的是想从不同侧面反映基层纪检监察机关干部履行监督职能的真实情况。

五　创新之处和不足之处

（一）创新之处

1. 研究视角的创新

党的十八大以来，在党和国家大力推进监察体制改革的大背景下，如何有效规范基层权力运行成为学界关注的热点问题。在此过程中，学界从基层党建、基层反腐、基层社会治理和基层“微权力”规范运行等角度展开了大量研究，但从基层监督角度探讨规范基层权力规范运行的研究成果并不多。基层权力属于“微权力”，权力虽小，却存在较大的自由裁量空间，也因此造成了运行失范与功能异化的诸多问题。加强基层党建、加大基层反腐败力度和以更加严格的制度化建设规范基层权力运行，都可以起到规范基层权力运行的作用。但若基层监督体制机制不健全，无法对基层权力进行制度化的制约与监督，基层权力运行失范的现象不可能得到根本缓解。因而，本书将研究视角定位于党的十八大以来党和国家基层监督的法治化问题之上，对于探索如何有效规范基层权力运行的规范化路径，相比于既有相关研究成果及其视角体现出一定程度的创新。

2. 研究内容的创新

基层监督是国家权力运行体系的一个重要环节，在基层权力的运行生态中存在多种监督形式，大体可分为自我监督和外部监督两大类，本书对“中国特色社会主义基层权力监督体系”中不同要素的关系做出梳理。而与基层实践和法治建设密切相关的监督形式则主要包括基层组织监督、基层司法监督、基层群众监督、基层舆论监督和村（居）务监督委员会的基层专职监督。党的十八大以来，对于基层监督的不同形式，学界研究虽有不同程度涉及，但研究的系统性并不强，且在研究中对不同的基层监督形式往往不加区分，导致研究结论的对策部分缺乏有效的问题针对性。本书严格区分基层监督法治化实现的不同形式，对基层组织监督、基层司法监督、基层群众监督、基层舆论监督和基层专职监督，分别进行专门的研究、对比与分析，并对其在基层监督法治化体制机制建设中的相关互动性进行探讨，通过全面探讨“基层监督法治化实现方式”，既说明了基层监督法治化的实现方式有哪些，也阐释了这几种基层监督方式之间是如何衔接的。相比于学界既有相关研究成果，这在研究内容上体现出一定的创新性。

3. 研究方法的创新

党的十八大以来，党和国家的基层监督及其法治化取得了一定成效，对于这一点，采用文献分析法收集并分析此间党和国家推进基层监督机制建设的相关文件和政策基本可以厘清，但问题的关键并非单纯总结党的十八大以来党和国家基层监督法治化的实践成就，而是要在此基础上立足于党所肩负的新时代使命和国家的发展战略提出的基层监督法治化发展需要，分析当前党和国家基层监督法治化契合这种发展需要依然面临的问题，进而在此基础上探索党和国家基层监督及其法治化机制的优化路径。因而，要对党的十八大以来党和国家的基层监督及其法治化问题进行更加深入的有效研究，除采用文献分析法外，本书还采用了实证调查法、个案分析法、历史分析法和问卷调查法，尤其是采用实证调查法和个案分析法对基层监督法治化问题进行研究时，既重视对基层监督法治化共性问题的论证分析，也重视对其特殊性问题的论证分析，体现出对研究方法具体应用的一定创新。另外，在运用历史分析法时，不仅将党和国家的基层监督法治化问题置于百年党史的视野之中，并且将之置于无产阶级革命史的宏大历史视野之下，将党的十八大以来党和国家的基层监督及其法治化实践视为马克思主义监督理论及其中国化的理论成果，并通过总结历史经验为相关问题的深入分析提供历史借鉴和理论支撑。因而，历史分析法的运用，也体现出本书在研究方法运用上具有一定创新。

（二）不足之处

受疫情影响，很多实地调研、群众访谈等实证调研无法按照原定计划开展，只是在疫情允许的情况下开展了小范围的实证调研。涉及各级纪委监委部门一手统计数据因为各种敏感原因难以获取，在研究方法的运用上定量研究方法的运用相对不足，主要采取的是文献分析法、历史分析法等定性研究方法。

第一章

核心概念厘定与理论依据

权力是人对他人施加影响的能力，也是人与人之间的一种相处模式。政治权力是权力存在的一般形式。政治权力在社会群体中应当发挥公权力的作用，但其在不加约束的情形下具有沦落为私权的极大可能性。因而，为保证政治权力在社会群体的存在尽可能保持公权力属性，就应当在赋予政治权力的同时，构建相应的监管和制衡机制。因而，从权力和监督在人类社会发展中产生的必然性来看，两者犹如矛盾的两个方面，具有辩证统一性。作为对政治权力进行制约的监督，首先应当保持其公正性、制约性和权威性，实际上监督也是一种权力，监督既然作为一种权力也必然存在沦为私权的可能性，但若对监督之权继续施以监督，则必然会造成对权力制约的无限往复，在现实的政治实践中并不可行。在此情形下，为解决监督对政治权力制约和监管的公正性和权威性，将监督纳入法治的范畴，进行依法监督则成为保证监督在规范政治权力运行中公正性和权威性的唯一可行方式。因而，监督法治化是确保监督权公正性、制约性和权威性的必然需要，也是现代社会中能够保证监督对政治权力发挥制约作用时的公正性、制约性和权威性的可行方式，甚至是唯一可行方式。因为，依法监督既赋予了监督以法治的公正性，也赋予了其法律，依靠国家权力施行的强制力，还赋予了其要求社会全体成员必须遵守的权威性。因而，有效的监督只能是依法监督。

从结构模式及其运行方式来看，政治权力存在汇总于权力中心点或至高层的整体性，并要通过一定的行政分级机制最终分散实施和作用于每一个社会个体。在政治权力从权力中心点或权力至高层向社会个体传递实施的过程中，每一个层级对应的每一个环节若不加以制约与监管，都会出现权力运行失范的风险，导致权力运行出现私权化倾向。政治权力效力只有传达给每一个社会个体，才能充分发挥权力施加的影响，达成权力的作用效果。政治权力运行一般依赖于一定的行政层级，而与社会个体直接产生联系的较低行政层级在政治权力运行的结构系统中便构成了权力运行的基层。基层权力运行是保证政治权力运行的社会基础，而对基层权力运行进行的监督，便是基层监督。世界上不同的国家和地区政治权力运行的一般模式是相似的，但政治权力运行依附的行政结构却不完全相同，且在不同的政治体制之下，政治生态也不完全相同，因而基层监督的内涵也存在一定的差异性。党的十八大以来，党和国家重视基层监督及其法治化，并取得了显著成就，但也存在诸多问题，顺应基层监督及其法治化趋势，探索基层监督法治化优化发展出路，需要厘清监督、基层监督等概念的内涵，并明确党和国家推进基层监督及其法治化应当坚持的理论基础。

第一节　核心概念厘定

党的十八大以来，在习近平新时代中国特色社会主义思想，尤其是习近平法治思想的引领下，党和国家深入推进国家监察体制改革，推进完善国家权力运行的监督体制机制，极大地推动了国家治理体系和治理能力的现代化，有力配合了全面从严治党和新时代党的建设新的伟大工程。在此过程中，国家监督体系建设的相关制度和法规相比于党的十八大之前，在诸多方面不断得到充实，呈现出依法加强国家权力监督的发展趋势，以权力制约权力、依法规制权力，坚持民意导向，充分依靠人民并为了人民，① 依法保障人民群众参与权力监督的思路在中国国家权力监督体系建设中不断得以贯彻，既极大推动了中国特色社会主义监督在实践中不断取得新成就，也有力推动了中国特色社会主义监督制度在

① 任建明：《十八大以来的反腐败新理念》，《人民论坛》2017 年第 22 期。

新时代的创新发展，也为新时代基层监督的法治化奠定了时代底色。党的十八大以来，党和国家在推进国家监督体系建设的同时，也在基层监督及其法治化实践中取得了诸多成效。相比过去，基层党风更加清朗，政风更加务实，民风更加纯朴，党群关系与干群关系更加和谐，党和政府在人民群众心中的形象得到较大改善，公信力不断增强，基层党组织和基层党员干部的政治意识明显增强，这些都是基层政治权力运行逐步走向规范的客观表现。这些成就的取得，原因是多方面的，但基层监督及其法治化的推进发展，也在其中发挥着重要作用。

然而，从研究现状来看，学界对党的十八大以来党和国家的基层监督法治化研究虽有所涉及，但研究既不充分，也缺乏系统性。基层监督本身是一种国家权力，同时对基层其他国家权力的运行，形成监督制约作用。基层监督作为国家权力在基层的延伸，其在国家权力体系中的运行，本身就非常复杂。加之，基层监督方式多样，每种监督方式的监督主体也不尽一致。在此情形下，对党的十八大以来党和国家基层监督法治化问题进行研究，涉及的相关核心概念较多，而要推进研究的开展，就需要对研究涉及的这些核心概念进行明确厘定，以进一步聚焦研究对象与研究范畴。

一　监督与基层监督及其法治化

理解和把握党的十八大以来党和国家基层监督的法治化问题，首先需要对监督、基层监督、党和国家基层监督、基层监督法治化等概念进行厘定，以明确研究中各概念的内涵及其相互间的逻辑关系，并为研究的论证开展，奠定必要的概念性逻辑前提。

（一）监督

监督是汉语表达中的固有词语，其词义与“监”“督”二字的词源字义有关。“监”在汉语中属于象形字，此为像人俯身低头往盘内水面察看之形，因而“监”字在汉语中的原始义可理解为“临水照看”之意。在此基础上，“监”在古汉语中后来还延伸出从旁察看，也即监督的意思，比如“监工”“监考”“监察”等词语中的“监”，即为此意。“督”在汉语中的基本字义是以上临下地进行察看。“督”在汉语中属形声字，东汉许慎在《说文解字》中释之为，“察也。一曰目痛也。从目叔声。冬毒切”[1]，说明“目”为该字形旁，其本义应与眼目相关。“监”和“督”二字合并使用并形成汉语词语，最早见于东汉郑玄对《周礼·地官·乡师》中“大丧用役，则帅其民而至，遂治之”这句话所做的“注”中。郑玄认为，该句中所谓“治”，即“监督其事”之意。[2]从郑玄的注解中可知，地方官中的“乡师”在“大丧”用人之际，担负着带领乡民服役的职责，并负责监督此事。显然，监督是监督主体对监督客体进行的察看、纠偏和矫正行为，在早期含义中，还具有以上临下的含义。

随着社会历史发展，监督主体、监督对象及其相互间的监督关系也在发生变化，如人民群众也可以成为监督主体，对政府进行监督；又如从监督关系上看，除以上临下的监督外，还出现了平行监督和自下而上的监督等监督关系。然而，监督一词在汉语词汇中的基本内涵依然存在，即监督主体对监督客体的一种察看、纠偏和矫正行为。本书中的监督概念，既继承了汉语中“监督”一词的基本内涵，也在现代政治语境中具备了新含义。研究中使用的“监督”一词，专指对国家权力运行的监督，即法定监督主体为维护公共利益，依据相关制度、法律、法规和纪律等对国家机关及其公职人员行使公共权力的行为进行检查、督导和惩戒的活动。依据不同角度，监督在现代政治运行体系中可以分为不同的类型。依照监督内容的差别，可将之分为政治监督、经济监督和文化监督等。依照监督标准的差异，可将其分为法律监督、纪律监督和道德监督等。依照监督主体的不同，可将之分为群众监督、权力机关监督、行政机关监督、政党监督和舆论监督等。其中，政党监督依照监督作用范围差异，又可分为政党间的监督和政党内部监督等。从监督内容看，本书中的监督属于政治监督。从监督标准看，本书中的监督主要是指法律监督，也会涉及依据相关制度、法规和纪律等实施的监督。从监督主体看，本书中的监督主要是权力机关监督、行政机关监督和政党监督，也会涉及群众监督和舆论监督。因而，监督是以权力为后盾、由监督主体对被监督对象实施的一种带有强制性、权威性和约束力的查看、纠偏

[1] （东汉）许慎著，汤可敬撰：《说文解字今释》，岳麓书社 1997 年版，第 472 页。

[2] （东汉）许慎撰，（清）段玉裁注：《说文解字注》，上海古籍出版社 1981 年版，第 531 页。

和矫正行为。

（二）基层监督

在明确监督内涵的基础上，厘清基层监督的内涵，也是本书开展研究的必然需要。在中国的国家权力监督体系中，监督机制也存在由高到低的位阶关系，基层监督便处在中国监督体制位阶系统的最底层，而厘清基层监督的内涵，关键在于搞清楚中国政治生态中对于基层的定位。在中国，无论从政治权力结构看，还是从各级党组织的地位看，基层在内涵指向上都是一个主要意指县级及以下各级党政机构的概念。

从国家权力机构的位阶体系看，基层主要是指县级及以下各级各类国家权力机构。目前，基层虽是一个常用概念，可学界对基层内涵的解读并不多，但从国家出台的一些政策和制度对基层概念的应用中，可以大致明确基层的范围。比如，在国家公务员和事业单位考试中，基层工作经历都是决定考生能否报考某些职位的必要条件。《2021 年国家公务员考试招录公告》便明确规定，基层工作经历是指具有在县级及以下党政机关、国有企事业单位、村（社区）组织及其他经济组织、社会组织等的工作经历。显然，从国家权力的位阶体系看，县级及以下党政机关、国有企事业单位、村（社区）组织及其他经济组织和社会组织，都属于基层范畴。在中国的政治文化中，基层在内涵与范围指向上，主要是指县级及以下的各级各类机构。

从各级党组织的地位看，基层也主要是指县级及以下各级党组织。党的二十大修订的《中国共产党章程》第三十条规定，企业、农村、机关、学校、医院、科研院所、街道社区、社会组织、人民解放军连队和其他基层单位，凡是有正式党员三人以上的，都应当成立党的基层组织。[①] 从党章对基层各级各类党组织设立的相关规定看，在党的组织体系中，基层党组织也主要是指县级及以下的各级各类党组织，即基层委员会、总支部委员会和支部委员会。因而，在中国的政治生态与政治文化中，基层主要是指县级（含）以下。基层监督，主要是指县级及以下的各级各类党政机构，对基层权力行使的合规性、合法性和

① 《二十大党章修正案学习问答》，党建读物出版社 2022 年版，第 33 页。

有效性的监督。因2018年3月经十三届全国人大一次会议审议通过的《中华人民共和国监察法》之规定的六类监察对象包括“基层群众性自治组织中从事管理的人员”[①]，所以本书中的基层监督法治化问题也同样关注国家公权力在最基层运行的监督，即对村（居）委会基层“微权力”运行的监督。

（三）党和国家基层监督

研究党的十八大以来党和国家的基层监督及其法治化问题，党和国家的基层监督也是一个核心概念，需要厘清其内涵。宋伟和过勇认为监督的核心职能是保障权力的规范运行。[②] 在中国，基层监督的主要内容是对基层“微权力”运行的监督，而基层“微权力”的行使者是党和国家。党和国家作为基层“微权力”的行使者，既是基层监督的主体，也是基层监督的对象。从基层监督的主体看，在基层“微权力”运行中，基层各级党组织的党内监督机制和基层行政体制内在的基层权力监督机制，是党和国家实现基层监督的主要方式。从这个层面看，党和国家在基层监督中具有自我监督或通过自身的权力监督机制实现基层监督的机制或能力，也就是通过自我监督实现自我净化的能力。从基层监督的对象看，党和国家作为基层“微权力”的执掌者与行使者，还应当接受来自外部的监督，也即基层各级党组织和基层各级行政机关行使基层“微权力”的行为，还应当受到来自党外和基层“微权力”运行体系以外的监督，如群众监督和舆论监督等都属于对党和国家基层“微权力”行使的外部监督。无论党和国家基层“微权力”运行机制的内部监督，还是对其行使基层“微权力”的来自群众和舆论的外部监督，都属于本书中党和国家的基层监督，主要作用在于通过监督党和国家基层“微权力”的行使，避免基层“微权力”运行失范与功能异化。

把握党和国家基层监督的内涵，一方面，要从体系结构上厘清其与党和国家监督体系的关系。习近平总书记在党的十九大报告中指出：

① 中共中央纪律检查委员会、中华人民共和国国家监察委员会法规室编写：《〈中华人民共和国监察法〉释义》，中国方正出版社2018年版，第8页。

② 宋伟、过勇：《新时代党和国家监督体系：建构逻辑、运行机理与创新进路》，《东南学术》2020年第1期。

“健全党和国家监督体系。”[①] 党和国家基层监督，属于党和国家监督体系的一部分。把握党和国家基层监督的内涵，另一方面还要明确党的基层监督与国家基层监督的关系。实际上，党的十八大以来，党和国家不断推进自身监督体系的完善，并在此背景下不断推进基层监督及其法治化，既是全面从严治党的必然需要，也是国家治理体系与治理能力现代化建设的必然需要。从全面从严治党的角度看，健全党和国家的基层监督，是从严治党和制度管党的体现。从国家治理体系和治理能力现代化建设的角度看，健全党和国家的基层监督，也是国家治理体系和治理能力现代化建设的需要。中国共产党是中国特色社会主义事业的领导核心，党的领导是中国特色社会主义的最本质特征。在党长期执政的条件下，全面从严治党与国家治理体系和治理能力的现代化建设，本身便具有一致性。全面从严治党，才能不断推进国家治理体系和治理能力的现代化。不断推进国家治理体系与治理能力的现代化，也是全面从严治党的必然要求。党和国家的基层监督，作为全面从严治党和国家治理体系与治理能力现代化建设的必然环节，在党长期执政的基层政治实践和基层“微权力”运行中，实际上具有高度的一致性。在绝大多数情况下，在中国的基层监督及其法治化实践中，党的基层监督与国家基层监督，是一种相互融合、密不可分的关系。

（四）基层监督法治化

基层监督是基层监督主体对基层监督对象行使基层“微权力”进行的一种监督行为，本质目的是通过监督对基层“微权力”行使形成一种制约与监督，确保基层“微权力”行使的规范性和有效性。基层监督有力量，强制性越强，权威性越高，对基层“微权力”运行的制约与监督效果才会越好，基层“微权力”运行失范和功能异化的问题也才能在更大程度上避免。基层监督的力量，即强制性和权威性，在现代社会的国家权力结构与来源上，应主要通过法律赋予。正因如此，党的十八大以来党和国家推进监督体系建设，相应推进基层监督体系的完善，具有一个突出的特点，便是非常重视与监督机制相关的法治建设，强调通过制

① 习近平：《决胜全面建成小康社会　夺取新时代中国特色社会主义伟大胜利——在中国共产党第十九次全国代表大会上的报告》（2017 年 10 月 18 日），人民出版社 2017 年版，第 67 页。

度治党、依规治党，不断加强党的纪律建设，推进全面从严治党，实现党要管党，是基层监督法治化的体现。党的十八大以来，党和国家还致力于推进法治国家、法治社会和法治政府建设，尤其是在法治政府建设中致力于将包括基层各级政府的权力运行纳入法治轨道，力图通过各级基层政府的组织法体系建设，明确基层各级政府以及各类基层行政机构的权力和职责，也是不断推进基层监督法治化的体现。

因此，本书中基层监督法治化的内涵是指，基层党和国家的自我监督以及基层外部监督的主体，依据相关党内法规和国家法律，对基层干部"微权力"行使形成有效制约和监督，将基层监督的立法、执法、司法、守法、对法律实施的监督纳入法治轨道，同时进一步营造基层法治文化环境。对此，我们应坚持用系统观念来看待基层监督法治化问题，基层监督法治化是一个完整的系统，由基层监督的立法、执法、司法、守法、对法律实施的监督以及基层法治文化等部分组成。基层监督法治化是一个广义概念，不能理解为狭义的"法治"，这里的"法"既包括相关的党内法规，也包括相关的国家法律。基层监督法治化不仅仅是一个单纯的法学问题，同样也涉及党的基层组织建设、基层治理等相关内容。鉴于此，书中对于第四章基层监督法治化面临的问题与原因分析，以及第五章基层监督法治化的建构路径，都是依据"法治化"的逻辑，从立法、执法、司法、守法、法治文化等方面渐次展开。

在中国的政治生态中，把握基层监督法治化的内涵，还要搞清楚其与基层党建的内部监督相关的制度和法规体系，以及其与基层政府组织法体系之间的关系。实际上，党的十八大以来，在基层监督实践中，与基层党内监督相关的制度和法规体系，在党不断推进党的规矩、纪律和制度体系法治化的进程中，也呈现出显著的法治化趋势。党的十八大以来，党在推进国家监察体制改革的过程中，还不断推进党内法规体系建设，进一步实现了党的自我监督与依法治国的统一。王希鹏在《坚持和完善党和国家监督体系：基本经验与推进路径》中认为，"中国共产党作为执政党，依规治党和依法治国一体两面，具有高度统一性"①。因

① 王希鹏：《坚持和完善党和国家监督体系：基本经验与推进路径》，《中国特色社会主义研究》2019 年第 6 期。

而，基层监督本身便是实现上述一体两面的成功做法，两者在基层监督实践中的统一，客观上要求推进基层监督的法治化，并体现在党的十八大以来党和国家推进基层监督法治化取得的系列成就之中。习近平总书记指出："我们要履行好执政兴国的重大历史使命、赢得具有许多新的历史特点的伟大斗争胜利、实现党和国家的长治久安，必须坚持推进依法治国与制度治党、依规治党统筹推进、一体建设。"① 显然，依规治党和依法治国内在统一于党和国家监督体系建设中，也内在统一于党和国家的基层监督实践中，其本身便内含推进监督和基层监督法治化的必然要求。

二　基层监督主体、对象和内容

基层监督，简单表述就是基层监督主体对基层监督对象针对基层监督内容进行的监督活动。由谁监督、监督谁、监督什么，也是研究党的十八大以来党和国家基层监督法治化问题需要搞清楚的基本问题。厘清该问题，就需要对基层监督主体、基层监督对象和基层监督内容这三个概念的内涵进行分析。

（一）基层监督主体

在基层监督中，由谁来承担监督职责，对监督对象的权力行使进行监督，并形成制约，则反映着基层监督主体职能。明确基层监督主体，主要是解决由谁监督的问题。基层监督主体是基层监督的责任担当者和监督职权行使者。基层监督主体并非随意确定，在很大程度上应当依据基层监督对象确定，谁能对基层监督对象的基层权力行使形成制约作用，谁便能够发挥基层监督主体职责。图 1－1 是本书"中国特色社会主义基层权力监督体系"的具体体现。在中国的基层监督实践中，基层监督主体依据基层监督类型，可以分为基层党和国家的自我监督和基层外部监督。其中，自我监督属于内部监督，在基层监督体系中居于根本性地位、主导地位；外部监督发挥保障作用，促进自我监督继续完善。基层党和国家自我监督又可以分为基层党内监督和国家基层监督。根据 2016 年新修订的《中国共产党党内监督条例》，"建立健全党中央统一

① 习近平：《论坚持全面依法治国》，中央文献出版社 2020 年版，第 169 页。

领导，党委（党组）全面监督，纪律检查机关专责监督，党的工作部门职能监督，党的基层组织日常监督，党员民主监督的党内监督体系”①。基层党内监督，依据上述条例则包括基层党委（党组）全面监督、基层纪检机关专责监督、基层党的工作部门职能监督、党的基层组织日常监督以及基层党员民主监督。国家基层监督则包括基层的派驻监督、监察监督、人大监督、民主监督、行政监督、司法监督、审计监督、财会监督以及统计监督。基层外部监督包括基层群众监督和基层舆论监督。

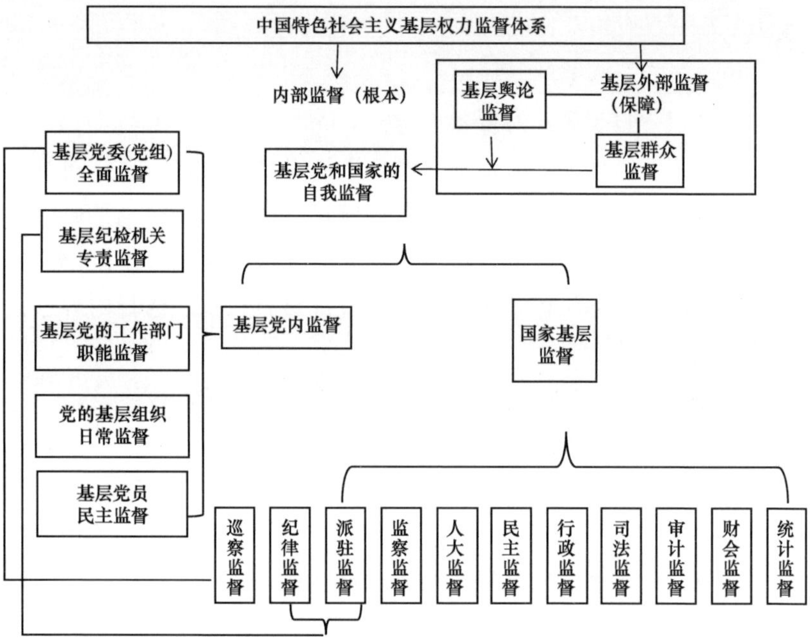

图 1－1　中国特色社会主义基层权力监督体系

本书在前面论述基层监督的“基层”范围时，已明确表述“基层”指县级及以下各级各类党政机关和基层群众性自治组织。因而，村（社区）支部委员会以及村（居）民自治组织，都可以在基层监督实践中充当基层自我监督主体。但是，基层监督主体并非绝对化存在，而是一种

① 中共中央办公厅法规局编：《中国共产党党内法规汇编》，法律出版社 2021 年版，第 630 页。

相对化的身份。某种基层监督主体，只在具体的某种基层监督方式下，针对特定的监督职责、监督对象和监督内容，是基层监督主体，在另外一种基层监督形式中，其也可能会转变为监督对象。中国基层监督体系中各监督主体之间的相互制约关系也很明显，比如基层各级党组织、基层各级政府和群众性自治组织，既可以担当基层监督主体，同时也作为监督对象接受监督。因而，在中国基层监督实践中，所谓基层监督主体，应是在某种特定的基层监督方式中，承担基层监督职责，针对特定的基层监督对象和基层监督内容，行使基层监督职责的基层各级党组织、基层各级政府以及群众性自治组织，同时还包括行使基层外部监督职能的主体，即人民群众和舆论媒介。

（二）基层监督对象

明确基层监督对象，主要是解决监督谁的问题。基层监督对象，是相对于基层监督主体而言的基层监督中的被监督者。中国一直延续下来的古代监察制度，其监督对象包括执行国家权力的官吏和拥有国家权力的皇帝。[①] 也就是说，监督的对象就是权力的行使者。基层监督的目的在于通过基层监督实现对基层权力运行的制约与监督，因而基层监督对象往往就是基层权力的行使者。在基层权力运行体系中，县级及以下各级党政机关和村（居）民自治组织，都承担着相应法定国家职权，是基层权力的行使者，因而其都属于基层监督的对象。另外，县级及以下各级党政机关和村（居）民自治组织，作为社会法人组织和基层群众性自治组织承担的职权，最终要通过组织机构内部的具体工作人员去行使，对这些基层权力机构职权行使进行的基层监督，最终还要体现为对这些基层权力机构工作人员进行的基层监督，而这些基层权力机构中的工作人员，也应当是基层监督的对象。因而，从基层监督对象的范围来看，基层各级国家机构，包括基层各级党政机关、村（居）民自治组织及其工作人员，都属于基层监督的对象。

另外，同基层监督主体一样，基层监督对象，在中国基层监督体制机制下，也并非一个绝对化的存在，而是具有相对化的一种身份。在特定的基层监督形式下，相对于特定的基层监督内容和基层监督主体而

① 张梁：《健全党和国家监督体系论纲》，《求实》2019 年第 3 期。

言，基层监督对象具有特定性。但是，在另外一种基层监督方式下，基层监督对象相对于特定的基层监督内容，也可能成为基层监督的主体。比如，在村（居）民自治组织中，村（居）党支部、村（居）自治委员会及其工作人员，在基层群众和舆论监督等社会监督中，可以是基层监督对象，但同时其在基层党政系统的内部监督中，也可以成为基层监督的主体。《中华人民共和国监察法》也对监察对象范围进行了规定，主要涵盖中国行使公权力的各类公职人员，其中便包括“基层群众性自治组织中从事管理的人员”①。这说明，基层群众性自治组织，如村（居）民自治机构及其工作人员，必然属于中国基层监督的对象。综上，基层监督对象，在基层监督体系机制中，是基层监督主体行使基层监督权力过程中的被监督者，其往往属于基层权力行使者。基层监督对象接受基层监督主体基层监督的必要性在于，其作为基层权力的行使者，行使基层权力的过程若不受到基层监督主体的制约，便可能导致基层权力运行失范和功能异化等问题的出现。

（三）基层监督内容

明确基层监督内容，主要是解决监督什么的问题。基层监督内容是基层监督主体，对基层监督对象履职尽责情况进行的监督，主要是对基层监督对象职权行使合规性、合法性和有效性的监督。因而，基层监督内容在本质上来说，是基层权力，也即国家权力在基层的延伸。基层监督内容，也即基层权力，在学界研究中也经常被称为基层“微权力”。基层“微权力”，权力并不大，但权力结构却比较复杂，涉及的权力类型具有多样化、覆盖面广的特点。同时，基层“微权力”，作为基层监督对象，还存在较大的自由裁量空间。基层“微权力”行使者，在行使基层“微权力”时，容易受到亲情关系、地缘关系、友情关系、个人主观好恶以及其他基层社会中社会关系的影响，而在自由裁量中做出违背公平公正原则的权力抉择，将来自国家权力的基层“微权力”行使转化为谋取个人私利的工具。在基层监督中，将基层“微权力”作为基层监督内容，目的正在于通过对基层“微权力”施加来自基层“微权力”运

① 中共中央纪律检查委员会、中华人民共和国国家监察委员会法规室编写：《〈中华人民共和国监察法〉释义》，中国方正出版社2018年版，第8页。

行体制之外的基层监督，对基层“微权力”运行形成有效的制约与监管，让基层“微权力”在运行时避免出现无所约束的局面，按照基层监督内容限定的轨道运转。

基层监督就具体内容而言，在以县级及以下党政机关和村（居）民自治组织及其行使公权力的公职工作人员作为基层监督基本范畴的前提下，主要体现为县级及以下各级党政机关和村（居）民组织及其行使公权力的公职人员的法定职权及其运行情况，而在村（居）民自治组织及其公职人员的法定职权及其运行中，基层监督内容亦十分广泛，诸如村（居）民组织运行中涉及的行政事务，比如村（居）民组织的财务情况、集体企业的经营情况、自治组织和基层党支部的选举情况以及村（居）社区的基础设施建设与管理情况等，都属于基层监督的具体内容。

三 基层腐败治理

党的十八大以来，在党和国家坚持推进监察体制改革、推进全面从严治党和依法治国的背景下，腐败治理已经成为党和国家监督体系建设的重要内容。可以说，对权力制约和监督的体系内部协调性不高、职能发挥不完善、运行低效率，则会导致腐败问题的发生。腐败问题大多是党员领导干部从违反党的各项纪律和各种规矩开始，逐渐触犯相关法律底线，慢慢滑向腐败的深渊。党中央强调，要将权力关进制度的牢笼之中，切实加强制度管党和从严治党，实际就是要从根本上治理腐败问题，保持党的纯洁性与先进性。反腐败必须坚持“老虎”“苍蝇”一起打，既坚决查处领导干部违纪违法案件，又切实解决发生在群众身边的不正之风和腐败问题。[①] 在此过程中，党和国家既重视“打老虎”，也强调要“拍苍蝇”。显然，“拍苍蝇”，便显示出党和国家在反腐败斗争中对基层腐败治理问题的重视。“苍蝇”的腐败问题，往往发生于基层，是基层“微权力”运行失范和功能异化的体现。基层腐败，也即“微腐败”。基层腐败虽发生于基层，却严重影响到党和国家权力运行的基础，损害的是党在人民群众心中的形象和政府对于人民群众的公信力。因

① 刘秀安：《打赢反腐败斗争攻坚战持久战》，2022 年 12 月，中央纪委监委国家网站（https://www.ccdi.gov.cn/yaowenn/202212/t20221201_234138.html）。

而，基层腐败治理是关系党的执政基础和国家长治久安的重大基础工程，也是反腐败伟大斗争的重要内容。基层腐败治理，是基层监督及其法治化的重要指向，也是基层监督的职责和内容所在。在基层监督及其法治化实践中，推进基层腐败治理，需要厘清基层腐败治理的内涵。基层腐败治理是针对基层腐败现象的治理，而这种治理的基本方式便是基层监督及其法治化。基层腐败现象，一般体现为基层“微权力”在运行中造成的腐败问题，诸如发生于基层党政机关以及村（居）基层自治组织及其行使公权力的公职或工作人员中的以权谋私、挪用公款和贪污腐败等，都属于基层腐败现象。基层腐败现象的表现形式多种多样，既可以表现为“小官巨贪”，也可以体现为蝇头小利的非法占用，因涉及的面非常广，故对基层社会的危害程度并不低，也是危害党的基层执政基础和基层政府公信力的重要腐败问题。基层腐败治理，便是针对基层腐败现象的治理活动，也即主要针对县级及以下各级党政机关、村（居）民基层自治组织及其国家公职工作人员在基层权力行使中出现的腐败现象的治理活动。基层腐败治理的基本方式，是基层监督，坚持推进党和国家基层监督体系的完善，才能逐步对基层腐败现象形成有效治理。

四　反腐败向基层延伸

在中国的基层“微权力”配置中，基层干部行使基层“微权力”拥有较大自由裁量权而缺少与之相匹配的制约与监督，并由此造成了基层“微权力”运行失范与功能异化的系列问题，且具有违法成本不高和隐蔽性较强的特点。一些基层干部使用手中的权力对国家治理资源进行配置，并非完全依照法律法规的制度性规定，有些是通过人情关系。基层干部凭借手中的权力，与亲人和朋友圈结成一定的“利益共同体”，是基层“微权力”运行失范和功能异化的主要体现。然而，对于这种权力结构体系之外的利益结合，尚缺乏非常有效的制约与监督，这种利益结合具有非制度化特征，容易造成基层治理体系之外的势力，形成错综复杂的利益输送链条。基层“微权力”运行失范与功能异化的基本表现，便是基层腐败，而造成基层腐败发生的错综复杂的基层社会关系及其“利益共同体”局面，则对党和国家将反腐败推向基层形成了阻碍。

另外，从党和国家反腐败的监督体系建设来看，反腐败向基层延伸，也存在一些制约因素。在党和国家监督体系建设中，基层监督体系的完善往往需要投入更多的资源，诸如资金和人力资源的配置都必须到位，才能充分发挥基层监督机制对基层腐败问题的制约和监管作用。然而，在国家发展过程中，对基层权力运行的约束，无论是监督资源的配置，还是体制、机制和制度建设，都要相对滞后于基层以上各级监督体系与机制的建设。因而，自上而下地不断健全国家权力运行的法律规范，是监督体系建设的一般规律。这决定了，将反腐败推向基层，需要面对国家监督体系建设自上而下不断完善地逐步实现过程的制约，不可能一蹴而就。正因如此，党的十八大以来，党和国家在坚决推进反腐败伟大斗争的过程中，不仅高度重视关键部门、关键岗位和“关键少数”，也重视将反腐败向基层延伸，坚持加强基层监督体系建设和培育基层监督能力。党的十八大以来，党和国家推进监督体系完善及其法治化进程，以及在此过程中开展的党风廉政建设和反腐败斗争，采取的便是层层推进、压力传导的基本方式。

反腐败向基层延伸，是基层监督及其法治化的重要内容，也是基层监督及其法治化的职责使命。反腐败向基层延伸，就是党和国家在推进全面从严治党和反腐败伟大斗争的过程中，通过不断推进基层监督及其法治化，打破制约基层腐败治理的各种障碍，破除各种制约因素，实现对基层腐败和不法问题等基层“微腐败”现象治理的过程，也是不断优化基层腐败治理机制和资源配置，不断培育提高基层监督对基层腐败制约和监督能力的过程。

第二节　主要理论依据

基层“微权力”运行中存在的各类问题，与中国基层监督体制机制不健全有关，也与基层监督体制机制建设与所需法律供给之间不相匹配有关，这是关系人民群众切身利益、国家基层社会治理体系现代化建设以及党在人民群众心目中形象的重大课题。党的十八大以来，为加强对基层“微权力”运行的监督制约，党和国家推进完善基层监督体系，加强基层监督法治化机制建设，取得了一定成效，但基层监督法治化建设仍在路上，需要在科学分析其发展现状的基础上进一步明确其推进方向以及推进完善中存在的问题，并在此基础上探索基层监督法治化的路径。为确保研究的科学性和有效性，研究中既要立足党的十八大以来党和国家的基层监督实践及其法治化实践，也要科学严谨地厘定与研究开展紧密相关的一系列核心概念，还要梳理明确与基层监督法治化研究相关的学界理论，明确研究开展应坚持的理论依据。

一　人民监督

西方国家强调通过分权实现权力分置，并使其相互制衡的思想，从分权思想的渊源来看，是对西方古典时期君主、贵族和平民三种政体优势的融合，同时通过这种分权，对国家权力规范运行起到了较好的保障作用。因而，这种分权本身便体现着对主权在民的保证，也是对公民监督的一种实现。但是，因资本主义私有制的存在，西方国家的主权在民和公民监督，在资本主义政治实践中并不能完全实现。分权学说可以在某种程度上为中国基层监督及其法治化实践提供一般的理论支持，但与西方国家的监督体系与机制根本不同的是，中国特色社会主义的监督体系建设更加重视人民监督，并将实现彻底的人民监督作为党和国家监督体系建设的基本追求。党的十八大以来，党和国家基层监督及其法治化实践，本质上还体现了对人民监督的重视与实现。国家权力由人民赋予，党执政的目的和归宿也在于人民。将无产阶级专政的国家权力置于人民群众监督之下，既是马克思主义人民监督思想的一般观点，也是党和国家推进基层监督法治化的重要理论基础。

随着中国政治实践的深入发展和政治体制改革的深入推进，中国特色社会主义权力监督理论也逐渐形成。权力监督在得到现代国家理论充分支撑的同时，在国家权力体系中要通过具体的权力监督制度得以实现。在中国，社会主义的权力监督制度，是一种全新的制度体系，这种制度体系及其理论，主要是在马克思主义权力监督思想基础上，结合中国政治发展实际，并充分继承中华民族五千年以来的传统权力监督思想的产物。马克思和恩格斯在深入研究和系统总结前人的哲学、经济学、政治学等思想的基础上，结合巴黎公社政权建设的经验，认为人民群众当家做主的政权，必须被置于人民群众的监督之下。在此基础上，马克思和恩格斯认为，无产阶级专政条件下，国家机关的所有工作人员，他们没有个人利益，都是为实现人民群众利益而工作的公仆，理所应当接受人民群众监督。马克思和恩格斯虽未形成一套完整的权力监督理论，但其提出的公仆监督思想却为构建完善的社会主义权力监督理论奠定了重要基础。比如，马克思和恩格斯认为，无产阶级专政的国家必须加强权力监督，要建立无产阶级的监督制度，以确保人民群众对公仆权力监督的实现。

后来，列宁进一步继承和发展了马克思和恩格斯的人民监督思想，并将其运用到苏维埃政权建设实践中，形成了一系列制度化和实操性强的人民监督理论观点。列宁认为，苏维埃政权在发展过程中，初期由于需要应对各种复杂情况，尤其是需要集中各种资源进行社会主义建设，故难以真正实现人民群众监督，但随着苏维埃的逐步发展，人民监督要在这个过程中不断得到完善与实现。同时，列宁还认为，人民监督是防范官僚主义问题发生的有力武器，主张群众既有权力选举自己的领导者，也有权力撤换他们，有权力检查其活动的每一个细节，正是苏维埃与人民群众的接近，才形成了来自人民群众的另一种罢免制和自下而上的人民监督。列宁认为，社会的真正主人是人民群众，必须完善群众监督制度机制，发挥群众自下而上的监督作用，避免人民公仆变成人民的主人。[①] 列宁继承、发展和完善了马克思和恩格斯的人民监督思想，如列宁提出要让工农群众参与监督政府，还提出党和国家的所有机关、一般党员干部乃至最高领导人，都是人民监督的对象，还主张不断提高人民监督的权力。

毛泽东在领导中国革命和建设的过程中，创造性地将马克思主义的权力监督思想与中国的具体实践和优秀传统文化相结合，提出了人民监督思想，认为人民群众有权监督党政机关及其工作人员，清除官僚主义与贪污腐败现象应主要依靠人民监督。毛泽东的人民监督思想，有力推进了马克思主义权力监督理论的创新发展。在革命战争年代党局部执政的政治实践中，毛泽东便提出要加强人民群众的监督，充分发挥人民群

① 陈东辉：《列宁党内监督思想及其当代启示》，《学习论坛》2018 年第 4 期。

众对党、根据地政权和军队的监督作用。毛泽东在窑洞与黄炎培的对话中曾经讲过，“只有让人民来监督政府，政府才不敢松懈。只有人人起来负责，才不会人亡政息”[①]。中华人民共和国成立后，毛泽东继续领导探索符合中国国情的人民监督道路，在建立社会主义制度的同时，还领导确立起人民代表大会的基本政治组织形式，人民代表大会制度既是人民群众参与社会主义政权的根本方式，也是实现人民群众对党和国家权力运行监督的根本途径，也充分体现了毛泽东的人民监督思想。毛泽东始终认为，“没有民主，意见不是从群众中来，就不可能制定出好的路线、方针、政策和办法”[②]。毛泽东的人民监督思想强调无产阶级政党接受人民群众监督的必要性，同时认为真正代表民意的政府不应畏惧人民群众监督，并重视建立行之有效的人民群众监督机制。

改革开放以后，随着市场经济体制的建立完善和利益关系的多样化，中国国家权力运行中的监督面临一系列新问题。在此背景下，邓小平进一步继承和发展了马克思、列宁以及毛泽东的人民监督思想，对群众监督的紧迫性、内容与形式等问题进行了更加深入的阐释。邓小平在毛泽东探索的基础上完善了具有中国特色的人民监督实现路径，将人民监督引入制度化和法治化的发展轨道。邓小平在《党和国家领导制度的改革》一文中指出：“要有群众监督制度，让群众和党员监督干部，特别是领导干部。”[③] 邓小平的人民监督思想高度重视制度建设，认为只有实现人民监督的制度化，才能充分保障人民监督的权力，充分调动人民群众参与政府监督的积极性。

马克思、恩格斯、列宁、毛泽东和邓小平的人民监督思想，为中国构建和完善党和国家监督体系奠定了理论基础，并在改革开放后得到有效的继承和发展。江泽民同志在党的十四大报告中提出：“加强人民群众、各民主党派和无党派人士对我们党的监督。”[④] 将党的监督和人民群众监督结合起来，将自下而上的监督与自上而下的监督结合起来，继续推进群众监督机制的制度化和法治化建设。胡锦涛在党的十七大报告中

① 黄炎培：《八十年来——黄炎培自述》，上海文汇出版社2000年版，第205—206页。

② 《毛泽东文集》（第八卷），人民出版社1999年版，第294页。

③ 《邓小平文选》（第二卷），人民出版社1994年版，第332页。

④ 《江泽民文选》（第一卷），人民出版社2006年版，第249页。

再次明确提出："扩大人民民主，保证人民当家做主。"① 依法实行民主监督，保障人民的监督权，也是对中国特色社会主义人民监督机制的进一步完善。党的十八大以来，习近平总书记对人民监督与治党治国关系进行了深刻阐释，既丰富了人民监督内容，也不断拓展了人民监督的形式，再度创新和发展了人民监督的理论，成为习近平新时代中国特色社会主义思想的重要组成部分。2013 年，党的十八届三中全会通过的《中共中央关于全面深化改革若干重大问题的决定》就明确提出"让人民监督权力"②。习近平总书记指出："人民的眼睛是雪亮的，人民是无所不在的监督力量。只有让人民来监督政府，政府才不会懈怠；只有人人起来负责，才不会人亡政息。"③ 不仅如此，习近平总书记还高度重视人民监督对党和国家发展的重要意义。党的十八大以来，以习近平同志为核心的党中央坚持推进全面从严治党，在充分汲取党在百年发展中取得的宝贵历史经验的基础上，推进并实现党的自我革命和人民监督有机结合，极大丰富和完善了中国人民监督的理论与实践，实现了人民监督理论的创新发展。

二　分权监督

分权监督是现代政治监督的基本理论基础，对今天中国完善基层监督体系具有重要的借鉴意义。通过权力结构分配划置，让不同的权力之间形成制约关系，在中西方政治文化当中有相通之处。在西方政治文明实践中，分权监督的思想产生较早，并在其政治监督实践中形成了比较系统完善的分权监督理论学说。

在西方的古典文明时代，亚里士多德揭示过分权学说。比如，亚里士多德在《政治学》一书中提出了"所有的政体都包含三大元素，即议事、行政和司法"④。可谓西方三权分立学说的萌芽。西塞罗进一步完善了西方古典文明时期的分权理论，其在《论共和国》一书中提到，"当

① 《胡锦涛文选》（第二卷），人民出版社 2016 年版，第 635 页。

② 《〈中共中央关于全面深化改革若干重大问题的决定〉辅导读本》，人民出版社 2013 年版，第 35 页。

③ 习近平：《论坚持全面依法治国》，中央文献出版社 2020 年版，第 74 页。

④ ［古希腊］亚里士多德：《政治学》，吴寿彭译，商务印书馆 2021 年版，第 216 页。

全部事务的最高权力为一人掌握时，我们称这位唯一的掌权者为国王，我们称这样的国家政体为王政制。当全部事务的最高权力为一些挑选出来的人掌握时，我们称这样的城邦由贵族意志统治。人民的城邦即其一切权力归人民"①。可见，西塞罗所说的共和政体要兼容君主、贵族和平民三类政体的优势，应通过分权实现不同权力之间的配合和制衡。从亚里士多德和西塞罗的分权学说中可以看出，西方古典文明时代，源自君主、贵族、平民三种政体优点融合的政体优化思路，逐步形成了三权分立的政体权力结构模式。三权分立，实际上就是分权学说，将政体权力分为不同的部分，如实现行政权、议事权和审判权的分置，本身便具有让不同权力之间实现制衡的作用，而这种制衡，实际上就是一种监督。因而，分权学说及其在西方古代政体中的运用，造就的本身就是一种可以实现分权监督的政体模式。

西方古典文明谢幕后，本身便具有分权监督功能，或为分权监督提供理论支持的分权学说，在西欧的中世纪时代，一度销声匿迹。近代以来，在西方资产阶级革命潮流中，西方资产阶级政治学说的代表人物洛克和孟德斯鸠等，继承了古典时期的分权学说，并将之发展为比较完整的理论。洛克在《政府论》一书下篇第十二章②就国家立法权、执行权和对外权进行分别论述，集中体现了其三权分立的分权思想。孟德斯鸠《论法的精神》则集中阐述了以权力制约权力的资产阶级政治体制。他主张，立法权应该由人民集体享有，人民必须通过他们的代表来做一切他们自己所不能做的事情；③ 行政权应该掌握在国王手中；④ 而法院专掌司法权。⑤ 因此，尹志学在《分权制衡与现代法治——孟德斯鸠三权分立学说的历史反思与现实启示》一文中阐述了这一观点，即"通过这样的分权，使这三种权力和三个机关互相制约、互相均衡，从而保障政治自由"⑥。近

① ［古罗马］西塞罗：《西塞罗文集》（政治学卷），王焕生译，中央编译出版社 2010 年版，第 30—31 页。

② ［英］洛克：《政府论（下）》，叶启芳等译，商务印书馆 1964 年版，第 107 页。

③ ［法］孟德斯鸠：《论法的精神》，张雁深译，商务印书馆 2022 年版，第 188 页。

④ ［法］孟德斯鸠：《论法的精神》，张雁深译，商务印书馆 2022 年版，第 190 页。

⑤ ［法］孟德斯鸠：《论法的精神》，张雁深译，商务印书馆 2022 年版，第 193 页。

⑥ 尹志学：《分权制衡与现代法治——孟德斯鸠三权分立学说的历史反思与现实启示》，《法律科学》（西北政法学院学报）1998 年第 4 期。

代西方分权学说的奠基人、开创者是洛克，他的分权理论虽然符合资产阶级在政治上的需要，却因承认王权而带有一定妥协性。直到孟德斯鸠，西方近代分权理论才接近完善和成熟，并为西方的资产阶级革命和政体建设提供了有力的理论支撑。

权力若不加限制，便极易出现运行失范，或成为为自己谋取私利的工具，这是权力的属性，也是权力机制运行中的一种规律。在中国古代政治实践中，虽在封建政体发展中强调加强中央集权，并在封建王朝时代呈现出皇权不断得到强化的趋势。但是，在皇权之下，历朝历代在权力结构配置上也往往采取分权制衡的做法。比如三省六部制的中书、门下和尚书三省之间，事实上也是一种分权，其相互间既存在配合关系，也存在制衡约束关系。另外，在具体事权中，中国古代在政治实践中，也非常重视通过职权分配进行制衡，如宋代的司法体制在中央设置有大理寺、刑部和御史台，负责全国重大案件的审办，三个司法机构之间本身便存在协同配合与制衡监督的关系。同时，宋朝还在中央以及地方专设司法监察机构，在进一步分散司法事权的同时，通过加强对司法机关及其官员的监察，防范中央和地方司法机构官员肆意专擅。

近代早期部分维新派人士在接触西学的过程中，曾对西方近代卢梭和孟德斯鸠的分权理论进行初步介绍，但并不系统也不十分全面。后来，资产阶级革命的先驱者孙中山，在资产阶级革命理论建设中不仅继承了西方资产阶级的三权分立学说，还在民国政体建设的实践中创造了五权分立的资产阶级政体模式。1920 年 11 月 4 日，他在《在上海中国国民党本部会议的演说》中提到“现在我们主张五权，本来即是现时所说的三权，不过三权是把考试权附在行政部分、弹劾权附在立法部分。我们现将外国的规制和中国本有的规制融和起来，较为周备”①。即主张立法、司法、行政、考试和监察五种权力进行分立。虽然实践中并不成功，但是对学习借鉴西方的法治思想起到了较为积极的作用。权力行使是把双刃剑，权力运行若不加以制约，必然会滋生腐败等问题。为了对权力运行进行制约，现代国家在权力设置中非常重视通过权力结构配置

① 广东省社会科学院历史研究室、中国社会科学院近代史研究所等编：《孙中山全集》（第五卷），中华书局 2011 年版，第 392 页。

形成对权力体系的制约关系，同时重视发挥权力监督体制机制对权力行使的约束作用，以确保权力运行尽可能符合国家意志。可以说，在权力结构体系中设置对权力运行的监督机制，并充分将监督体制机制建设与法治建设结合在一起，不断推进权力监督的法治化，是现代国家政治权力配置遵循的基本规律，也为现代国家权力监督体系建设奠定了重要理论基础。党的十七大提出“要坚持用制度管权、管事、管人，建立健全决策权、执行权、监督权既相互制约又相互协调的权力结构和运行机制”①。为廉政建设提供了一个更为科学的思路，也被学者认为是中国进入“制度反腐”的一个标志，也同样可以为今天中国基层监督及其法治化提供一种有益的借鉴。

三 异体监督

监督要对权力形成制约作用，便需要在一定程度上独立于权力运行体系之外，这便是异体监督理论的基本思路。所谓异体监督，修晓波认为这是“不同利益主体之间的监督”，割断了监督者与被监督者的利害关系。② 为实现监督对权力的有效制约，异体监督理论也成为党和国家监督体系建设以及党的十八大以来党和国家推进基层监督法治化的重要理论支撑。异体监督是相对于同体监督而言，两者区分的依据在于监督主体的差异。同体监督主要是系统内部的自我监督与约束，是系统中上下左右间的一种监督关系体系，而异体监督一般是来自行政系统以外的其他主体和监督对象之间构成的监督体系，如社会监督，一般都属于异体监督。

西方的异体监督其实是一种横向监督，即同一层面上不同利益主体之间的监督。实际上，中国古代在长期的政治文明实践中也形成了丰富的监督监察理论与实践成果，而在传统的监察体制发展中也形成了系统的异体监督思想。只是中国传统政治文明中的异体监督是一种纵向监督，也即不同层面上的不同利益主体之间的监督。中国古代异体监督的纵向关系，既体现为自上而下的纵向监督关系，也体现为自下而上的纵

---

① 《胡锦涛文选》（第二卷），人民出版社2016年版，第638页。

② 修晓波：《明代巡视监察制度若干问题探讨》，《历史研究》2018年第4期。

向监督关系。比如，隋于中央设置三台分管监察，唐设置“一台三院”，以御史台总领监察事务，以台院、殿院和察院分管监察事务，并针对全国各地设置分道巡按，与“一台三院”相互配合，构建了一套非常完善的监察体系。在监察体制上，宋除增设谏院形成“台谏合一”，基本承袭唐制，而自隋朝创设，于唐代完善，并被宋朝沿袭的这种监察体制，实际上便是一种自上而下并体现异体监督思想的监察体系。另外，中国古代的监察体系还非常重视自下而上的异体监督，这主要是指民众对官员的监督，如西汉汉武帝施行的“言变事”制度、东汉的“举谣言”制、唐武则天成立的匦使院以及宋代成立的谏院和鼓院等，都属于听取百姓对朝廷意见和允许百姓对官员进行监督的制度。可见，中国古代也拥有丰富的异体监督思想与实践，但主要体现为纵向关系的异体监督。

党的十八大以来，党和国家的监督体系建设，也在积极贯彻异体监督理论。既借鉴西方横向关系异体监督理论，又吸收和借鉴了中国古代的纵向关系的异体监督思想。新时代以来，为推进完善党和国家的监督体系，在推进全面从严治党中将党的权力置于制度的约束之下，将国家权力置于法律的限定之下，中国着力推进监察体制改革，并在改革中积极贯彻异体监督理论。在此过程中，能够体现异体监督理论的主要改革成果便是经十三届全国人大一次会议审议通过的《中华人民共和国监察法》。在该法指导下，中国将过去的监察职能从行政体系中独立出来，设立了自中央到地方的各级监察委，实现了国家权力监督从同体监督向异体监督的转变，意味着党和国家的监督体系步入异体监督的新阶段。显然，独立于行政系统之外的从中央到地方的各级监察委，是一种类似于中国古代体现纵向监督关系的异体监督。同时，从监督主体与监督对象之间的关系看，各级监察委对行政体系的监督，其实也体现出一定的横向关系的异体监督。可见，异体监督也是党和国家监督体系不容忽视的一种实现方式，也为党的十八大以来党和国家的基层监督法治化实践提供了必要的理论支撑。

四 法治监督

改革开放以来，社会主义权力监督实践的持续推进，也不断推动着中国社会主义权力监督理论的创新发展。党在领导经济建设和体制改革的过程中，面对如何建设一个高效的、廉洁的党和政府的问题变得更加迫切和必要。在此背景下，邓小平认为，仅仅主要依赖思想改造去提高党和政府的廉洁性是不够的，必须通过建立严格的制度，规范党和政府的运行。为此，邓小平提出，可以通过制度创新加强对权力的监督。邓小平认为，“制度好可以使坏人无法横行，制度不好可以使好人无法充分做好事，甚至会走向反面”①。邓小平以制度对权力的监督相关理论，在党内得到进一步的继承和发展。江泽民明确指出：“建立健全党内和党外、自上而下和自下而上相结合的监督制度。”②

党的十八大以来，党和国家完善国家权力监督体系存在一个非常显著的特点，就是高度重视法治监督建设。在此背景下，党和国家的基层监督也呈现出法治化趋势。因而，党的十八大后包括基层监督在内的党和国家的监督体系建设，还贯穿着法治监督理论的支持。法治监督理论，尤其是习近平法治思想中的法治监督理论，也是党和国家基层监督及其法治化建设所依据的重要理论。这一理论是习近平法治思想的重要内容，既系统回答了要建设什么样的法治监督体系的问题，也系统回答了如何建设法治监督体系的问题，为新时代中国的法治监督体系建设提供了理论遵循，指出了实践方向。习近平法治思想中的法治监督理论从渊源上看，主要是继承了马克思列宁主义的经典权力监督理论，同时继承了前代中央领导集体的权力监督理论。在此过程中，尤其是邓小平在改革开放以后提出的制度监督思想以及在权力监督体制机制建设中进行的系列制度化和政策化实践，对习近平法治思想的形成，产生了重要影响。

当前，党和国家不仅高度重视权力监督，而且突出强调权力监督要走法治化道路。习近平总书记多次就依规治党与依法治国的关系做过详细论述，他提出“依规治党，就要进一步完善党内监督制度”③ 等相关内容。可见，法治监督思想，是习近平法治思想的重要内容维度，也是制度治党和依规治党的必然要求，有力拓展了社会主义权力监督理论的新境界，也为中国推进新时代政治体制改革、全面推进从严治党和全面

---

① 《邓小平文选（1975—1982）》，人民出版社 1983 年版，第 293 页。

② 《江泽民文选》（第一卷），人民出版社 2006 年版，第 249 页。

③ 《习近平关于全面从严治党论述摘编》，中央文献出版社 2021 年版，第 438 页。

推进依法治国指明了方向，提供了遵循。显然，习近平法治思想也是党的十八大以来党和国家推进基层监督及其法治化实践依赖的重要理论支撑。

五　舆论监督

在现代监督体系建设中，舆论监督作为社会监督的一种形式，日益受到现代国家的重视，并将其作为对以党和政府为主要监督对象的外部社会监督的重要手段。党的十八大以来，党和国家推进基层监督及其法治化，不断健全舆论监督机制，充分发挥舆论监督与其他监督形式的整合合力，有效增强了舆论监督对基层权力的社会监督作用，成为规范基层权力运行、有效防范基层腐败的重要监督手段。党的十八大以来，党和国家在基层监督法治化实践中重视和加强舆论监督，有着舆论监督理论的支持。舆论监督，也即发挥社会舆论作用，对党和政府权力运行，进行制约和监督，并上升到理论高度，严格来说，是现代政治文明的思想与实践发展的结果。

在西方，舆论监督成为一种现代政治监督理论，是 18 世纪以后的事情。在西欧 18 世纪的思想启蒙运动之前，舆论作为一种社会化意识形态一直存在，但与政治之间的关系并不大，而舆论开始与现代政治结合，并成为一种社会监督形式，则与启蒙思想家们在西方现代政治构建设想中对政治平等和个人主义等资产阶级政治理念的追求有关。洛克、孟德斯鸠和穆勒等启蒙思想家关于自由向度中言论自由的阐释，充满理性色彩，目的是在资本主义政治开展中加强公民权利，充分保障言论自由对政治权力运行的制约作用。当然，西方的启蒙思想家们在阐述言论自由对公民自由及其对政府公权力运行监督作用的同时，也已意识到公民的言论自由是相对自由，应当在法律限定的范围内充分行使这种自由。比如孟德斯鸠在《论法的精神》一书中所提到的“自由是做法律所许可的一切事情的权利；如果一个公民能够做法律所禁止的事情，他就不再有自由了，因为其他的人也同样会有这个权利”①。西方启蒙思想家们对舆论自由的理性探讨，奠定了西方舆论监督理论的基本形态，也成

---

① ［法］孟德斯鸠：《论法的精神》，张雁深译，商务印书馆 2022 年版，第 183 页。

为现代西方舆论监督体制机制设计的理论依据。

在中国，党和国家的监督体系建设以及党的十八大以来党和国家的基层监督及其法治化实践中，也非常重视舆论监督的作用，并在实践中逐步形成了具有中国特色的舆论监督理论。中国特色的舆论监督理论，对西方的舆论监督理论，虽有所借鉴，但主要是依据中国国情与党的舆论监督实践所进行的理论总结与创新。舆论监督作为一个正式概念，出现在党的公开文件中，是在 1987 年党的十三大报告中。此后，党的十四大、十五大、十六大报告中均有对舆论监督的相关表述。可见，党和国家历来重视舆论监督，舆论监督是中国特色社会主义理论体系的重要内容，也是党和政府权力与职能在舆论领域的延伸与补充。

党的十八大以来，党和国家在推进监督体系建设中同样高度重视舆论监督，将舆论监督作为党和国家监督体系建设的重要内容，推动了中国特色舆论监督理论的深入发展。理解和掌握中国特色的舆论监督理论，应重点把握以下几点：一是明确舆论监督要坚持党的领导；二是舆论监督要紧紧围绕党和政府的中心工作展开；三是舆论监督必须坚持在法治轨道上运行；四是舆论监督必须坚持客观公正、实事求是。以上几点，可以说是党在领导新闻传播工作以及其他社会舆论工作实践中总结的关于中国特色的舆论监督理论的主要内容，其中也不乏依据党情和国情进行的理论创新。党在治国理政实践中形成的具有中国特色的舆论监督理论，也为党的十八大以来党和国家基层监督及其法治化实践提供了必要的理论支持。

新闻媒体监督是舆论监督的重要方式。现代社会，新闻媒体作为舆论传播与引导的重要方式，在国家政治和社会生活中发挥着重要作用，并因此受到各国高度重视。新闻媒体作为现代社会生活中公共舆论的汇集与传播工具，体现了现代政治生活中重视言论自由的重要政治原则，并已经深刻融入新闻媒体的从业精神之中。客观真实地反映社会现象和社会事件的本来面目，并对政府公权力运行形成客观监督，是新闻媒体的基本职责。正因如此，新闻媒体在现代政府权力的监督机制中，往往发挥着不可替代的作用，成为反映民意和实现公民舆论监督的重要途径。在中国，党和国家也高度重视新闻媒体的监督作用，并将之作为舆论监督的重要形式。但是，中国的新闻媒体监督管理机制有其特殊性，必须坚持在党的领导之下肩负起党的舆论喉舌作用。党代表人民群众的根本利益，因而作为党的舆论喉舌的国内新闻媒体，依然在本质上代表着人民群众的根本利益，是体现人民群众意志、发出人民群众心声和对公权力运行进行监督的有效途径。新闻媒体监督作为舆论监督的重要方式既体现为新闻媒体作为舆论主体对社会现象和社会事件的客观公正报道，也体现为新闻媒体为人民群众提供了发声渠道，成为人民群众进行舆论监督的重要方式。

第二章

基层监督法治化的实现方式

党的十八大以来，党和国家高度重视基层监督体系建设，强调要将权力关进制度的笼子之中，着力推进制度治党和依规治党，不断健全基层监督的制度体系，推进其法治化进程。然而，要使制度在实践中发挥预期效能，还需要构建一套能够发挥制度效能且行之有效的运行机制，也即基层监督要发挥实际作用，就必须通过构建一套行之有效的运行机制去实现，以某种方式实现基层监督。监督对权力制约的实现，涉及多元化的主体与对象，而关于监督的实现方式，只有在运行中形成有机运行的体系机制，才能形成权力约束的合力。因而，加强权力监督，必须有其实现的方式，且同时需要构建一套能够实现监督制度预期目标和制度效能的监督机制。党的十八大以来，党和国家基层监督法治化的实现方式不断完善，并在监督机制建设上取得了显著成效。党和国家在基层监督机制建设上采取的系列举措，对于完善基层监督体系、整合基层监督资源、形成富有成效的基层监督合力、构建运行顺畅的基层监督系统，发挥了重要作用，成为对基层权力运行进行有效监督和监管的重要保障。党的十八大后，党和国家在基层监督实现方式和机制建设中的显著特点，就是充分发挥制度治党和依规治党的作用，并坚持推动党的制度体系和规矩体系的法治化，并为此在既有的党章党纪和基层监督法律体系的基础上，围绕基层监督的机制建设相继出台了一系列新的制度和政策举措，为党和国家健全基层监督的机制体系，提供了基本的法规制度保障，并使得基层监督的实现方式和机制建设突出法治化趋势。

本书所研究的基层监督法治化实现方式，宏观上包括两大类，可以分为基层党和国家的自我监督和基层外部监督。基层党和国家的自我监督又可以分为基层党内监督和国家基层监督。基层党内监督，包括基层党委（党组）全面监督、基层纪检机关专责监督、基层党的工作部门职能监督、党的基层组织日常监督以及基层党员民主监督。国家基层监督则包括基层的派驻监督、监察监督、人大监督、民主监督、行政监督、司法监督、审计监督、财会监督以及统计监督。基层外部监督是指基层群众监督和基层舆论监督。

因为基层监督法治化实现方式类别较多，加之研究精力和篇幅限制，本书特选取覆盖面较广、意义重大、代表性较强，且与法治监督密切相关的五种基层监督法治化的实现方式予以研究，即基层组织监督、基层司法监督、基层群众监督、基层舆论监督和基层专职监督。其中，基层组织监督是基层党内监督的主要方式，指基层党委（党组）的全面监督和基层纪委的专责监督；基层司法监督属于国家基层监督范畴，是各种基层监督法治化方式中最具有强制力的一种形式，也是维护公权力运行的“最后一道防线”；基层党和国家的自我监督之外的监督主要包括基层群众监督、基层舆论监督和基层专职监督，基层专职监督特指村（居）务监督委员会的监督。村（居）委会是中国特有的基层群众性自治组织，在基层治理中发挥重要作用，村（居）务监督委员会是对这一基层群众性自治组织的监督。基层群众监督和村（居）务监督委员的监督这两种方式在县乡基层社会和基层群众性自治组织中能更好地发挥广泛性、灵活性、有效性的突出特点，因而能提升基层监督的质效，也是学术界和实务界关注的重点。基层监督法治化的实现方式中，基层组织监督和基层司法监督相较于基层群众监督、基层舆论监督和基层专职监督，其规范化、法治化、正规化程度较高，而后三类监督方式的法治化水平更应受到重视，尽可能快速提升。

每种监督形式的实现方式并不都是孤立的，可以结合、衔接进行。包括党内监督和国家监督的结合、自我监督和外部监督的结合。基层党内监督在基层党和国家监督体系中占主导性地位，起根本性作用，基层纪委通过监督、执纪查明违纪甚至违法事实，对违纪案件进行处置，将违法案件移交基层人民检察院提起公诉，再到基层人民法院进行审判，实现基层纪委监督与基层司法监督的衔接，也就是基层党内监督和国家

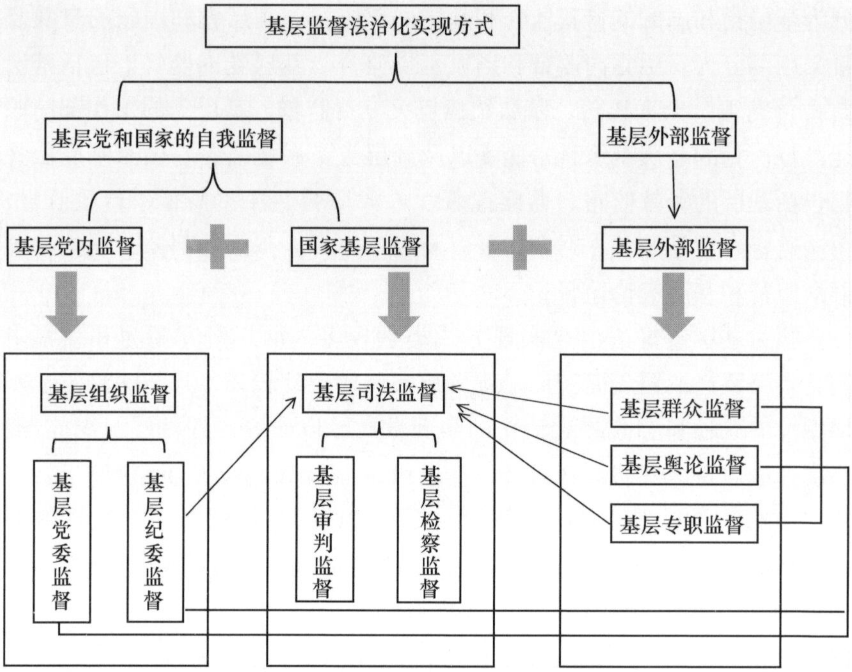

图2－1　基层监督法治化实现方式

基层监督的有效衔接。既体现了党内监督主体地位，还能推动党内监督和其他监督的有效衔接。另外，基层群众、基层媒体和村（居）务监督委员会遵照相关法律规定向基层纪委、基层司法机关提供基层行使公权力人员的违纪违法线索，实现外部监督和自我监督的结合。各种监督方式的有效衔接，有利于充分发挥基层党内监督、国家基层监督与基层外部监督的各自优势，实现监督质效的提升。为此，本章拟通过分析基层组织监督、基层司法监督、基层群众监督、基层舆论监督和基层专职监督的基本内涵、职能设置和运行方式，以反映党的十八大以来党和国家基层监督法治化的实现方式。

第一节　基层组织监督

党的二十大报告指出："健全党统一领导、全面覆盖、权威高效的监督体系，完善权力监督制约机制，以党内监督为主导，促进各类监督贯通协调，让权力在阳光下运行。”[①] 党内监督即组织监督，基层组织监督也就是基层党内监督，是党组织对基层国家权力机构及其公职人员进行权力监督和监管的基本方式之一。基层组织监督的监督对象为基层各级党组织及其成员，也就是针对基层各级机构中的党员和干部。基层组织监督是基层监督的重要实现方式，在中国的基层监督体系中占有极其重要的地位，发挥着不容忽视的基层监督作用，也是基层监督的机制建设中的重要环节。由于中国共产党是长期执政党，故对基层党组织和基层各级国家权力机构及其成员进行有效的组织监督，在很大程度上关乎基层监督的成效和基层监督机制的建设质量。基层组织监督有力，基层监督便富有成效，基层权力运行便处于有序的健康状态，基层政治氛围便会风清气朗，基层腐败也会得到有效控制与防范。因而，基层组织监督在基层监督机制建设中占有重要地位，关乎基层监督机制的建设质量乃至于基层监督目的的实现。正因如此，党的十八大以来，党和国家在推动党和国家监督体系的过程中，高度重视监督机制建设，尤其重视组织监督建设，并将全面从严治党与组织监督建设紧密联系在一起，在政治建设、制度建设、思想建设、作风建设、纪律建设等方面，极大推进了党的组织监督体系的建设与完善。在此过程中，基层组织监督，在党的十八大以来也在诸多方面得到有力加强，对于优化党和国家的基层监督机制运行体系，起到了重要推进作用。

一 基本内涵

组织监督是党和国家监督体系的重要方式，且在共产党长期执政的社会主义国家，组织监督也即党内监督，是对广大党员领导干部厉行监督职责和规范国家权力运行的主要方式。以党内监督为政治引领，推动党和国家监督体系不断健全，进而推进党的自我革命制度规范体系不断完善，是全面从严治党向纵深推进的必然要求，也是深入推进新时代党的建设新的伟大工程的题中应有之义。[②] 基层组织监督是党的监督在基

① 《习近平著作选读》（第一卷），人民出版社2023年版，第54页。

② 吕曼：《以党内监督为主导推动健全党和国家监督体系》，《人民论坛》2020年第24期。

层的实现方式。要搞清楚基层组织监督的内涵，首先需要明确组织监督也即党的监督的基本内涵。在中国共产党执掌国家政权的中国，党的监督和国家监督既保持一定的相对独立性，同时存在密不可分的协同协助关系。所谓党的监督，主要是指党内监督，是指中国共产党按照党章和其他一系列党内法规制度之规定，针对党的各级党组织及其领导机构以及全体党员，贯彻落实党的路线、方针和政策的情形，以及各级党组织及其党员干部的违纪违法情形等，构建起来党内监督制度体系。按照监督主体的差异，党的监督制度包括党的中央组织监督制度、党委（组）全面监督制度、党的纪律检查机关专责监督制度、党的工作部门职能监督制度、党的基层组织日常监督制度和党员民主监督制度等。①

从组织监督也即党的监督的内涵来看，基层组织监督是党的监督体系的重要内容，也可将之理解为党的监督制度体系中的一种特殊形式或基层形式。基层组织监督，应当是基层各级各类党组织按照党章和其他一系列党内法规制度之规定，针对基层党的各级各类党组织、基层领导机构和基层全体党员，贯彻落实党的路线、方针和政策的情形，以及基层各级党组织和基层党员干部的违纪违法情形等，构建起来基层监督制度体系。基层组织监督的依据及其构建的制度体系，与党的监督的各种形式，并无本质差别。基层组织监督的监督主体是担负基层党内监督的各级各类基层党组织及其负责人，如基层党委、党总支和党支部及其负责人等，作为一般基层党员，在基层组织监督中，同样肩负监督职责。

二　职能设置

党的十八大以来，在党和国家监督体系建设中，基层组织监督职能在推进全面从严治党和反腐败斗争向基层延伸的背景下得到进一步明确。尤其是党的十八届六中全会审议通过的《中国共产党党内监督条例》，立足于全面从严治党的战略高度，对于做好党内监督进行了全面部署。党内监督就是各级党组织和党员依照党内法规及国家法律，对党员干部和各类组织进行监督。该条例还专门对于基层党组织怎样做好基

① 郑超华：《新时代党内监督的逻辑理路、运行状况与效能提升》，《求实》2020 年第 5 期。

层组织监督工作进行了说明。该条例明确党的基层组织肩负监督职责，切实履行好基层监督职责，充分发挥基层党组织的战斗堡垒作用，是基层组织监督的基本职能。具体来说，基层组织监督的监督职能主要体现在如下三个方面。

一是基层组织监督要监督基层党员履行党员义务情况，同时监督保障基层党员的党内权利。基层组织监督肩负的重要职能之一是监督促进基层党员切实履行党员义务，同时切实监督和保障基层党员的党内权利。首先，基层组织监督主体要不断加强基层党员教育，提高其党性素养。在基层组织监督的职能设置中，基层组织监督的主体要组织基层党员干部进行马克思主义的意识形态教育，认真学习党章党规和习近平新时代中国特色社会主义思想，在学习中不断增进自身的马克思主义理论素养，牢记党的初心和使命，将党的性质和宗旨内化于心，外化于行。其次，监督基层各级党组织开展党的组织生活以及批评与自我批评情形，也是基层组织监督的职能。针对目前一些基层党组织开展组织生活不严肃、流于形式的情形，基层组织监督应当充分发挥监督职能，严肃基层各级党组织的党内组织生活，既要制定严格的党的组织生活纪律，也要通过基层组织监督职能的发挥切实贯彻执行，形成严肃活泼的基层党组织党内组织生活氛围。再次，对党员进行管理和提供服务，维护基层党组织凝聚力，也是基层组织监督的职能。目前，基层党组织中一些党员流动性较强，尤其是农村党员外出务工较多，做好此类基层党员的管理和服务工作，是增强基层党组织凝聚力的必然需要，也是基层组织监督主体应当承担的职能之一。

二是基层组织监督还肩负着向上级党组织反映基层党组织和党员情况以及提出意见的职能。基层党组织是中央党组织和地方党组织之基础，也是党的各级领导机构和党员进行联系的纽带。基层党组织可以为上级党组织了解基层党员对党的态度、对党的各种政策执行情况的看法，提供重要途径。为此，基层组织监督应相应肩负起向上级党组织定期反映基层党员和党组织情况以及提出具体意见和建议的职能。基层党组织应在基层组织监督中，充分发挥了解基层和联系基层的优势，通过基层组织监督机制，积极采取具有针对性和有效性的措施，推动基层党组织的党内民主发展，允许和鼓励基层党员和干部敢于向基层党组织讲真话，在基层组织监督实践中营造允许基层党员和干部能够充分发表意见的党内政治生活氛围。基层组织监督的主体，还要对基层党员反映的问题和提出的意见进行梳理总结，能够解决的问题以及能够采纳的建议可以在党的政策允许的范围内进行解决或采纳，而难以处理的问题以及难以采纳的建议，则需要定期向上级党组织进行反映，同时要提出相应的意见和建议。在此过程中，基层组织监督主体还要做好面向基层党组织及其党员、基层人民群众的宣传教育工作，系统讲解党的路线、方针和政策，使基层组织监督成为基层党员和群众了解党和认识党的重要窗口，充分发挥基层组织监督增强基层党组织战斗力和密切联系群众的基本监督职能。

三是基层组织监督还肩负着在基层维护与执行党纪的职能。党一以贯之的优良传统之一是保持严明的组织纪律性，这也是党的重要优势之一。基层各级党组织及其党员作为党的基础，必须保持严明的组织纪律性，这是增强基层党组织战斗力的必然要求。因而，基层组织监督必须在行使监督职能时肩负起维护和执行党的纪律的职能，将之作为基层组织监督必须实现的重要政治任务，尤其是要切实落实党的十八大以来党中央关于全面从严治党和严守党的政治纪律与政治规矩的一系列具体要求。基层组织监督维护和执行党的纪律不仅要覆盖基层全体党员，尤其是需要将基层党员干部作为基层纪律监督的重要对象，将基层党员干部遵守党的纪律监督作为基层组织监督的一项重要职能。基层组织监督机构要善于发动全体党员共同对基层党员及其领导干部进行基层纪律监督，还要依靠基层群众加强对基层党员和干部的纪律监督，构建基层党员和群众反映基层党组织和党员干部违纪情况的举报机制，建立健全相关的制度措施，保证基层组织监督维护和执行党的纪律监督职能的可操作性与可持续性，形成对基层各级党组织和基层党员干部进行纪律监督的长效机制。基层组织监督机构在发现基层党员、干部存在违反党的纪律情形后，必须进行及时教育和严肃处理，如果问题比较严重，要及时向上级党组织反映情况。另外，基层组织监督在维护和执行党的纪律时，针对违反党的纪律的基层党员、干部，既要坚持实事求是、秉公办理的原则，还要坚持对其进行思想教育。同时，在平时工作中，基层组织监督机构也要坚持对基层党员干部进行党的纪律教育，并将之作为基层党员干部思想教育的重要内容。

三　运行方式

基层组织监督在运行方式上主要依靠各级基层党组织和基层各级党组织的监督机构来实施。基层各级党组织，包括县级以下各级各类基层党组织，如基层党委、基层党总支和基层党支部等，作为基层党组织本身便肩负着对内部党员干部进行组织监督的职能。基层各级党组织既肩负着向上级党组织反映组织内部党员干部贯彻执行党的路线、方针和政策情形的职责，也需要在党内政治生活中坚持开展批评与自我批评，还要对组织内部的党员干部坚持开展马克思主义理论教育，同时还要依据党章规定对党组织内部的党员干部进行党的纪律监督。基层各级党组织肩负的基层监督职责对基层党员、干部进行监督的效果具有必要性和普遍性，主要能够对基层党员干部切实履行党员义务和遵守党的政治纪律和政治规矩起到督促和引导作用，并对其违规违纪违法行为起到有效的预防作用。

基层党的各级组织监督机构在基层组织监督运行中发挥着专责监督的作用。1993 年以前，基层纪律检查委员会专职承担基层党内监督也即基层组织监督职能。1993 年初，党的纪检机关与行政监察机关开始合署办公。基层党的组织监督运行中的专责监督职能主要通过新成立的基层各级纪检委行使。2018 年初，中华人民共和国国家监察委员会（以下简称“国家监察委”）成立后，原监察部并入国家监察委。在此背景下，基层各级纪检委实际上也与基层各级监察委合署办公，主要承担基层党的监督的专责监督职能。[①]《中华人民共和国监察法》（以下简称《监察法》）第七条第二款，对地方各级监察委的机构设置进行了专门规定，县级基层要设立监察委员会，乡镇不设立监察委员会，但将来县级基层监察委员会可以在乡镇设立派驻机构，同时规定可以向规模较大的村派驻监察专员。基层各级监察委及其基层监察机制的完善，为基层组织监督的运行奠定了组织机构基础。另外，党的十八大以来，党中央为加强

---

① 邵景均：《改革开放以来党内监督的基本实践和主要成效》，《中国纪检监察报》2018 年 7 月 8 日第 6 版。

党内组织监督不仅对党章进行了完善，还针对基层组织监督的职能以及基层党员干部队伍中存在的问题，出台了一系列新制度和新举措，极大丰富和完善了党内法规体系，同时还积极推动党内法规体系的法治化进程，出台了一系列与加强党内监督相关的党纪法规，为基层组织监督的运行提供了制度和法律保障。

第二节　基层司法监督

基层监督的对象是基层国家机关及其工作人员，以及其他行使公权力的公职人员。基层监督的实质是通过基层监督权的实施对基层公权力运行形成监管和制约，以确保其公正有序运行，避免出现诸如腐败等权力运行失范的问题。基层权力归根结底由国家赋予，作为一种国家公权力，在基层国家机关及其每一个行使公权力的公职人员当中，都应当划定明确的职权界限，也即依法明确行使公权力的公职人员的职权。基层行使公权力的公职人员应当依据国家法律赋予的职权，在法定职权范围内行使国家公权力，而绝对不能超越这个界限，同时也不能懒政、怠政，不积极利用国家赋予的法定职权做好本职工作，更不能利用国家赋予的法定职权为自己谋取私利。

一　基本内涵

基层司法监督，是党和国家监督体系中司法监督在基层的运用和体现。因而，厘清司法监督的内涵，应当首先界定清楚司法监督的基本内涵。司法监督实际上是一个有着相对固定内涵的概念。司法监督一般是指国家的司法机构，主要是法院和检察院按照宪法与相关法律规定对国家行政机关进行的监督。司法监督在现代国家的监督体系中是监督机制结构中不可或缺的一个重要环节。对于一些实行“三权分立”政治结构原则的国家，立法机构往往负责《宪法》与一般法律的制定，而司法机构则主要负责《宪法》和一般法律的实施，立法与司法之间存在权力制衡关系，实际上构成一种相互监督。在实行“议行合一”政治结构原则的国家，《宪法》则一般由最高国家权力机关制定，如中国《宪法》由全国人民代表大会审议制定和进行修改，一般法律则由全国人民代表大会的常务委员会负责制定实施和审议修改，司法机关则负责《宪法》和一般法律的实施工作。在这种权力结构中，司法权和行政权之间彼此并不完全独立，司法机关和行政机关都由立法机关赋权产生并需要向立法机关负责。中国便属于实行“议行合一”宪法原则的国家，司法机关与行政机关的职权由立法机构赋予，需要对立法机构负责。在此情形下，行政机构及其工作人员需要依照立法机构依法确立的职权行使权力，并需要接受立法机构和司法机构的监督。

在司法监督过程中，人民法院和人民检察院内部建立起相应的监督、纠错机制，即司法的内部监督，司法内部监督的主体、对象均是司法机关本身。人民法院行使审判权，人民检察院行使检察权，两者也肩负着对其他国家机关（主要是行政机关及其工作人员的行政行为）进行监督的职能，即司法的外部监督，主要是通过法院审理行政诉讼案件和检察院对行政人员职务犯罪提起公诉的方式来实现。本节的司法监督主要指司法的外部监督。基层司法监督是基层司法机构依据《宪法》和相关法律规定对县级及以下各级各类国家机构及其公职人员依法行使法定职权情况进行的监督。基层司法监督是基层监督机制中的重要一环，王舵在《监督学概论新编》中强调，“尤其是司法对行政机关的外部监督，通常是以判决作为最后的结果，而这种判决在各种监督方式中又往往是终局监督，充分表现了司法监督的权威和力度”①。因而，基层司法监督是具有国家强制力的一种基层监督形式。

二　职能设置

基层司法监督的主体主要是基层司法机构。在中国，基层各级人民法院和人民检察院，是基层司法监督权的行使主体。基层司法机构行使基层司法监督权，应当向同级基层人民代表大会负责。基层司法监督的职能就是要通过司法监督的力量，依法规范基层各级国家机关及其公职人员的职权，依法保证基层国家权力的规范化运行，通过司法监督对基层国家

① 王舵主编：《监督学概论新编》，中国政法大学出版社 2020 年版，第 223 页。

机关及其公职人员的违纪违法行为进行依法打击，尤其是预防腐败行为的发生。具体来说，基层司法监督在职能设置上主要体现在以下两个方面。

一方面，基层人民法院对基层行政机关的司法监督，其实现方式主要是行政诉讼。《中华人民共和国行政诉讼法》第六条明确规定："人民法院审理行政案件，对行政行为是否合法进行审查。"从中可以看出，中国行政诉讼法监督审查的范围、对象就是具体行政行为，而不是抽象行政行为；审查的内容就是具体行政行为是否合法。行政诉讼的目的和意义就在于要维护行政相对人的合法权益，进而监督行政机关是否依法行使法定职权。当行政相对人因基层行政机关及其公职人员的各种违法渎职行为侵犯其合法权益而提起诉讼时，基层法院依据适用法律并按照严格的司法程序对行政案件进行审理，以实现对行政权力的有效、有力的司法监督，确保其工作开展在法定职权范围之内，并对其超越职权和对职权履行不当的行为进行司法监管。法院监督是一种特殊监督形式，因为它具有事后性质，不是积极主动的行为，属于被动监督，这是由司法权的被动性所决定的。法院作为"裁判"方，只有消极被动才有可能保持中立。

另一方面，人民检察院是中国宪法规定的法律监督机关。首先，基层人民检察院对基层公安机关的司法监督是指对公安机关参与刑事诉讼的一切活动是否违反法律规定所实施的法律监督。① 因公安机关主要参与刑事诉讼活动的立案、侦查和刑罚执行，所以对其主要进行刑事立案、审查批捕、侦查活动和刑罚执行的监督。其次，基层人民检察院对基层人民法院的司法监督，主要是对其审判活动和刑罚执行活动是否违反法律规定所实施的法律监督。包括裁判监督、审判活动监督和刑罚执行监督三种形式。最后，基层人民检察院对基层行政执法机关的司法监督，主要是指对基层行政执法机关的执法活动是否合法所进行的法律监督。

三　运行方式

基层司法监督作为中国基层监督法治化的一种重要方式，其监督主

① 王舵主编：《监督学概论新编》，中国政法大学出版社 2020 年版，第 227 页。

体主要是基层人民法院和基层人民检察院。随着国家监察委的成立，尤其是党的十八大以来地方各级监察委的成立，作为县级监察委及其在乡镇的常设或派驻机构，依据《监察法》行使职权，实际上也承担着一定的法定监督职责。因为基层监察委开展工作，对基层国家机关及其工作人员进行监察监管，同样是依据相关法律法规的规定，其对基层国家机关及其工作依法履职情况的监管以及职务犯罪的打击，在职能归属上与基层人民检察院存在一定重叠。

基层司法监督在运行方式上，主要是基层司法监督的主体如基层人民法院和基层人民检察院，依据相关法律规定，对通过各种渠道，如群众监督渠道、党内组织监督渠道以及基层各级监察委的专责监督渠道等反映的关于基层国家机关及其工作人员违法乱纪和职务犯罪等行为进行立案侦查和审判处理。基层人民检察院在办理同级监委移交的提起公诉案件中，若发现有其他由其管辖的 14 个罪名的违法犯罪行为，可移交基层人民法院进行审判。在此过程中，基层人大常委会对基层人民法院和基层人民检察院的司法监督活动拥有监督权，基层人民法院和基层人民检察院作为基层司法监督的主体，需要向同级基层人大常委会负责。在运行方式上，基层司法监督并非孤立运行，往往需要与基层组织监督、基层群众监督和基层专责监督等密切配合，而基层司法监督则坚守着基层监督的法治底线，属于基层监督中处罚力度最大的一种监督形式，也是基层监督机制建设中不可或缺的重要环节。

第三节　基层群众监督

在基层监督机制中，基层群众监督也是基层监督法治化中的实现方式之一。相比基层组织监督，基层群众监督属于基层监督中的外部监督。基层群众监督既体现着现代民主政治的基本要求，也是中国作为社会主义国家实现人民群众当家作主地位的必然要求。党的性质是无产阶级的先锋队，全心全意为人民服务是党的基本宗旨。党的理论基础及其自成立以来的初心和使命，决定了群众路线是其根本工作路线。重视群众监督是中国共产党加强自身建设的重要法宝和优良传统。[①] 从马克思主义理论看，党和国家在基层监督机制中重视基层群众监督的作用发挥，是由人民群众作为推动历史发展的历史主体性地位所决定。人民群众既是生产力发展的推动者，也是生产关系的主要塑造者，故而是推动历史发展和社会进步的主体力量，因而马克思主义理论武装起来的无产阶级政党，无论在实现专政的过程中，还是在已经取得政权并成为长期执政党后，在其政权建设和国家权力运行中，都必须充分发挥人民群众对于国家权力运行的监督作用，切实保障人民群众参与监督国家事务的基本政治权利。基层群众监督是党和国家监督体系中群众监督在基层的实现方式与具体体现。为此，本节拟对基层群众监督的基本内涵、职能设置和运行方式进行阐释分析，以呈现党的十八大以来党和国家推动基层群众监督机制建设的基本情况。

一　基本内涵

作为党外监督的重要方式之一，群众监督是人民群众依法对党政机关的工作及公职人员的履职行为、纪律作风等问题进行的检视和监督。群众监督是民主监督的重要方式。群众监督本身便具有基层特点，因为人民群众来源于基层。但是，群众监督的对象不一定属于基层，作为群众监督的对象，既可能来自基层，又可能不来自基层，比如人民群众对于县级及以下国家机关及其公职人员工作情况进行的监督，其监督对象便属于基层；而人民群众对于县级以上，包括地市级、省级乃至于国家级和中央级国家机关及其公职人员开展工作情况进行的监督，其监督对象便不属于基层。因而，界定基层群众监督的内涵，并不能依据其监督主体也即人民群众对基层群众监督和非基层群众监督进行区分，而应主要依据监督对象来进行区分。显然，人民群众对于县级及以下国家机构及其公职人员［其中也包括村（居）委员会等行使基层“微权力”的机构及其公职人员］开展工作的情况进行的监督，就是基层群众监督。从监督内容来看，基层群众监督不一定仅仅局限于县级及以下国家机构

---

① 赵光军：《新中国成立初期毛泽东群众监督思想探析》，《党史博采》2022 年第 7 期下。

及其公职人员的工作开展情况，其个人的生活作风、道德言行以及其他表现，实际上也往往属于基层群众监督的范畴。

基层群众监督相比基层组织监督、基层司法监督和基层专职监督而言，在中国一般没有专门的承载机构，但县级及以下国家机构一般会设置接受群众来访的具体部门，或者建立允许和接受群众来访的机制，这为基层群众行使对基层国家机关及其工作人员的监督权利，提供了基本渠道和有效机制。群众监督相比基层监督法治化中的其他实现方式而言，因缺乏具体的工作机构而无明确的职权，尤其是缺乏对基层群众所反映的国家机关及其工作人员问题的直接处理权，故其强制性并不强。但是，基层群众监督却是反映基层国家机关及其工作人员工作问题的重要基础性渠道，为党和国家在监督机制运行中了解基层国家机关及其工作人员的工作情况（尤其是为人民服务的具体表现），提供了最广泛、最直接和最有效的监督。基层群众对基层国家机关及其工作人员的监督可谓无处不在，因而基层群众监督在基层监督机制建设中的作用不可估量。

二　职能设置

群众监督的作用是无穷的，必须充分发挥基层群众的监督作用，对基层国家机关及其工作人员的工作开展情况进行有效监督。群众路线是党的根本工作路线，党的一切工作的出发点和落脚点都在于为人民服务。因此，没有群众作为依靠，党的任何事业都无法得到推进。基层群众监督便是充分发挥人民群众力量的具体形式之一，其可以充分发挥人民群众的力量，将基层的腐败现象和不良作风在基层人民群众监督的汪洋大海之中消灭。因而，党和国家在监督体系建设中历来重视群众监督，并非常重视在基层监督机制建设中推进完善基层群众监督机制。党的十八大以来，党和国家在推动监督体系建设中也在基层群众监督机制建设中取得了相应成效，既赋予了基层人民群众更多的监督权力，也坚持在关键性工作中确保将基层人民群众的监督权予以切实贯彻。

在 2016 年 12 月 26 日至 27 日召开的中共中央政治局民主生活会上，习近平总书记指出，“中南海要始终直通人民群众，我们要始终把人民群众放在心中脑中"[①]。从中可知，群众监督在职能上主要起到督促党员领导干部"公正用权""为民服务""解民之忧"的重要作用。其中，监督和督促党员领导干部"公正用权"，是群众监督的首要职能，党员领导干部只有做到"公正用权"，才能够规范化地使用国家赋予的公职权力，才能做到"为民服务"和"解民之忧"。"为民服务"和"解民之忧"既是群众监督的目的，也是群众对党员领导干部权力行使进行监督要实现的重要职能。因而，从群众监督的职能设置来看，通过群众监督的力量，以外部民主监督的形式，对国家机关及其公职人员行使权力和开展工作的情况进行监督，从而督促和引导国家机关及其公职人员"公正用权"，进而实现"为民服务"和"解民之忧"的目的，是群众监督的基本职能。对于基层群众监督，中国并没有专门的基层群众监督职能机构，因而其职能设置仅就笼统而言，应当是充分发挥基层人民群众的监督作用，依靠基层人民群众的力量，对基层国家机关及其工作人员行使国家公权力的行为进行监督，尤其是通过对基层国家机关及其工作人员腐败行为的揭露和不良之风的矫治，实现基层国家权力的规范运行，以让基层国家权力运行更好发挥"为民服务"和"解民之忧"的基本职能。

三　运行方式

监督权是《宪法》赋予公民的一项基本权利。《宪法》明确规定，社会主义国家的一切权力属于人民，人民群众为国家主人。从根本上来说，人民群众行使对国家权力的监督权，是由中国人民民主专政的国体决定，也是由社会主义公有制经济的主体地位所保障。《宪法》中明确规定中国公民所享有的数项基本政治权利，监督权便是其中之一。《宪法》同时规定，公民享有的国家权力监督权，就是对国家机关及其工作人员享有批评、建议、申诉、控告、检举和依法获取赔偿的权利。可见，中国将公民监督权纳入《宪法》这一国家根本大法中予以切实保障，充分显示出党和国家对群众监督的重视，同时体现出群众监督具有《宪法》赋予的权威性。

① 《习近平著作选读》(第一卷)，人民出版社 2023 年版，第 550 页。

基层群众监督虽然有《宪法》之规定提供法律依据，但必须经由一定的具体机制或实现形式才能得到贯彻落实。为了切实保障基层群众监督的有效实施，《宪法》还规定了群众监督实施的三种具体方式：一是人民群众可以通过人大代表或直接向全国人大常委会或地方人大常委会反映；二是人民群众可以采用书信、电子邮件、电话、走访等形式，向有关部门举报或反映；三是人民群众可以通过媒体工具（电视、广播、报纸等）进行监督。因而，对于基层群众监督而言，基层人民群众可以通过向县级及以下基层地方人大常委会反映情况，对基层国家权力机关及其工作人员的工作开展情况进行监督，也可以通过书信、电子邮件、电话和走访等形式向县级及以下基层有关部门举报或反映基层国家权力机关及其工作人员违法乱纪等不良行为，还可以通过媒体工具，如广播、电视和报纸等对基层国家权力机关及其工作人员的工作开展情形进行监督。《宪法》规定的群众监督开展的这三种方式，同样适用于基层，其构成了基层群众监督运行的基本机制。

在此基础上，基层人民群众充分发挥了监督作用，对基层行使公权力人员违纪违法问题进行举报。例如，河北省某村党支部书记赵某某因违反国家法律法规，贪污财政涉农补贴受到某县纪委监委党内严重警告处分。2016 年，赵某某任村党支部书记期间，将由他人耕种的 8 亩村集体土地收回租给某钢构公司，同时以其妻子名义办理了该地粮食直补存折。2016 年 1 月 29 日和 2016 年 10 月 26 日，赵某某妻子分别从该存折上取款 700 元和 950 元，共计取款 1650 元。在群众举报、纪委审查组介入后的 2018 年 12 月 18 日，赵某某又从该存折上取款 2550 元，同日交村财乡管账户 4200 元。①

第四节　基层舆论监督

舆论监督，是中国特色社会主义权力监督体系的重要组成部分，属于外部监督的一种，从本质上来说，是社会公众对国家机关及其工作人

① 相关案例来自笔者调研所得。

员的监督。舆论监督作为公民宪法权利（监督权）的体现和常见形式，是社会公众运用多种传播媒介对社会运行过程中所出现的现象表达、意见和态度的活动。目前，随着互联网尤其是移动网络的飞速发展，微信、抖音、快手等新媒体通信手段的广泛应用，使得网络舆论监督在社会生活中的重要性越来越显著。2023 年 3 月 2 日，中国互联网络信息中心第 51 次《中国互联网络发展状况统计报告》发布。该报告显示，截至 2022 年 12 月，中国网民规模达 10.67 亿人，较 2021 年 12 月增长 3549 万人，互联网普及率达 75.6%。[①] 随着网民规模的不断扩大，网络舆论监督成为广大群众获取信息的重要来源，也成为群众参与社会事务的重要渠道。

一　基本内涵

广义的基层舆论监督，是指公民通过一定的基层组织形式和基层新闻媒介，充分发表自己的意见、建议，表达自己意志的权利和通过自由表达舆论进而影响基层公共决策的一种社会现象。主要实现方式包括选举权，言论自由权，结社权，知情权，对基层党和政府机构或行使公权力的国家公职人员滥用权力等不当行为进行举报、检举和控告的权利，以及在因公权力行使侵害私权时获得救济的权利，如申请行政复议和提起行政诉讼的权利等。狭义的基层舆论监督，特指基层新闻媒体所发挥的舆论监督，包括公民和基层新闻媒体在内的社会组织在基层公共领域的言论空间中通过公开指控、评论、提出改进建议等手段，利用基层舆论力量对基层党和政府机构以及行使公权力的国家公职人员滥用权力等不当行为进行监督与制约。

狭义的基层舆论监督的主体是一般公民和包括基层新闻媒体在内的社会组织。本章第三节专门论述基层群众监督，加之人民如作为基层舆论监督的主体，只能在法律范围内通过一定的基层组织（如基层新闻媒体）进行舆论监督，因此本节基层舆论监督的主体只针对基层新闻媒体在内的社会组织。在中国，执行基层舆论监督的行为主体，主要是党的

① 《第 51 次〈中国互联网络发展状况统计报告〉发布》，2023 年 3 月，环球网（https://tech.huanqiu.com/article/4BvHLSjFkTm）。

基层宣传部门、基层政府的广播电影电视部门、基层新闻单位等。基层舆论监督的对象则包括基层党和政府机构以及在基层行使公权力的国家公职人员；基层舆论监督的内容则是对基层党和政府机构以及在基层行使公权力的国家公职人员不作为、慢作为、乱作为等违纪违法和违背社会公序良俗的行为。基层舆论监督相较基层组织监督、基层司法监督而言，属于“软监督”，即没有国家强制力作为支撑，只是依靠舆论的影响力而进行监督的一种形式。虽然基层舆论监督没有国家强制力做后盾，但其发挥监督作用的全过程，必须在法律法规允许的范围之内。

二　职能设置

基层舆论监督作为一种非法律强制性的社会监督，其职责和功能较为宽泛。本书将基层舆论监督的主体限定为党的基层宣传部门、基层政府的广播电影电视部门、基层新闻单位等，其职能则主要包括宣传引导、维护制约以及舆论监测。

基层舆论监督的宣传引导功能，首先是对有利于社会正常运转，有利于人们行为符合法律规范，有利于社会生产力发展和社会道德提高的典型经验、典型事例，进行广泛的宣传报道，这是对整个社会活动进行示范，同时也是引导社会各方面都以此为标准，严格要求和约束自身行为，并为人们提供一个监督社会各方面、各环节的现实标准。其次是要对不利于人民的事件、违法乱纪的行为、阻碍社会政策运转和不道德的现象、不良风气和腐朽东西，进行披露和批评，促使人们引以为戒，自觉克服同类型的缺点和错误。最后是宣传党的方针政策、国家法律规范、国内外政治经济动态和当前党和国家工作的中心任务、战略部署等，用这些引导人们正确处理各种社会活动，让群众明白什么该做、什么不该做以及怎么做，将公共道德与个人态度统一起来。

基层舆论监督的维护制约功能，首先体现在维护社会主义秩序、保障人民权益不受侵犯。基层舆论监督通过揭露、抨击社会运行过程中各种违法乱纪行为和不符合社会主义核心价值观的丑恶现象，对基层党和政府机构以及在基层行使公权力的国家公职人员的官僚主义作风，以权谋私、贪污腐败现象和不廉洁、不奉公、不守法的行为进行公开的批评。这样才能维护人民现实的政治、经济利益，唤醒人们的警觉。其次体现在对权力的监督方面。通过曝光、批评等方式，给滥用权力者造成巨大的精神压力，以达到监督权力的目的。同时，利用舆论监督的影响力，引起相关部门的重视，启动体制内的具有强制性的其他监督方式对权力进行制约，将舆论监督转化为其他形式的监督。

基层舆论监督的舆论监测功能，主要指舆论监督所具有的守望社会环境、感悟社会动向、反映社会热点的功能。舆论监督是社会发展的"晴雨表"，会率先发现、抓住和反映社会在某一时期存在的重大问题；舆论监督是社会发展过程的"守望者"，对党和国家各级机构、行使公权力的国家公职人员出现的各种问题进行追踪调查，通过公开报道等方式，促使当政者及时、尽快、妥善解决这些问题，实现促进社会发展的目的；舆论监督是党和政府的"探照灯"，为党和政府提供了一个非常好的了解人民群众的窗口，能更好地了解民情、摸透民意，制定更加符合社会需求、百姓期盼的政策措施，真正把好事办到百姓心坎上。

三　运行方式

鉴于特定的基层舆论监督的主体，即党的基层宣传部门、基层政府的广播电影电视部门、基层新闻单位等，其运行方式主要包括新闻公开、新闻批评、新闻评论、刊播群众来信、民意测验以及处理信访、编发内参。

新闻公开，主要指基层党和国家机关有义务通过新闻界向人民群众提供党政活动的信息，包括举行记者招待会、新闻发布会，让记者对基层党务、政务等重大会议和活动进行采访和报道。新闻批评，是舆论监督中最有效的一种监督形式。通过揭露、批评、谴责国家机关及其工作人员在制定、执行政策、法律过程中的违纪违法的行为和其他社会成员的不良行为，寻求和放大社会舆论的谴责和压力，引起有关部门重视，督促其改进或追究其责任。新闻评论，是新闻舆论监督常常采用的形式，是对某一新闻事件或问题的分析、论述和说理，直接表明新闻媒体的主张，对一些新闻事件发表看法，评判是非。刊播群众来信，直接反映群众对国家、社会各种事务的意见，反映他们的愿望、呼声和要求，转达他们的批评和建议。民意测验，是了解和发表公众对某一重大问题和群众关心的问题的态度和意见的新闻舆论监督方式。一方面可以作为决策参考提供给政府，另一方面是对政策、法律和措施实施效果的测验，具有很强的监督作用。

处理信访、编发内参与上述所述监督方式不同，这两种方式虽然不适宜公开，但其舆论监督的作用和效力不容忽视。尤其是内参，虽然传播范围不大，但可对重大、恶劣的问题进行新闻舆论监督，又可以避免给社会带来剧烈的震荡，同时促进问题的解决。处理信访、编发内参这种不公开的舆论监督，与新闻公开、新闻批评、新闻评论、刊播群众来信、民意测验等公开舆论监督互为补充，相得益彰，能更好发挥基层舆论监督作用。

第五节　基层专职监督

专职监督也是监督方式中的一种，主要是指部门机构内部专设的监督部门对机构工作人员进行的监督。基层专职监督是专职监督在基层监督实践中的应用与体现，也是中国基层监督机制建设的重要内容之一。基层专职监督主要是指基层国家机关，包括村（居）民自治组织等，在机构内部设置的对机构内行使公权力的工作人员及其工作情况进行监督的一种基层监督方式。党的十八大以来，在党和国家不断推进基层监督体系建设和优化完善基层监督机制的背景下，基层专职监督也在这种大背景下得到推进发展。党和国家在基层监督体系建设中不仅重视在县级及以下国家机关中设置基层专职监督部门，如县级和乡级各类国家机构中的纪委等部门，而且为推动基层专职监督功能进一步下沉，进一步健全基层专职监督机制，还逐步构建起以村（居）民监督委员会为主体的村（居）一级基层专职监督机制，成为中国基层监督机制建设的重要成就和显著特色，也是党的十八大以来党和国家推进基层监督法治化建设取得的成就之一。为此，本节将主要聚焦村（居）务监督委员会，对村（居）务监督委员会制度的创建与发展、职能设置和运行方式等问题进行阐述，以呈现党的十八大以来党和国家推进基层专职监督机制建设的成效。

一　村（居）务监督委员会制度的创建与发展

基层监督的对象是基层行使公权力的公职人员，基层监督的实质是对基层国家公权力的行使行为进行监督，以对基层公权力形成权力制约，保证基层公权力能够规范化运行。基层公权力的来源是国家权力，但基层公权力往往权限不大，故往往被称为“微权力”。基层“微权力”权限虽小，但职权范围却不像基层以上国家权力机关及其公职人员那般较为明确，一般基层等级越低，基层“微权力”的职权范围也会越广泛、越复杂。在中国的国家权力结构体系中，村（居）民组织是基层“微权力”存在的最小单元。从国家权力结构体系的行政权力等级来看，村（居）民委员会自治组织中的党政领导虽不能明确确定为国家公职人员身份，但其基层权力的来源是国家权力这一点是确定无疑的。因而，即便村（居）民自治组织中的党政领导，如村党支部书记和村主任以及其他村两委成员等，并不像乡镇及以上国家机关中的公职人员一样，属于严格的国家行政机关体系，但其手中掌握的权力，来源于国家权力，其工作性质决定了作为行使国家公权力人员的特殊身份。因而，对村（居）民自治组织的两委领导进行基层监管，规范其基层“微权力”的运行非常必要，既是夯实党的基层群众基础的必然需要，也是推进乡村振兴战略实施的必然需要。

然而，长期以来，中国在监督体制尤其是基层监督体制建设上，存在监督资源和监督体系建设越向基层越薄弱的问题。比如，在县级及以下的基层监督体系机制建设上，中国的基层监督资源从县级到乡镇级别逐渐减少，而在广大的村（居）民委员会自治组织中，长期缺乏明确固定的基层监督机制，尤其是缺乏针对村（居）民自治组织两委成员的权力运行监督的专职监督机制，造成其基层“微权力”运行因缺乏有效的专职监督而存在较大的权力运行失范漏洞风险。这也是造成村（居）基层两委成员基层“微权力”运行失范和“微腐败”在村（居）基层频发的重要原因之一。为此，建立村（居）民自治组织的专职监督机制便成为必然需要。2004 年 6 月 18 日，浙江省武义县后陈村选举产生了中国首个“村务监督委员会”。该村务监督委员会选举产生后，一度在法律层面遭受质疑，主要原因在于当时的《村民委员会组织法》并无相关规定。随着社会发展不断出现的新情况、新问题，2004 年 6 月 22 日，中共中央办公厅和国务院办公厅联合出台《关于健全和完善村务公开和民主管理制度的意见》，并提出加强针对村务管理、监督的机制建设，即成立监督小组。这就为村务监督委员会的设置提供了合法的政策依据。

后来，村务监督委员会无法可依的情况也得到改变。村务监督委员会这一制度创新经验被写进十一届全国人大常委会第十七次会议新修订的《中华人民共和国村民委员会组织法》。[①] 规定村应当建立村务监督机构，明确其职能、成员产生途径、成员组成以及对谁负责等相关问题。此后，尤其是党的十八大以来，监督委员会作为村（居）民自治组织的基层专职监督机制在各省陆续铺开。目前，中国绝大多数村（居）民自治组织都成立了监督委员会，成为基层专职监督机制建设的重大成果。

二　村（居）务监督委员会的职能设置

村（居）务监督委员会，是对村（居）民自治组织事务，尤其是村（居）两委班子成员进行基层监督和规范基层“微权力”运行的基层专职监督机构，其监督目的能否实现关键在于村（居）务监督委员会的职能设置是否合理。在为村（居）务监督委员会提供政策和法律依据的同时，党的十八大以来党和国家在健全基层监督机制过程中还不断规范村（居）务监督委员会的职能，通过完善其职能设置的方式充分发挥村（居）务监督委员会在基层专职监督机制中的作用。村务监督委员会与居务监督委员会的职能设置实际是相同的，在此以村务监督委员会为例，说明其职能设置。

目前，党和国家在基层专职监督机制建设中主要赋予了其以下两项基本职能。

一是监督村民委员会的工作职能。遵循村务监督委员会制度要求，村务监督委员会要定期组织村民代表听取村民委员会的工作汇报。村务监督委员会有权对村民委员会开展工作进行质询，村民委员会面对质

---

① 卢福营：《可延扩性：基层社会治理创新的生命力——写在后陈村村务监督委员会诞生十周年之际》，《社会科学》2014 年第 5 期。

询，有责任做出合理解释，并说明具体情形。同时，村务监督委员会还要组织村民代表对村民委员会执行工作的情况进行监督，以及组织村民代表对村民委员会及其成员进行半年度和年度述职评议。

二是协助村民委员会更好开展工作的职能。村务监督委员会要积极引导督促村民代表支持村民委员会的工作，同时协助做好村民的思想政治工作。另外，对于应当由村民委员会依法召集村民代表会议进行讨论决定的有关事项，而村民委员会不组织召集，或擅自做出决定并拒绝更正的，也可由村务监督委员会召集并主持村民代表会议进行讨论表决。

三　村（居）务监督委员会的运行方式

党的十八大以来，在明确村（居）务监督委员会职能设置的同时，村（居）务监督委员会也形成了较为明确的运行方式。村务监督委员会和居务监督委员会的运行方式基本相同，故依然以村务监督委员会为例对村（居）务监督委员会的运行方式进行说明。目前，中国各地村务监督委员会基本采用如下方式运行。

村务监督委员会下设主任 1 人，一般由村党组织成员或者党员担任，委员一般为2—4 人，并由全体党员选举产生。村务监督委员会的重要职能之一是组织召开村民代表会议，对村民委员会开展工作进行监督，对于村务监督委员会组织召开的村民代表会议，一般要由村务监督委员会主任主持，村务监督委员会主任不能到场时，可以委托村务监督委员会副主任主持。村务监督委员会主任有权列席村两委会议。村务监督委员会内部要下设不同的监督小组，进行一定的监督分工，并对村民委员会的不同工作进行分组监督。村务监督委员会下设各监督小组，由组长和成员组成，组长由村务监督委员会成员担任，成员则是村民代表。村务监督委员会每季度要听取其下设各监督小组的工作汇报，同时要每半年组织一次村民代表会议听取村民委员会工作汇报，并对村民委员会开展工作情况进行评议，对其半年度的工作满意率进行测评。

村党组织对村务监督委员会具有领导职责，并领导村务监督委员会依法组织全体村民代表，对村民委员会的年终述职进行测评，同时对其进行无记名投票形式的信任度表决。如果信任度表决中对村民委员会成员不信任票数超过应当到会的村民代表的30%，村党组织与村务监督委员会要对村民委员会及其成员进行谈话、告诫，如果不信任票数超过50%，村党组织要对村民委员会成员进行谈话，同时依据村干部承诺辞职制度根据具体情形劝导其辞掉现职，若其拒绝辞职，则应按照相关法律规定依法启动对村民委员会成员（尤其是村主任）的罢免程序。

对于村务监督委员会成员之免职与补选，若村务监督委员会主任为村党组织成员兼任情况，其在村党组织中的党内职务被免，则其村务监督委员会主任职务也应依据相关程序进行调整。如果村务监督委员会主任职务不是村党组织成员兼任的，其因违纪违法等情形而不适合继续担任时，应由其本人主动提出辞职或者由村党组织提出对其进行免职，最终由村民代表会议对其启动罢免程序。村务监督委员会成员若出现违法行为，从立案之日起便须对其职务进行停止；若被判刑，则其村务监督委员会成员资格即自动消除。若村务监督委员会成员存在违纪情形，同样应由本人提出主动辞职，或者由村党组织提出，再由村民代表会议对其启动罢免程序。

如果村务监督委员会成员因各种原因缺位时，可依据实际需要开展补选，当村务监督委员会成员不满三人时，应开展补选。村务监督委员会主任应主持成员补选工作，若主任缺位时，则应由副主任主持补选工作。村务监督委员会成员的缺位补选应按照相关规定进行差额或等额选举。村务监督委员会开展工作要对村民代表会议负责，在村民代表会议监督管理下开展工作，每半年至少要对村民代表会议进行一次工作汇报。村务监督委员会每年还要组织村民代表会议对其成员开展年度的信任度测评，如果不信任票数达到应到会村民代表人数的50%时，村务监督委员会中各成员的成员资格应自动免去。

任建明认为“村务监督是村级民主的有机组成部分，村务监督委员会是具体的监督机构，是代表村民对村务实施民主监督的具体组织形式”①。村（居）务监督委员会的监督职能在现实中不断增强，在制度设计上日益完善。比如河北省某县级市纪委监委充分发挥村务监督委员

① 任建明：《村务监督与微腐败治理》，《人民论坛》2018年第21期。

会及村级纪检委员作用，制定《关于农村纪检委员的考核办法（试行)》，调动其工作积极性、主动性，把全面从严治党触角延伸到村级“末梢”。通过对村务监督委员会及村级纪检委员发现的共性问题梳理汇总，发现了多数村普遍反映用工管理不规范问题，造成村级财务管理存在廉政风险。针对该问题，探索推行了《某县级市村级集体劳务用工管理办法》，堵塞制度漏洞，进一步规范了村级事务管理。

村（居）务监督委员会坚持群众关心什么，就监督什么。将大到党中央和上级党组织惠农政策的落实、“两委”班子的日常工作、村集体资产资源的管理，小到村风村貌等村民普遍关注事项，凡属村里的重大问题、群众关心的热点问题，均纳入了村务监督委员会和村民会议日常监督范围。在河北省某县乡镇纪委的支持下，下辖各村村监会制定了工作制度和监督事项清单，对村级工程项目、资产资源管理等重大事项进行监督，监督作用正逐步显现。

第三章

党的十八大以来党和国家基层监督法治化的实践探索

党的十八大以来，党和国家明确提出要实现国家治理体系与治理能力现代化这一目标。国家治理体系是指党领导和管理国家的各项制度体系，国家治理能力则是指党运用各项制度领导和管理国家的能力。基层治理是国家和社会治理的基石，基层监督既是优化党和国家基层治理制度体系机制的必然需要，也是提高党和国家基层治理能力的必然需要。基层治理的关键在于化解基层中的各种矛盾和问题，其中基层民众最普遍关注的问题和最深切的利益关注点之一，便是基层权力运行中存在的各种问题。基层权力运行中人民群众普遍关注的问题，诸如村（居）民自治组织中的工作人员贪污、公款私用、以权谋私、任人唯亲等问题，是基层权力运行失范、功能异化的表现。基层权力运行之所以会出现失范，既与权力本身若不加限制便容易沦为行使者的私权的属性有关，也与中国基层监督的体制机制不健全有关，尤其是与基层监督法治化建设不完善有关。基层监督的对象是基层公权力的行使者，基层监督的依据是相关党内法规和国家法律。在国家治理体系和治理能力现代化建设的过程中，党和国家推进全面从严治党深入基层，为推进完善党和国家的基层监督，进行了系列实践探索，诸如管党治党深入基层，将反腐败斗争推向基层，以及在国家监察体制改革背景下完善基层各级监察机构和机制等，都是党的十八大以来在实践探索中逐步完善党和国家基层监督体系的体现，研究党的十八大以来党和国家的基层监督法治化问题，应当立足于此。

第一节 基层管党治党的成效

党的十八大以来，党中央做出了全面从严治党的重大战略部署，并将之纳入“四个全面”战略布局的四项重要内容之一。全面从严治党，核心是加强党的领导，基础在于全面，关键在于严格，要害在于治理。全面从严治党的内容之一就是要将权力关入制度的笼中，引导广大党员干部树立正确的权力观，严格依据制度规范行使党和国家赋予的各项职权。因而，加强对权力运行的制约与监督，本身便是全面从严治党的内在要求，也是全面从严治党的手段和目的。全面从严治党，是新时代党的建设新的伟大工程的核心要求，也是确保国家治理体系和治理能力现代化建设推进和社会主义建设总布局全面推进的政治保障。党的十九大从修订党章入手，将全面从严治党的新要求写入党章，对于不断提高党的建设质量具有重大意义。[①] 全面从严治党，要切实做到全面，所谓全面，就是要将从严治党做到全覆盖。具体来说，从严治党要做到全覆盖，就是要覆盖全国所有党员，既包括中央国家机关的党员干部，也包括普通国家机关的党员干部，而基层广大党员干部以及一般党员，也是全面从严治党要覆盖的对象。从目前全国党员结构来看，基层党员干部占到了全国党员数量的绝大多数，因而全面从严治党的重心应在基层，全面覆盖的党员治理对象，从绝对数量上看，也主要在基层。为此，党的十八大后党中央高度重视将全面从严治党推向基层，并在基层管党治党中做出了系列重要部署，主要是严格落实全面从严治党的“全”和“严”，严格在基层管党治党中落实“两个责任”，并着力推进基层党组织的作风建设。基层管党治党，既是全面从严治党的应有之义和必然要求，也是党和国家基层监督法治化实践探索的重要内容。

一 全面从严治党的“全”和“严”

全面从严治党，是推进基层治理和基层监督法治化的政治保障，也

① 曾明、常永辉：《党内监督百年历程的内在逻辑与经验启示》，《甘肃行政学院学报》2021 年第 3 期。

是基层治理及其法治化的内在要求和重要实现方式。全面从严治党，之所以与党的十八大以来党和国家的基层监督实践紧密相关，不仅是因为基层各级党组织及其党员干部是基层公权力的主要行使者，他们属于基层监督对象，也在于全面从严治党既要做到“全”，也要做到“严”。理解全面从严治党作为党的十八大以来党和国家基层监督法治化实践的重要内容，关键在于理解全面从严治党的“全”和“严”。全面从严治党，治是手段，基础在于“全”，关键在于“严”，而在“全”与“严”的内涵要求中，基层监督及其法治化则成为基层管党治党的题中之义。

（一）全面从严治党的基础在于“全”

“全面”则要求，从严治党要针对全党开展党的建设和监督治理，要覆盖拥有党员的各领域、各部门、各层级，其中必然包括基层中的各领域、各部门和各层级。因而，县级及以下，包括村（居）民自治组织在内的各领域、各部门、各层级，都是全面从严治党必须覆盖的领域。因而，基层各级党组织及其党员是全面从严治党的重要对象，而对基层各级党组织及其党员干部的权力监督和制约，则是基层监督的实践要求在基层管党治党的基本内容。据中央组织部截至 2022 年底的统计数据，党的基层各级组织数量为 506.5 万个，基层党员数量为 9804.1 万名。[①]从基层党组织和基层党员数量看，全面从严治党覆盖基层，也意味着将全面从严治党推进到基层，是管党治党的重心所在和基层监督的中心工作。

（二）全面从严治党的关键在于“严”

管党和治党必须坚持严字当头的原则，要在管党治党的全过程中贯彻“严”字原则，既要做到真管和真严，也要做到敢管与敢严，还要做到长管与长严。全面从严治党的“严”字原则，也要严格落实在基层管党治党和党和国家的基层监督法治化实践中。将基层监督与基层管党治党对接实施，既是在基层管党治党实践中落实全面从严治党“严”字原则的内在要求，也是以基层监督在基层管党治党实践中落实“严”字原

① 《一图速览：中国共产党党内统计公报》，2023 年 6 月，共产党员网（https://www.12371.cn/2023/06/30/ARTI1688109968309167.shtml）。

则的必要形式。在基层管党治党实践中切实做到“严”，就要加强基层监督，充分发挥基层监督体制机制对基层权力的制约与监督作用，将基层党员干部的权力置于基层监督的有效制衡、监管与约束之下，以基层监督的体制与机制建设实现将基层党员干部的权力置于制度搭建的笼子中的目的。监督执纪是纪律建设的重要保障。[①] 因而，全面从严治党的关键在于“严”，基层管党治党必须做到“严”，而基层监督则是基层管党治党做到“严”的主要方式和必然要求。

二　“两个责任”的落实

党的十八大以来，党和国家基层监督法治化是全面从严治党和推进国家治理体系与治理能力现代化的内在要求和必然举措。党和国家基层监督体系与机制的建设与完善，既是全面从严治党的必然要求，也是国家治理体系与治理能力现代化建设的题中之义。中国是工人阶级领导的、以工农联盟为基础的人民民主专政的社会主义国家，推进全面从严治党与国家治理体系与治理能力的现代化又是内在统一的。国家治理体系与治理能力现代化的领导核心始终是党，需要依靠不断提高党的执政能力与执政水平，需要持续不断地推进全面从严治党。因而，以基层监督提高基层治理水平，关键在于党，在于将全面从严治党推向基层，在于不断提高党的基层执政能力和执政水平。党的十八大以来，党和国家推进基层监督及其法治化的实践探索，还体现在将全面从严治党推向基层的同时，明确了各级党委的主体责任和各级纪委的监督责任。因而，“两个责任”的落实，也是党的十八大以来党和国家推进基层管党治党和基层监督法治化的重要实践探索成果。

党的十八届三中全会通过的《中共中央关于全面深化改革若干重大问题的决定》，首次提出了“两个责任”，即“落实党风廉政建设责任制，党委负主体责任，纪委负监督责任”[②]。“两个责任”的主体是党，同时也对各级党委与各级纪委的职能定位与分工协作关系进行了明确。一方面，各级党委要在党领导国家各项事业发展中落实主体责任，严格

① 盖逸馨：《全面从严治党的理论依据与实践维度》，《科学社会主义》2020 年第 4 期。

② 《〈中共中央关于全面深化改革若干重大问题的决定〉辅导读本》，人民出版社 2013 年版，第 36 页。

贯彻落实党的领导，将党管一切的主体责任严格压实落细；另一方面，各级纪委在工作开展中除接受上级纪委领导，还要接受同级党委的领导，并在同级党委领导下落实监督责任，专司监督事务。在党风廉政建设中，各级党委要切实担负起推进党风廉政建设的主体责任。同时，各级纪委也要在各级党委领导下在党风廉政建设中落实好监督责任，以切实有效的党内监督守住党风廉政建设的底线，为纯洁党的队伍发挥切实的监督制约作用。

“两个责任”落实要求经党中央发出后，迅即引起全国各地基层各级党委和纪委响应，在党中央政策精神指导和基层各级党委领导下纷纷制定落实“两个责任”的具体举措，并积极执行。全国各地基层党委进一步明确了指导思想和必须肩负的主体责任，尤其是基层领导班子的责任，严格落实中共中央办公厅印发的《党委（党组）落实全面从严治党主体责任规定》，[①] 并围绕主体责任落实加强制度建设，如一些地方基层党委建立的述责述廉制度、签字背书制度、约谈制度，以及要求党委成员签订《党风廉政建设责任书》等，都属于落实基层党委主体责任的具体举措。另外，基层纪委也在党中央和基层党委领导下积极行动起来，在认真领会中央“两个责任”精神的基础上制定落实监督责任的具体举措，诸如进一步强化责任监督，严肃责任追究，规范权力运行，做好基层各级纪委监督，坚持纠正“四风”，加强作风监督，等等。可见，“两个责任”在基层的落实，不仅是党的十八大以来基层党风廉政建设的重大举措，也是全面从严治党深入基层与党和国家基层监督法治化的重大实践探索，并推动中国的基层监督建设取得了显著成效。自 2014 年以来，全国共有 7020 个单位党委（党组）、党总支、党支部，430 个纪委（纪检组）和 6.5 万余名党员领导干部被问责。[②] 党的十九大以来，全国共问责党组织 3.9 万个，问责党员领导干部、监察对象 29.9 万人。[③]

① 《中办印发〈党委（党组）落实全面从严治党主体责任规定〉》，《人民日报》2020 年 3 月 14 日第 1 版。

② 《十八届中央纪律检查委员会向中国共产党第十九次全国代表大会的工作报告》，2017 年 10 月，中国政府网（http://www.gov.cn/xinwen/2017－10/29/content_5235228.htm）。

③ 《十九届中央纪律检查委员会向中国共产党第二十次全国代表大会的工作报告》，《人民日报》2022 年 10 月 28 日第 1 版。

三　基层的作风建设

党的十八大以来，党和国家基层监督法治化的实践探索还体现为在基层管党治党实践中不断推进基层的作风建设。基层监督的对象是基层权力运行的行使者，也即实际执掌基层职权的基层党员领导干部。基层监督的目的在于通过制度化的基层监督机制对基层权力运行形成制约，以防范和制止基层党员领导干部在基层权力行使中出现腐败等权力运行失范问题。基层监督对基层党员干部的权力制约既在于通过硬性的制度规定划定红线，并对越过制度红线者予以严肃处置，也在于通过基层监督机制的积极作用，在推进基层管党治党中加强基层的作风建设。

基层的作风建设是基层监督法治化的重要内容。党历来重视作风建设，即在长期的革命、建设和改革中形成了大量优良作风，并将之内化到党的精神谱系，也将作风建设作为党的建设的重要内容。党的十八大以来，党中央不仅高度重视作风建设，还为加强党的作风建设采取了系列措施。从推出时间来看，中央“八项规定”更早。“八项规定”是指2012年12月4日，中共中央政治局会议审议通过中央政治局关于改进工作作风和密切联系群众的“八项规定”。中央“八项规定”的具体内容为：一是针对党员领导干部到基层调研调查，强调要深入基层进行调查研究，了解基层实际情况，切忌搞形式主义，要轻车简从，杜绝宴请等；二是针对会议活动，强调要精简会议，杜绝会议召开中的形式主义和铺张浪费等；三是针对各级各类国家机关发布的各种文件简报，要求文风踏实，避免内容虚无等；四是针对各类出访活动，要求合理安排，控制人员规模，选择符合规定的交通方式等；五是针对警卫工作，要求减少交通管制，一般不得封路和清场；六是针对新闻报道工作，要求根据实际情况确定是否报道，并合理控制报道数量、字数和时长等；七是针对文稿发表，要求不得随意进行个人出版；八是针对生活作风，要求党员领导干部要厉行节约，严格遵守廉洁从政相关规定，住房、车辆和其他生活待遇不得私自超标。①

---

① 《八项规定》，2013年6月，群众路线网（qzlx. people. com. cn/n/2013/0605/c364582-21744009. html）。

党的十八大后，党中央为加强作风建设，相继出台了一系列规定、通知和意见，比如，2013 年 3 月中共中央组织部通过的《关于在干部教育培训中进一步加强学员管理的规定》、2013 年 10 月中共中央组织部通过的《关于进一步规范党政领导干部在企业兼职（任职）问题的意见》以及 2014 年 1 月中共中央组织部发布的《关于加强干部选拔任用工作监督的意见》等，都为加强党的作风建设提供了制度和政策依据。据统计，在 2013 年到 2014 年之间，为加强作风建设出台的规定、意见和通知多达十几项，基本覆盖可能影响党的作风建设的方方面面。比如 2013 年 12 月中共中央办公厅、国务院办公厅发布的《关于党员干部带头推动殡葬改革的意见》，2013 年 7 月中共中央办公厅、国务院办公厅发布的《关于党政机关停止新建楼堂馆所和清理办公用房的通知》，2013 年 12 月中共中央办公厅、国务院办公厅颁布的《党政机关国内公务接待管理规定》，以及 2013 年 11 月中共中央纪委发布的《关于严禁元旦春节期间公款购买赠送烟花爆竹等年货节礼的通知》等，为立足于防范具体问题、增强和改进党的作风提供了明确的制度和政策依据。

党中央为增强和改进党的作风，制定的系列政策和制度，同样适用于基层。在此背景下，党的十八大以来基层的作风建设也取得了显著成效。过去基层普遍存在人民群众非常反感的作风问题，诸如过节超标发放节日礼品、超规格公务接待、超标发放福利待遇以及在基层权力运行中收受礼品等现象在较大程度上得到了遏制，基层各级党组织及其主要负责人以及广大基层党员干部的作风意识显著增强，既改善了基层群众对党的看法，也以基层的作风建设改善了基层党组织和基层党员队伍。在基层的作风建设中，肩负主体责任的基层各级党委和肩负监督责任的基层各级纪委，认真汲取党中央关于加强党的作风建设的相关精神，严格贯彻落实党中央为改进党的作风建设制定的各项制度和政策，切实在基层的作风建设中发挥了领导作用。基层的作风建设，是党的十八大以来，党和国家做好基层管党治党工作的重要举措，也是党和国家加强基层监督法治化进行的重要实践探索。

中央纪委国家监委网站自 2013 年 9 月开始，每个月都汇总并在网站公布全国违反中央八项规定精神问题的数据统计结果，按级别分为省部级、地厅级、县处级、乡科级及以下统计，按项目类型分为查处问题数、批评教育帮助和处理人数、党纪政务处分人数统计，截至2023年7月26日，已经连续第118个月公布月报相关数据。本书所指基层监督对象，主要是指县级及以下各级党政机关和村（居）民自治组织，其都履行相应法定国家职权，是基层公权力的行使者，因而都属于基层监督的对象。结合上述数据，本书主要统计分析的是县处级层面、乡科级及以下层面全国违反中央八项规定精神问题数量。在中央纪委国家监委网站公布的统计数据中，未明确区分县级和处级、乡镇级和科级，只是按照行政级别进行的统计，但这些数据也能反映出基层存在问题的变化规律和发展趋势。因而，本书还是采用了中央纪委国家监委网站公布的统计数据。全国违反中央八项规定精神问题的基层情况，也就是针对县处级、乡科级及以下国家公职人员，查处的问题数量、批评教育帮助和处理人数以及党纪政务处分人数越来越多，总体是呈上升趋势。党的十八大到十九大五年间，各级纪检监察机关共查处违反中央八项规定精神问题18.9万起，处理党员干部25.6万人。[①] 经统计，县处级、乡科级及以下国家公职人员违反中央八项规定精神问题为18.7万起，处理党员干部25.4万人，分别占全国总数的98.9%、99.2%。[②] 党的十九大到二十大五年间，全国纪检监察机关共查处享乐主义、奢靡之风问题28.6万个，批评教育帮助和处理39.8万人，其中给予党纪政务处分28.5万人；共查处形式主义、官僚主义问题28.2万个，批评教育帮助和处理42.5万人，其中给予党纪政务处分25.3万人。[③] 经统计，县处级、乡科级及以下国家公职人员违反中央八项规定精神问题为52.3万起，批评教育帮助和处理75.5万人，其中给予党纪政务处分49.3万人，分别占全国总数的92%、91.7%、91.6%。[④]

一方面，因为县处级、乡科级及以下国家公职人员相较于省部级、地厅级国家公职人员数量庞大；另一方面，也体现了全面从严治党更加趋于严格，基层监督覆盖广大行使基层公权力的基层公职人员，反映了

---

① 《十八届中央纪律检查委员会向中国共产党第十九次全国代表大会的工作报告》，2017年10月，中国政府网（http://www.gov.cn/xinwen/2017-10/29/content_5235228.htm）。

② 根据中央纪委国家监委网站公布统计数据计算得出。

③ 《十九届中央纪律检查委员会向中国共产党第二十次全国代表大会的工作报告》，《人民日报》2022年10月28日第1版。

④ 根据中央纪委国家监委网站公布统计数据计算得出。

国家全面从严治党的坚定决心和推进力度。党的十九大至二十大期间相较党的十八大至十九大期间，县处级、乡科级及以下国家公职人员违反中央八项规定精神问题占全国总数比例有所下降，也反映了中国推进基层监督的实际成效。

第二节　反腐败向基层延伸的实践

党的十八大以来，党和国家在基层监督法治化的实践探索中，不断加强基层管党治党的同时，还坚定推进反腐败向基层延伸。反腐败是基层监督的基本职责，也是党的十八大以来党和国家基层监督法治化的重要目标。腐败是权力运行的必然产物，权力带有天生的腐败性。权力运行只要不加限制，则很容易沦落为私权。因而，对权力运行进行制衡和监管，以防范权力在运行中产生腐败，防范权力沦为行使者的私权，确保其作为公权力的属性和规范化运行，既是权力监督的使命，也是政治实践的一般规则。对于腐败的防范，古今中外在政治文明中已经积累了丰富经验。党自成立以来，一直高度重视反腐败问题。尤其是党的十八大后，在全面从严治党和推进国家治理体系与治理能力现代化的过程中，党中央都高度重视反腐败问题，不仅发起了前所未有的反腐败伟大斗争，而且坚持将反腐败推向基层。反腐败向基层延伸，也是党的十八大以来党和国家对基层监督法治化的重要实践探索，且突出体现为严肃查处群众身边的不正之风、加强基层巡察力度和开展基层“微腐败”治理。

一　严肃查处群众身边不正之风

党的十八大以来，党中央推进反腐败的重要内容之一是严肃查处群众身边的不正之风。早于2012年12月，中共中央政治局会议审议通过了“八项规定”，既为严肃查处群众身边的不正之风做好了顶层设计，也明确了严肃查处群众身边不正之风的具体要求。另外，党和国家还不断推进监察体制改革，主要是审议通过了《中华人民共和国监察法》，成立了中华人民共和国国家监察委员会，并在党政权力运行的结构体系中进一步增强了监察系统的独立性。同时，《中华人民共和国监察法》还为各级监察委履行监督责任明确了法定职权和开展工作的法律依据。从“两个责任”落实的要求看加强党风廉政建设，落实党风廉政建设责任制，严肃查处群众身边的不正之风，是基层党委和基层纪委应当肩负的基本职责之一，也是反腐败向基层延伸的必然需要。

党的十八大以来，党和国家积极推进反腐败向基层延伸，其中一个重要内容是严肃查处群众身边的不正之风，并将之作为基层各级党委主体责任和基层各级纪委监督责任的重要内容。在此过程中，党中央不仅做出了加强和改进党风廉政建设的顶层设计，而且明确了纠正不正之风的具体内容。群众身边的不正之风表现很多，但主要体现为“四风”问题。推进全面从严治党，推进现代国家治理体系与治理能力现代化建设，需要对以“四风”为主的作风之弊及其背后的行为之垢进行大排查和大检修，因为“四风”问题与党的性质和宗旨在根本上存在冲突，也难为党的文化所兼容。从基层来看，“四风”现象及其背后的行为之垢，也是基层群众普遍关注的问题，为基层人民群众深恶痛绝。基层的“四风”问题，也是人民群众反映最多、最强烈的腐败问题，既伤害了群众对党的感情，也侵害了党的基层肌体健康。

在基层监督法治化实践中，查处和纠正“四风”问题，成为将反腐败推向基层的必然需要和重要内容，而在基层开展“四风”纠治，最重要的就是要严肃查处群众身边的不正之风，也即要从基层人民群众最关心和最迫切的问题入手，重点解决关系人民群众切身利益的系列问题。在党中央提出纠正“四风”并将反腐败和反“四风”向基层延伸的同时，县级及以下各级党委和纪委也积极响应，在基层实践中积极贯彻落实中央系列决策部署，并因地制宜出台了大量关于反腐和反“四风”的相关制度和措施，在全党和全国范围内形成了基层反腐和反“四风”的长期态势和长效机制。在此背景下，大量发生在群众身边的不正之风事件被查处，党风廉政建设在基层得到较好落实。因而，严肃查处群众身边的不正之风，是近年来党和国家推进反腐败向基层延伸的重要举措，也是对基层监督法治化的重要实践探索。

党的十八大至十九大的五年间，群众身边的腐败问题治理突出体现在脱贫攻坚领域。各省区市党委和纪委聚焦扶贫民生领域，突出审查的重点和关键，加强针对“小官大贪”、“雁过拔毛”、强占掠夺的惩处力度，严肃查处对于扶贫资金的贪污挪用、截留私分以及优亲厚友、虚报冒领等问题，并针对搞数字脱贫、虚假脱贫严肃问责。2014 年至 2017 年对乱作为、不作为的 3.2 万名基层党员干部严肃追责。党的十八大至十九大五年来，全国纪检监察机关共处分村党支部书记、村委会主任 27.8 万人。[①] 党的十九大至二十大的五年间，主要围绕打赢脱贫攻坚战，开展扶贫领域和乡村振兴领域的腐败和作风问题专项治理。习近平总书记在庆祝中国共产党成立 100 周年大会上发表的重要讲话向全世界庄严宣告：“在中华大地上全面建成了小康社会，历史性地解决了绝对贫困问题。”[②] 这之后主要任务是开展过渡期专项监督，目标是继续巩固拓展脱贫攻坚成果，推动乡村振兴，并实现两者有效衔接，监督重点对象则是乡村振兴建设中的重点工程项目等。党的十九大至二十大五年间，全国纪检监察机关共查处扶贫领域腐败和作风问题 29.9 万个，给予党纪政务处分 20.2 万人；查处乡村振兴领域腐败和作风问题 4.8 万个，给予党纪政务处分 4.6 万人；共查处民生领域腐败和作风问题 53.2 万个，给予党纪政务处分 48.9 万人。[③]

二　加强基层巡察力度

基层巡察工作的全面推广与深入开展是大势所趋，是全面从严治党、厉行反腐的重要路径。[④] 党的十八大以来，在基层监督法治化实践探索中，党和国家还在基层反腐败中加强了基层巡察力度，并在基层巡察实践中不断完善基层巡察的制度机制。开展巡视巡察是党和国家推进全面从严治党和党风廉政建设的重要举措，也是完善党和国家监督体系的重要实践探索。基层巡察力度的加强，是在党中央深入推动巡视工作的制度背景下逐步展开的。巡视制度是党的优良传统，早在 1928 年党便制定了巡视条例，正式构建和启动了党的巡视制度。改革开放以后，

① 《十八届中央纪律检查委员会向中国共产党第十九次全国代表大会的工作报告》，2017 年 10 月，中国政府网（http://www.gov.cn/xinwen/2017-10/29/content_5235228.htm）。

② 《习近平著作选读》（第二卷），人民出版社 2023 年版，第 476 页。

③ 《十九届中央纪律检查委员会向中国共产党第二十次全国代表大会的工作报告》，《人民日报》2022 年 10 月 28 日第 1 版。

④ 王立峰、潘博：《党内基层巡察制度优化路径探析》，《长白学刊》2017 年第 2 期。

巡视制度得到恢复，并成为对党内监督进行全覆盖的有效途径。2007年，巡视制度在党的十七大对党章的修改中首次被写入党章。党的十八大后，在以习近平同志为核心的党中央领导下，严格遵循党章中关于巡视制度的相关规定，并将巡视制度上升到全面从严治党的战略高度，作为强化党内监督重要举措，不断创新完善党的巡视制度，不断激发巡视制度在反腐败伟大斗争中的制度活力。

截至2022年3月，党的十八大期间开展了12轮中央巡视，党的十九大期间开展了9轮中央巡视。党的十八大以来，党中央领导部署开展的中央巡视已经进行了21轮，党的历史上首次实现了中央巡视的全面覆盖。在中央巡视深入全面动态开展的同时，针对基层各级党政机关的巡察制度也得到不断完善，成为推动党的巡视制度深入基层的创新形式。巡视制度和巡察制度的主要区别在于党内监督的范围和对象的差异。巡视制度是以党中央和省、自治区、直辖市委员会为监督对象的一种党内监督制度方式，并非针对基层，且早在1928年时便在党内形成了这种制度并实施。巡察制度则是针对县级及以下基层各级党政机关实行的一种党内监督制度方式，适用于基层，且主要形成并运用于党的十八大以后。因而，巡察制度可以理解为是党的十八大以后对于主要运用于非基层的巡视制度在基层运用的一种制度创新，其出现符合党的十八大以后党中央把巡视作为加强党内监督的战略性制度安排，发挥巡视利剑作用，赋予巡视制度新的活力和将全面从严治党与反腐败向基层延伸的要求。

党的十八大以来，在将反腐败向基层延伸的过程中，逐步构建起县级及以下的基层巡察制度，既是基层管党治党的重要内容，也是党和国家基层监督法治化的重要实践探索。在此期间，不仅党的巡视制度在中央和省、自治区、直辖市得到健全完善，基层的巡察制度也逐步得到建立健全。实际上，早于党的十八大以前，在2009年时，党中央便审议通过并印发实施了《中国共产党巡视工作条例（试行）》。该条例明确指出，要将巡视制度体现在中央与省市层面，并以层次递进的方式，自中央将巡视延伸到县级。从该条例对巡视范围的规定可以发现，其对巡视范围的规定相比党的十七大之规定进一步向基层进行了延伸，但只到县级为止，而县级以下的乡镇等基层范围并不属于该条例规定的巡视范围。党的十八大以后，县级以下巡视无法覆盖的局面，随着基层巡察制度的完善得到了根本改变。不仅中国 31 个省区市和新疆生产建设兵团以及 15 个副省级城市相继建立巡察制度，所有地级市、县市区也逐步探索构建了符合地方实际的巡察制度，甚至一些地方的基层部门也在系统内部建立了定期巡察机制。可以说，目前基层巡察制度已经在基层全面建立，并做到了全覆盖，且已成为基层管党治党和基层监督的可靠方式。党的十八大至十九大期间，各省、自治区、直辖市及设区市党委均完成巡视全覆盖任务，并全部开展市县巡察工作，形成巡视巡察上下联动的良好格局。党的十九大至二十大期间，中央、省、市、县四级全部建立起巡视巡察制度，各地纷纷积极探索多种巡察模式，包括提级巡察、交叉巡察、机动巡察等模式。同时不断总结实践经验，引导市县巡察向基层延伸，稳步开展对村（社区）巡察。中央单位共巡视 7836 个党组织，市县两级共巡察 88.2 万个党组织。[①]

三　开展基层“微腐败”治理

党的十八大以来，在开展反腐败伟大斗争并将反腐败向基层延伸的过程中，开展基层“微腐败”治理，也是加强党和国家基层监督法治化的重要内容。在开展基层“微腐败”治理过程中，党和国家围绕基层监督体系建设也进行了诸多实践探索，不仅在思想认识上对基层“微腐败”给予前所未有的高度重视，而且在基层“微腐败”治理的制度建设和基层治理的力度上得到极大强化，并取得显著的治理成效。“微腐败”是“微权力”被滥用或弃用的结果。[②] 基层监督机制不健全、基层监督力度不足和基层监督的法治化建设不完善是造成基层“微腐败”发生的重要原因。因而，推进基层监督体系建设与机制完善，加大基层各级纪委的监督力度，并在健全基层监督各项制度和政策的过程中将之纳入法治化轨道，明确基层“微腐败”的治理主体及其监督职责，让基层“微腐败”治理有人去管、有章可循、有法可依，才能形成基层“微腐败”

---

① 《十九届中央纪律检查委员会向中国共产党第二十次全国代表大会的工作报告》，《人民日报》2022 年 10 月 28 日第 1 版。

② 卜万红：《全面从严治党视域下乡村“微腐败”的成因及其治理》，《学术研究》2021 年第 3 期。

治理的长效机制。

党的十八大以来，基层“微腐败”治理是在党中央推进全面从严治党和坚持推进反腐败伟大斗争的背景下进行的，并在此过程中得到了党中央的高度重视。党中央认为，“微腐败”虽产生于“微权力”运行，在金钱上涉及的额度也许不大，但其对党、国家和人民的危害并不小，因而“微腐败”也是“大祸害”。2013 年在中纪委全会上，习近平总书记明确提出：“要坚持‘老虎’、‘苍蝇’一起打，既坚持查处领导干部违纪违法案件，又切实解决发生在群众身边的不正之风和腐败问题。”[①] 习近平总书记在这次会议讲话中提出“苍蝇”也要打，实际上就是明确要求要将反腐败向基层延伸，加强对基层“微腐败”的治理。2017 年在党的十九大报告中，习近平总书记又明确指出：“加大整治群众身边腐败问题力度。”[②] 这就是要在党领导的基层治理中将人民群众的利益置于首要地位，切实治理好群众身边发生的“微腐败”现象。在基层“微腐败”治理中，党中央还将其重要性上升到自身群众根基的重要地位去认识，因为党执政的根基和力量都来自人民，根本上来自基层人民群众的衷心拥护。

在党中央深入推进反腐败伟大斗争，并强调要将反腐败深入基层和加强基层“微腐败”治理的过程中，基层“微腐败”治理的政策体系和行动机制逐步完善。首先，基层“微腐败”治理的责任主体得到进一步明确。在推进党风廉政建设中，党中央明确要求落实基层各级党委的主体责任和基层各级纪委的监督责任，实际上更加明确了基层“微腐败”治理的责任主体及其职责权限。其次，在党和国家深入推进监察体制改革的过程中，基层各级监察委与同级党政机关相对独立性的增强及其异体监督特点的强化，也为基层各级监察委充分发挥监督职能，放手查处基层“微腐败”问题，优化了体制机制。最后，在党风廉政建设要求各级党委落实主体责任的过程中，全国各地基层各级党委纷纷针对基层“微腐败”制定了专项整治活动方案。

---

① 《习近平关于全面从严治党论述摘编》，中央文献出版社 2021 年版，第 358 页。

② 习近平：《决胜全面建成小康社会　夺取新时代中国特色社会主义伟大胜利——在中国共产党第十九次全国代表大会上的报告》（2017 年 10 月 18 日），人民出版社 2017 年版，第 67 页。

党的十八大至十九大期间，全国纪检监察机关共接受信访举报1218.6万件（次），处置问题线索267.4万件，立案154.5万件，处分153.7万人，其中厅局级干部8900余人，县处级干部6.3万人，涉嫌犯罪被移送司法机关处理5.8万人。① 党的十九大至二十大期间，强化“县统筹抓乡促村”工作机制，探索开展村（社区）集体“三资”、村（社区）“两委”和集体经济组织负责人、村组“小微权力”提级监督。“微腐败”直指扶贫领域、乡村振兴方面和民生领域，民生领域尤其是涉及教育医疗、养老社保、生态环保、安全生产、食品药品安全等群众急难愁盼问题，共查处腐败和作风问题87.9万个，给予党纪政务处分73.7万人。② 上述数据足以显示党对于基层“微腐败”治理的力度和决心。

第三节　监察体制改革背景下的基层监督

监察是基层监督的重要方式，监察体制质量及其运行效率，也在一定程度上影响着基层监督效果。党和国家历来重视监察工作，也在党中央领导下建立了较为完善的监察体制，在反腐倡廉和党风廉政建设中发挥着重要作用。但是，中国的监督体制，无论是党内外监督体系，还是政府内外监督体系，在监督资源配置和监督力量整合上，长期存在一个突出特点，那便是监督主体多元，如同级人大、政府、监察机关、司法机关等对国家机关及其公职人员拥有监督权限的同时，同级人民政协也对同级国家机关及其公职人员拥有民主监督权限，且同级审计机关对同级国家机关及其公职人员还具有审计监督权限。监督主体多元化的情形，造成党和国家的监督资源的分散和缺乏监督合力的现象。此种情形在基层监督中体现得更加明显，在多元监督主体的监督体制下，基层监督体制资源分散、缺乏合力，存在难以对基层机关和公职人员全覆盖的

① 《十八届中央纪律检查委员会向中国共产党第十九次全国代表大会的工作报告》，2017年10月，中国政府网（http://www.gov.cn/xinwen/2017-10/29/content_5235228.htm）。

② 根据《十九届中央纪律检查委员会向中国共产党第二十次全国代表大会的工作报告》相关数据计算得出。

突出问题。没有监督的权力，极易沦为私权。基层由于人际关系网络较为错综复杂、制度建设水平良莠不齐，如部分农村存在“三资”管理漏洞较多、财务管理混乱、盘根错节的人情与利益关系等现象。基层监督体制不健全，基层“微权力”失范运行造成的基层“微腐败”便会严重损害党的基层执政形象，这也是发生在群众身边的腐败现象。党的十八大以来，党中央领导推动监察体制改革，进一步提高了监察机构在国家权力系统中的地位和独立性，建立各级监察委，颁行《中华人民共和国监察法》，既有效整合了各级监察资源力量，也构建了集中统一、权威高效的反腐败体制。基层监督体系建设中的基层纪检监察体制改革也次第展开，基层反腐也有了更加明确的法律依据，基层监督也开始真正做到全覆盖、无死角。监察体制改革背景下的基层监督发展成果，也是党和国家对基层监督法治化进行的重要实践探索。

一　基层纪检监察体制改革

党的十八大以来，基层纪检监察体制改革，也是党和国家对基层监督法治化进行的重要实践探索。基层纪检监察体制改革是在党中央领导推进监察体制改革的大背景下展开的，并且国家监察体制改革既在改革内容上涉及基层的纪检监察部门，也在事实上深入了基层。

2016 年 1 月，十八届中央纪委六次全会首次提出要优化监督体系的顶层设计。同年 10 月，党的十八届六中全会审议通过《中国共产党党内监督条例》，其中规定，“党内监督没有禁区、没有例外”①，党内监督体系和党内监督要实现从中央到基层的全覆盖。随后，依据中共中央办公厅印发的《关于在北京市、山西省、浙江省开展国家监察体制改革试点方案》，监察体制改革便首先在这三个省市铺展开来，分别相继成立了包括县级监察委员会在内的各级监察委员会。2017 年 10 月，党的十九大要求将前期三个试点省市监察体制改革的经验在全国推开，设立国家、各省、各自治区、各直辖市以及各市、各县监察委员会，同时要求以上各级的纪律检查机关与同级的监察委员会进行合署办公，要在此

① 中共中央办公厅法规局编：《中国共产党党内法规汇编》，法律出版社 2021 年版，第 629 页。

轮国家监察体制改革中做到对一切行使公权力人员的全覆盖，包括县级及以下基层的国家公权力行使人员。同时还要制定国家监察法，为各级监察委依法赋权。2018 年初，全国范围内省市县各级监察委全部设置组建完成，并实现了纪检和监察机构的合署办公。2018 年 3 月 20 日，经十三届全国人大一次会议表决，通过了《中华人民共和国监察法》，这是中国纪检监察体制改革中具有里程碑意义的大事件。2018 年 3 月 23 日，中华人民共和国国家监察委员会挂牌成立。而基层纪检监察体制改革正是发轫于国家监察体制改革之背景，受国家监察体制改革的显著影响和直接驱动，在体制和运行机制上出现了诸多变化。

一是在国家监察体制改革的制度和政策执行中，基层纪检监察的相关改革做到了对基层监督的全覆盖。党的十八大以前，基层监督机构主体多元化特点显著，监督资源分散，且监督资源在基层配置上主要集中于县级，对于县级以下的乡镇，监督资源虽有涉及，但力量薄弱，执行力度严重不足，而对于村（居）组织，监督资源则几乎没有投入，甚至对于村（居）基层公权力行使者几乎没有有效监督。党的十八大以后，党中央在监察体制改革的每项措施、每个步骤上，都高度重视将监察推向基层，如《中华人民共和国监察法》第一章总则第一条明确“加强对所有行使公权力的公职人员的监督，实现国家监察全面覆盖”①。这其中自然将基层村（居）组织中的公权力行使者作为监督监察对象。

二是国家监察体制改革还带动了基层纪检监察机构的部门整合与资源整合，使基层纪检监察的主体责任更加明确，基层监督合力显著增强。党的十八大后在国家监察体制改革中，基层监督中纪检和监察机构分离办公的局面被改变，在党中央要求成立各级监察委的过程中，随着县级监察委的成立，县级层面的纪检和监察部门实现了合署办公，进一步对县级监督资源实现了整合，在县级基本形成了集中统一、权威高效的基层监督机制；再者，在县级成立监察委的推动下，基层纪检监察改革还进一步向县级以下基层延伸，全国各地乡镇设立了纪检监察室。

可见，党的十八大以来，基层纪检监察改革取得了显著成效，既基

① 中共中央纪律检查委员会、中华人民共和国国家监察委员会法规室编写：《〈中华人民共和国监察法〉释义》，中国方正出版社 2018 年版，第 52 页。

本构建了集中统一、权威高效的基层纪检监察机制，也在党的历史上首次实现了对一切基层行使公权力的公职人员监督监察的全覆盖。因而，监察体制改革背景下的基层纪检监察改革，也是党的十八大以来党和国家对基层监督法治化的重要实践探索。

二　基层反腐有法可依

在国家监察体制改革的背景下，基层反腐败斗争在成立县级监察委及乡镇基层纪检监察室，并做到对村（居）基层监督全覆盖的同时，还推动了基层反腐的法治建设，使基层反腐过去法律支持不足或存在立法和司法漏洞的局面得到显著改善，做到了让基层反腐有法可依。对基层腐败的治理，是党的十八大以来党和国家基层监督建设的重要内容。基层反腐的关键在于明确腐败的标准，也即依据基层各级各类机构及行使公权力公职人员的法定职权，明确其从事的哪些行为属于腐败行为，为依法依规惩治基层腐败和开展基层反腐败斗争提供相应的法律依据。

目前，基层反腐相关的法律法规很多，诸如《中国共产党纪律处分条例》《中华人民共和国行政监察法》《行政机关公务员处分条例》《中国共产党党员领导干部廉洁从政若干准则》等，都属于与基层反腐有关的法律法规规定。其中一些法律法规在党的十八大之前便存在，根据新的情况和要求，党和国家对这些法律法规进行了重新修订。比如，党的十八大以来，党中央对《中国共产党纪律处分条例》进行了修订，进一步严明了党的纪律和规矩体系，为基层反腐提供了重要党内法规依据。另外，2018 年 3 月《中华人民共和国监察法》的审议通过与实施，也为党的十八大以来的基层反腐提供了重要法律保障。比如，依据该法第 12 条关于派驻或派出监察机构、监察专员的规定。另外，该法第 15 条明确规定的六类监察对象，作为监察对象的基层群众性自治组织中从事管理的人员，包括村民委员会、居民委员会的主任、副主任和委员，以及其他受委托从事管理的人员。[①] 显然，《中华人民共和国监察法》为包括村（居）基层在内的基层反腐提供了重要法律依据。

---

① 中共中央纪律检查委员会、中华人民共和国国家监察委员会法规室编写：《〈中华人民共和国监察法〉释义》，中国方正出版社 2018 年版，第 113 页。

《监察法》颁布后，基层监督法治化建设日益完善。比如，在其颁布前，某市某镇某村村委会主任郭某某，因涉嫌殴打他人，于 2015 年 12 月 30 日被某市公安局根据《中华人民共和国治安管理处罚法》第四十三条第一款之规定，决定对郭某某行政拘留七日。公安机关移送区纪委后，区纪委仅作为问题掌握情况，并将此情况通报其所在的乡镇人民政府。但是，在《监察法》颁布后，某市某镇某村村委会主任解某某，因涉嫌殴打他人于 2021 年 10 月 6 日被某市公安局根据《中华人民共和国治安管理处罚法》第十六条之规定，决定对解某某行政拘留十日并处罚款柒佰元整。公安机关移送区纪委监委后，2022 年 7 月 6 日，某市某区监察委员会给予解某某记过处分。以上基层纪委监委对类似事件处理情况的变化，正是依据《监察法》而做出的，实现了全面从严治党、党风廉政建设和反腐败伟大斗争向基层延伸有法可依。①

可见，党的十八大后基层反腐的一个显著特点之一，便是呈现出显著的法治化趋势。基层反腐的法治化趋势，与党和国家的监督体系建设及其基层监督法治化趋势是一致的，或者说基层反腐的法治化正是党的十八大以来党和国家监督体系建设及其基层监督法治化趋势的一个成果或表现。基层反腐的法治化趋势也反映了党中央在推进全面从严治党中要求制度治党和依规治党的相关决定。以习近平同志为核心的党中央多次强调要将权力放入制度的笼子中，坚持制度治党和依规治党，不断健全党的纪律和规矩体系。在此过程中，基层反腐相关的法律体系得到进一步健全，法律运行机制得到进一步优化，法治环境得到进一步改善。

三　基层监督实现全覆盖、无死角

党的十八大以来，党和国家在反腐败斗争中还坚持做到全覆盖、无死角，坚持推进基层监督和反腐败向基层延伸。在推进基层监督全覆盖和无死角过程中，党和国家在思想认识、制度建设、机制完善和法律规定等方面，提出了系列举措，尤其是认真贯彻了习近平总书记关于推进全面从严治党、坚持开展反腐败伟大斗争要做到“全覆盖”“无死角”的相关讲话精神。基层监督做到全覆盖、无死角，才能在党的建设与国

① 相关案例来自笔者调研所得。

家治理中发挥应有作用。基层监督无法做到全覆盖和无死角，既与党的初心和使命相悖，也与全面从严治党和推进基层国家治理体系和治理能力现代化的目标相悖。尤其是在农村，基层监督力量和资源若做不到全覆盖、无死角，既对乡村振兴战略实施构成制约，也影响到农村基层群众对党的感情和党长期执政的农村群众基础。因此，以习近平同志为核心的党中央，高度重视推进基层监督和基层反腐的全覆盖和无死角，并在党的十八大以来针对该问题采取了系列举措。

在基层监督体系建设中坚持做到基层反腐全覆盖、无死角，从根本上反映出党中央推进全面从严治党的决心和毅力，更反映出党中央对推进反腐败斗争顶层设计的科学严密，还反映出各级党委与政府对于切实执行党中央关于反腐败斗争要求的积极性和主动性。在全面从严治党和反腐败伟大斗争中，党中央通过的每个决议，做出的每项决策，都从来没有强调过并不适用于基层。同时，为将全面从严治党向基层延伸，为推进基层“微腐败”治理，党中央特别强调要将全面从严治党和反腐败推向基层，要将制度治党和依规治党做到全覆盖和无死角。2015 年，在中国共产党第十八届中央纪律检查委员会第五次全体会议上的讲话中，习近平总书记便明确提到，“必须从关系党和国家生死存亡的高度，以强烈的历史责任感、深沉的使命忧患感、顽强的意志品质推进党风廉政建设和反腐败斗争，坚持无禁区、全覆盖、零容忍，严肃查处腐败分子，坚决遏制腐败现象蔓延势头，着力营造不敢腐、不能腐、不想腐的政治氛围”①。可见，坚持反腐败斗争深入基层，推进基层监督全覆盖、无死角，是党的十八大以来党中央的决策部署，也是新时代全面从严治党和反腐败斗争的必然要求。

一是形成了自党中央到省、市和县的巡视制度，并在此基础上构建了覆盖基层地方各级党委的基层巡察制度，将乡镇基层、村（居）基层行使基层“微权力”的公职人员全部纳入基层巡察机制之中，做到了基层巡察的全覆盖、无死角。在此过程中，各县在党中央要求严格贯彻党章和执行党的巡察制度过程中，依托地方实际构建的覆盖县级及以下各部门、各机构的各类巡察行动方案及实施，对于推动党的巡视巡察制度

① 《习近平关于全面从严治党论述摘编》，中央文献出版社 2021 年版，第 368 页。

全覆盖、无死角，起到了重要作用。

二是做到了反腐败法治化全覆盖、无死角。党的十八大以来，党和国家基层监督的法治化趋势非常显著，在继承原先反腐败相关法律法规的基础上，还出台了《监察法》，重新修订通过了《中国共产党纪律处分条例》等法律法规，有力推进了基层监督的法治化进程。无论党的十八大以前已经存在的反腐败相关法律法规，还是党的十八大以后新颁行实施的《监察法》，以及重新修订实施的《中国共产党纪律处分条例》，都是对包括基层机关及其工作人员在内的一切腐败现象进行法治斗争的法律武器。尤其是《监察法》还明确将基层村（居）组织的公职人员作为六种监察对象之一，实现了基层监督全覆盖、无死角。

三是在基层监督中形成了全覆盖、无死角的基层纪检监察机制。党的十八大以来，在国家监察体制改革中，县级监察委的设立，以及各地方县级监察委依据《监察法》相关规定，在乡镇设置监察办公室和对村（居）基层组织派遣监察专员的举措，在基层监督中形成了集中统一、权威有效的纪检监察机制，推动了监察资源向基层的下沉，也有力推进了基层监督的全覆盖、无死角。比如，河北省某县级市纪委就如何加强乡镇纪检监察机构建设进行深入调研、征求意见，出台了《向乡镇（办）派出监察办公室（监察组）的实施意见》《进一步加强乡镇（办）纪检监察组织监督检查工作的实施办法》《进一步加强乡镇（办）纪检监察组织审查调查工作的实施办法》等一系列制度文件，并进行了有效的探索和实践。乡镇纪委在被赋予监察职能后，能够对属地内行使公权力的人员进行监督，尤其是对派出所、司法所、国土所等单位的公职人员具有了监督权，实现了监督全覆盖。同时，针对此类基层站所人事关系没有在乡镇，乡镇纪委对其监督发现了问题不能直接介入调查的问题，该县级市纪委监委采取了“室组地”联动监督工作方式，乡镇纪委发现的涉及市直部门基层站所问题，交给相关派驻纪检组办理。同样，派驻机构在监督检查中发现的问题线索，如果涉及乡镇，要交给乡镇纪委办理，确保实现无缝衔接。因而，基层监督全覆盖、无死角，既是党的十八大以来基层反腐的重大举措，也是党和国家对基层监督法治化进行的重要实践探索。

第四章

基层监督法治化面临的问题与原因分析

党的十八大以来，党和国家在基层监督法治化建设中取得了显著成效。基层组织监督、基层司法监督、基层群众监督、基层舆论监督和基层专职监督机制得到完善，在各自独立建设发展的同时，相互间的协同合作关系也得到进一步增强，使基层监督机制结构更加优化，运作更加顺畅，衔接互动性大为增强，在基层权力运行中发挥着更加切实有效的监督保障作用。基层监督融入基层治理，是推动国家治理体系和治理能力现代化的重要组成部分。[①] 基层监督体系与机制建设，是一个复杂的系统工程。基层权力运行质量既有传统政治习惯和历史文化因素的影响，也与基层权力运行主体，尤其是基层国家权力机构工作人员的个人因素，如政治意识、价值观和文化素养等因素有关，决定了基层监督机制建设不可能通过一段时间的改革完善，便能够一劳永逸地解决基层监督对象的所有问题，将基层“微权力”永远置于制度的牢笼之中，坚持系统施治，不断推动基层监督治理规范化。[②] 党的十八大以来，在党和国家不断完善监督体系的大背景下，基层监督机制建设确实取得了诸多成效，但基层腐败问题依然存在，诸如基层违反中央八项规定精神和“四风”问题，基层政策执行存在的庸政、懒政和怠政问题，基层侵害群众切实利益现象，基层“微腐败”问题以及基层“一把手”违纪违法

---

① 颜新文、张东红：《浙江激活“神经末梢”推动基层监督提质增效》，《中国纪检监察报》2022 年 1 月 29 日第 6 版。

② 严志铭：《把监督融入基层治理全过程》，《中国纪检监察报》2022 年 3 月 24 日第 6 版。

现象依然存在的问题等，都是当前基层腐败问题的主要表现。基层腐败问题是基层权力运行失范的主要体现，也是基层人民群众普遍关注的重点话题，从根本上也反映出基层监督面临的问题，也有其原因可循。立足基层腐败问题的主要表现，分析基层监督面临的问题及其原因，有助于进一步探索党和国家基层监督及其法治化的路径，并为其提供必要基础。

第一节　基层腐败问题的主要表现

当前，基层权力运行失范与功能异化问题在中国基层治理中依然不同程度地存在，是基层国家治理体系与治理能力现代化建设需要破解的重大难题，也是深入推进乡村振兴战略、全面推进依法治国和建设法治政府无法规避的重大难题。在中国基层“微权力”配置中，基层干部行使基层“微权力”拥有较大自由裁量权，却缺乏与之相匹配的有效制约与监督，由此造成基层“微权力”运行失范与功能异化的系列表征，诸如基层干部中存在的贪污腐败问题、懒政怠政问题、以权谋私问题、官僚主义问题等，都是基层“微权力”运行失范的具体表征，并严重影响党和政府在人民群众心中的形象，并对人民群众的切身利益构成损害。基层“微权力”运行失范的问题，因缺乏充分有效的监督制约，具有违法成本低和隐蔽性较强等特点。基层监督体系运行协调性不高，基层监督法治化成本高、难度大等基层监督法治化的不足，客观上导致基层腐败现象的发生和存在。

基层监督的职责职能主要是对基层国家机关及其权力运行进行监督，基层干部队伍群体作为基层权力的行使者，是基层监督的主要对象。基层监督作为权力结构中对基层国家权力行使形成制约制衡的权力力量，关键在于通过这种制约制衡让基层国家权力在法律法规和制度规定的框架下规范化运行。基层监督切实有效，机制完善，运转顺畅，则基层国家权力运行规范有序，反之则基层国家权力运行就会出现失范现象。基层国家权力运行失范的主要体现是基层腐败问题。基层反腐是反腐败征程的“最后一公里”，是决定反腐败能否赢得民心的“最后一公里”，也是老百姓评价反腐败最终胜利的“最后一公里”。[①] 党的十八大以来，中国基层监督体制机制建设虽取得了显著进步，基层监督机制日益完善，运转也更有序顺畅，并在反腐败伟大斗争中对于推进反腐败向基层延伸，有效杜绝基层腐败问题的发生，起到了重要的保障作用。但是，基层腐败问题并没有完全消失，依然在基层权力运行中以不同的形式存在，诸如基层违反中央八项规定精神和“四风”问题、基层政策执行存在的庸政懒政怠政问题、基层侵害群众切身利益现象、基层“微腐败”问题以及基层“一把手”违纪违法现象依然存在的问题等，都是当前基层腐败问题的主要表现。党和国家推进基层监督法治化建设的成效如何，在哪些方面依然存在问题和漏洞，以及如何在今后的工作中进行完善补救，需要对当前基层腐败问题的主要表现进行梳理分析，并在此基础上进一步分析中国基层监督法治化进程中存在的问题。为此，本章将对党的十八大后基层腐败问题的主要表现进行分析。

一　基层违反中央八项规定精神和“四风”问题

党的十八大以来，基层违反中央八项规定精神和“四风”问题是基层腐败问题的主要表现。查找违反中央八项规定精神和“四风”问题是党中央为推进反腐败斗争、加强党和国家监督采取的重大举措。中央八项规定的具体内容，涉及党的实事求是的思想路线、党的文风、群众路线以及党员的生活作风等，在具体细节上多属于基层领导干部过去普遍存在、人民群众普遍关注和对党的基层形象影响较大的问题。中央“八项规定”出台后迅即在全党引发强烈共鸣和高度认同，得到全国各级党委政府的高度重视和认真贯彻，成为党的十八大以后加强基层监督和推进基层反腐败斗争、强化党内纪律意识的重要依据。不仅如此，党中央贯彻落实中央八项规定精神并非一朝一夕，而是将之作为推进基层反腐败斗争的常态化利器。比如，该规定出台的第 10 个年头，即 2021 年，全国范围内查处的违反中央八项规定精神的问题多达 104223 起，其中被批评教育帮助和处理的基层领导干部人数多达 150362 人，受到党纪

① 付宇程：《发展全过程人民民主：破解基层腐败防治难题的有效路径》，《探索》2022 年第 4 期。

政务处分的基层领导干部也有 101224 人。[①]

中央“八项规定”出台后，针对执行落实中存在的问题，为进一步加强党风廉政建设和推进反腐败斗争，2013 年 6 月 18 日习近平总书记在党的群众路线教育实践活动工作会议上提出：“开展党的群众路线教育实践活动，就是要使全党同志牢记并恪守全心全意为人民服务的根本宗旨，以优良作风把人民紧紧凝聚在一起。”[②] 此次党的群众路线教育实践活动将主要任务聚焦在党的作风建设上，尤其是要集中力量打击形式主义、官僚主义、享乐主义和奢靡之风，也即要厉行整治“四风”问题。马维振在《政治伦理的价值意蕴及建构路径——基于“四风”问题展开的分析》一文中提出，“四风”与执政党的宗旨和原初承诺形成了尖锐对立，与“为民务实清廉”的优良作风明显不符，与社会主义核心价值观所倡导的精神格格不入，也彻底背离了立党所追求的伦理生活。[③] 中央“八项规定”多针对当前基层人民群众普遍关注的具体腐败问题，但其背后实质上反映的是党的作风问题。比如基层楼堂馆所违规问题，公款大吃大喝、违规配备使用公务用车、国内外公款旅游，领导干部大操大办婚丧喜庆、收送过节礼品，违规发放津贴补贴和福利，在履职尽责、服务经济社会发展和生态环境保护方面不担当、不作为、乱作为、假作为，严重影响高质量发展的，文山会海，文风会风不实不正、基层督导检查过分留痕，等等，上述不当行为都属于违反中央八项规定精神和“四风”的表现。“四风”问题则直接针对党的作风建设，针对当前党的作风建设中存在的、人民群众普遍关注的问题集中发力，其实质与中央八项规定精神一致，因而可以将“四风”整治视为贯彻落实中央八项规定精神的延续和深化。实际上，基层领导干部中存在的“四风”问题，往往具体表现为违反中央“八项规定”的具体行为，中央“八项规定”中要求杜绝的各种行为，也在事实上反映出基层领导干部的“四风”问题，因而中央“八项规定”与反“四风”都是为了改进党的作

① 《2021 年全国共查处违反中央八项规定精神问题 104223 起》，《光明日报》2022 年 1 月 28 日第 3 版。

② 《习近平著作选读》（第一卷），人民出版社 2023 年版，第 123 页。

③ 马维振：《政治伦理的价值意蕴及建构路径——基于“四风”问题展开的分析》，《理论导刊》2019 年第 12 期。

风建设问题。习近平总书记关于反对“四风”问题的重要讲话有力推动了中央“八项规定”的落实，也使针对基层党员干部的基层反腐败斗争走向深入。尤其是各地各级纪检监察机关为落实反对“四风”问题的精神，采取积极常态化举措，保持对“四风”整治的高压态势，对于净化基层党的政治生态，加强党和国家的基层监督法治化工作，打击基层腐败现象，发挥了重大作用。

二　基层政策执行中庸政懒政怠政行为

基层反腐败斗争还指向了基层政策执行中存在的庸政、懒政和怠政问题。基层国家机关及其工作人员的基本职责是积极贯彻落实党的路线、方针和政策，但庸政、懒政和怠政问题却严重影响党的政策在基层的落实情况，并危及基层人民群众的切实利益，损害了党的基层形象。因此，杨芳认为庸政、懒政和怠政本质上也是一种腐败。① 因为这三种行为在基层的存在，影响到基层国家权力的规范化运行，影响到党的长期执政。庸政是指庸碌无为、业绩平平；懒政是指办事拖拉、效能低下；怠政是指懈怠政务、在岗不为。如果说贪污腐败是党和国家的“致命伤”，那么庸政懒政怠政则是党和国家的“慢性病”。② 基层政策执行中的庸政问题，主要是指基层国家机关工作人员在基层工作开展中执行国家政策不用心、不尽力、未充分开动脑筋和花费心思的行为。基层政策执行中的懒政问题主要是指基层国家机关工作人员在执行国家政策中不积极作为，工作中存在懒散现象，导致与国家政策执行相关的具体事项大量积压而得不到及时处理，也即在其职不谋其事。基层政策执行中的怠政问题，主要是指基层国家机关工作人员，在基层工作开展中执行国家政策不积极，心不在焉，未将全部心思放在政策执行的具体事务之上，不认真履行基层国家机关赋予其法定职权的行为。庸政、懒政和怠政在基层国家机关工作人员执行基层政策中作为一种现象在一定范围内存在，其往往具有隐蔽性，且因未受到党和国家的充分重视以及缺乏整治的制度依据，而长期存在。

① 杨芳：《庸政懒政怠政也是一种腐败》，《人民公仆》2015 年第 5 期。

② 乔德福：《健全治理党政机关庸政懒政怠政制度化常态化机制——基于十八大以来官网报道的典型案例调查思考》，《理论与改革》2019 年第 3 期。

然而，基层政策执行中的庸政、懒政和怠政现象在党的十八大以后逐步引起党和国家的重视，并在全面从严治党和反腐败斗争全面推向基层以及党和国家不断推进基层监督及其法治化的过程中，逐步被纳入基层反腐的范畴，并作为基层腐败的基本表现被处置。实际上，对于庸政、懒政和怠政现象，无论中央八项规定精神还是“四风”整治，虽未对其进行明确，但在精神内涵和作风引导中，对于反对和纠治基层政策执行中存在的三种现象，依然具有重要的指导意义。党的性质和宗旨以及党的工作纪律和工作作风等，都不允许基层政策执行中存在庸政、懒政和怠政行为，比如作为一名共产党员，应严格贯彻落实党的决议，认真执行党的路线、方针和政策，是党章以及其他党规党纪要求每位共产党员必须承担的义务。因而，庸政、懒政和怠政行为，必然为党规党纪所不容，甚至可能涉嫌违反国家相关法律。

正因如此，党的十八大以来党和国家在推进基层监督及其法治化的过程中，也加强了对于基层政策执行中存在的庸政、懒政和怠政行为的打击力度。为了深入落实党中央、国务院要求加强督促检查和严肃责任追究决策的相关要求，2017 年上半年，国务院办公厅与监察部等有关部门一道，对国务院相关部门开展庸政、懒政、怠政专项督察，在此过程中对外通报了 16 个“庸政懒政怠政”督查问责典型案例。2017 年六七月间，国务院办公厅还在中国政府网开设“我为大督查提建议”留言专栏，从人民群众中征集身边领导干部贯彻落实国家政策时存在的庸政、懒政和怠政问题线索，实际上也疏通了基层人民群众反映基层政策执行中基层国家权力机关工作人员庸政、懒政和怠政问题的渠道。① 此后，全国范围内各级党委及政府针对基层执行中的庸政、懒政和怠政问题开展了持续整治活动，成为党的十八大以来反腐败斗争推向基层的重要内容之一。

三　基层侵害群众切身利益现象

党执政的根基在基层，群众路线是党的根本工作路线，决定了党在

① 《国务院办公厅关于督查问责典型案例的通报》，2017 年 6 月，国际在线（https://news.cri.cn/20170616/58bc488f-2bf2-1dae-c646-2479ff32cc52.html）。

基层执政中要确保国家公权力的运行必须始终为人民群众谋利益，全心全意为人民服务。基层无小事，基层国家权力虽小，但其权力边界越到基层越缺乏明确分工，涉及的权力事项往往纷繁复杂，事无巨细。因而，基层“微权力”往往与基层人民群众的切身利益直接相关，运行不规范，则会直接损害基层群众的实际利益。长期以来，党和国家监督体系的建设发展在资源投入方面上下不均衡，越到基层资源相对越少，导致基层监督体系不健全，运转乏力，尤其是到了村（居）民自治组织的最基层，基层监督机制不健全甚至形同虚设的现象更加严重。2012 年，河南全省纪检监察机关共受理信访举报 48991 件，其中反映基层干部侵害群众利益问题的占 45.4%。[①] 正因如此，基层侵害群众切身利益的腐败问题也是基层腐败的重要体现。

党的十八大以来，在全面从严治党和将反腐败全面推向基层的过程中，基层侵害人民群众切身利益的问题引起了党和国家前所未有的高度重视。党中央在决策部署反腐败伟大斗争中多次明确指出，老虎要打，苍蝇也要打。在此背景下，基层侵害人民群众切身利益的行为成为基层反腐败的重要内容之一。基层侵害人民群众切身利益的治理逐步被纳入基层监督法治化建设的范围，同时随着基层监督法治化的建设完善，不仅查处和严肃处理了大量发生在基层人民群众身边的侵害其切身利益的基层腐败行为，同时形成并保持常态化高压态势。全国各地在此过程中查处和通报的具体案例非常之多，诸如村干部挪用侵吞村集体财产、私自扣留老百姓征地补偿款、套用和违规享受国家低保政策以及公事办理中向老百姓索拿卡要等问题，在全国各地查处基层侵害群众切身利益腐败行为的过程中不断被通报，既形成了严厉打击基层侵害群众切身利益腐败行为的舆论声势，也有力推进了基层监督对此种行为的打击力度。

四　基层“微腐败”问题

基层“微权力”运行中因失范造成的腐败现象，也是基层监督要整治的重要问题。基层“微权力”运行失范往往表现为运用基层行政权力

① 陈曦、刘海峰：《不正之风“零容忍” 维护民利“打苍蝇”》，《中国纪检监察报》2013 年 8 月 15 日第 3 版。

进行以权谋私等“微腐败”现象。基层“微腐败”问题也是基层腐败问题的主要表现。“微腐败”在本质上也是一种乱用公权力的行为，此类行为主体往往在基层任职，手中掌握的国家公权力权限并不大，同时因基层国家公职人员是中国国家公职人员的主体，数量庞大，因而基层“微腐败”现象在基层监管不力的情形下比较普遍。另外，基层社会公众对基层“微腐败”的认识不清，往往对此类行为态度暧昧，甚至将之理解为一种正常行为。邹东升、姚靖则认为“村民对‘微腐败’容忍度较高”①。但是，“微腐败”也是腐败，与任何形式的腐败就其性质来说并不存在本质差别，都属于一种权力异化，是公权力在基层运行中失范的表现。肖泽磊、高源提出，这些腐败行为运用的权力微小，但影响并不微小，权力的作用对象是基层群众，这会直接损害党、国家和人民群众的根本利益。② 因为，基层“微腐败”对基层党员干部群体的危害非常之大，此类行为若不加制止，长此以往，“微腐败”也会发展成为严重腐败，且随着基层党员干部职务升迁和权力增大，其“微腐败”行为也可能演变为更加严重的腐败行为。所以，对于基层“微腐败”应当坚持防微杜渐的原则进行严厉打击，这是净化基层政治生态和保持基层党员干部群体纯洁性的必然需要。

人的腐败和堕落，往往与存在贪“小便宜”的心理有关，是从占“小便宜”开始。基层“微腐败”的不正之风看似程度较轻，但其危害其实很大。党的十八大以来，党和国家在健全监督体系的过程中，尤其是在推进基层监督法治化建设中，对于基层“微腐败”的治理高度重视。在基层监督法治化建设中，基层各级纪检监察部门对于基层“微腐败”秉持发现即惩治的原则，坚持对基层“微腐败”与基层监督法治化建设进行较真碰硬，奉行“微腐败”不能“微处理”的原则。尤其是充分发挥基层纪检监察部门在基层监督机制中的强力作用，对于基层群众容忍度高和涉及面广的基层“微腐败”案件，坚持从速立案，依法依规处理，在基层政治生态中形成了对“微腐败”进行严厉打击的常态化机

① 邹东升、姚靖：《村干部“微腐败”的样态、成因与治理——基于中纪委 2012—2017 年通报典型案例》，《国家治理》2018 年第 Z1 期。

② 肖泽磊、高源：《乡村振兴领域微腐败的行为逻辑和治理策略——基于典型案例的分析》，《湖北民族大学学报》（哲学社会科学版）2022 年第 6 期。

制和长期的监督氛围。对于基层“微腐败”的基层监管，党的十八大以来，党和国家在基层监督实践中既重视发挥基层纪检监察部门合力，也重视发挥其与基层组织监督、基层群众监督和基层专职监督的合力，充分发挥基层组织监督对基层党员干部规范权力使用的教育引导，引导和鼓励基层群众对于基层“微腐败”行为进行积极检举揭发和提供问题线索，同时不断健全基层专职监督机制，将基层“微腐败”的基层监管推向村（居）最基层。比如，2016 年时任村党支部委员兼会计的苑某某利用工作便利，弄虚作假，以他人的名义为自己的老伴陈某某在低保申请表上加盖了公章并代时任村党支部书记的王某某签署了意见，陈某某的低保申请没有召开会议评议、公示等程序，使陈某某于 2016 年 10 月享受了低保，直至 2017 年 12 月全县核查后取消了其低保待遇。县纪委监委给予苑某某党内警告处分。①

基层“微腐败”依然是当前中国基层腐败问题的主要体现，因其程度较轻、问题较小、危害不大和群众容忍度较强等因素，基层“微腐败”一般很难引起足够重视，故其往往存在隐蔽性较强的特点。但基层“微腐败”也是腐败，与党的性质和宗旨根本违背。尤其是党的十八大以来，随着基层监督法治化的完善和基层监督中制度、规矩和法制体系的逐渐完备，对于基层“微腐败”的治理日益有章可循，有法可依，更为党章党纪所不容。因而，党的十八大以来基层“微腐败”在基层监督法治化机制不断完善的背景下，受到了有力惩治，基层政治生态也得到较大改善，但对于基层“微腐败”的治理依然在路上，需要探索构建更加有效的基层监督法治化方式，对基层“微腐败”形成有效惩治的长效机制。

五　基层“一把手”违纪违法现象

党的二十大报告指出，“反腐败斗争取得压倒性胜利并全面巩固”②。但是，王春玺研究指出一些地方党委“一把手”的权力滥用、权力腐败问题还比较突出。③ 基层“一把手”违纪违法现象也是基层腐败问题的

① 相关案例来自笔者调研所得。

② 《习近平著作选读》（第一卷），人民出版社 2023 年版，第 12 页。

③ 王春玺：《健全对地方党委“一把手”的监督与问责机制》，《中共中央党校学报》2018 年第 5 期。

主要表现。“一把手”违规违纪是腐败问题中呈现的重要特点。在被查处的腐败案件中，无论是基层腐败问题还是非基层的腐败问题，“一把手”的违纪违法现象都占据了较大比重。之所以“一把手”容易出现违纪违法问题，主要是因为在中国的国家权力结构体系中，基层各级国家机构实行行政领导负责制，基层国家机构中的党政“一把手”在本区域、本机构、本部门中往往掌握着绝对权力。即便基层各级各类国家机构中的机构和部门职权往往不大，甚至属于基层“微权力”，但在本区域、本机构和本部门中，党政“一把手”却掌握着对基层“微权力”的绝对行使权，这是造成基层“一把手”违纪违法现象在基层腐败问题中突出存在的主要原因。基层“一把手”违纪违法现象的出现，也与其基层权力行使缺乏有效的基层监督有关。

在基层监督的既有机制中，基层“一把手”往往是基层组织监督，也即基层党内监督的“一把手”，但是基层组织监督往往难以对基层“一把手”的权力行使形成有效监督和约束。另外，在基层监督机制中，基层群众监督对基层各级各类国家权力机构的监督，因群众监督的问题反映渠道往往受到基层“一把手”的控制，甚至基层群众反映的基层腐败问题最终可能会流向基层“一把手”并由其处理，所以基层群众监督实际上也很难对基层“一把手”形成有效的监督制约。在基层监督机制中，基层“一把手”对基层司法监督同样存在一定程度的影响。因而，基层监督机制对基层“一把手”权力监管的乏力，以及缺乏切实有效的监督形式，也是造成基层“一把手”权力较少受到充分制约而容易出现违纪违法现象的重要因素。党的十八大以来，党和国家在基层监督体系机制建设中对于基层“一把手”腐败问题非常重视，依法依规严厉打击基层“一把手”违纪违法现象已经成为一种常态。在此过程中，以基层纪检监察机关为主体的基层监督部门发挥了重要作用。在基层“一把手”违纪违法现象中，“硕鼠村干部”问题在高压反腐态势下不断被爆出，成为基层“一把手”违纪违法的重要体现。

在基层“一把手”违纪违法行为中，“小官巨腐”现象屡见不鲜，部分村干部贪腐数额之大、危害一方之重，让人触目惊心。比如，河北省某市经济开发区某村委会原主任刘某某，非法倒卖土地、骗取国家补偿款达8700多万元。河北省固安县宫村镇马公庄村原党支部书记曹某某，利用本村新居改造、土地流转和承包机会，贪污本村集体资金超过4200万元，河北省三河市燕郊镇诸葛店村村委会主任杨某，也在本村拆迁改造工程施工中向开发商索贿，金额超过3600万元。再比如，山东省广饶县乐安街道于王村于某某，担任本村村主任的三年之间，贪污和挪用本村集体收入高达125万余元。[①] 村基层“一把手”主要是村党支部书记和村主任，违纪违法的贪腐行为是当前基层“一把手”违纪违法现象的一个缩影，而大量此类问题被曝出和查处，既反映了党和国家在党的十八大以后不断推动健全基层监督机制的成效，也显示出党和国家坚决查处和打击基层“一把手”违纪违法行为的决心。

第二节　基层监督法治化面临的难点

在国家高压反腐的态势下，基层腐败问题之所以屡禁不绝，频发多发，原因是多方面的。诸如基层党员干部政治意识不强、受拜金主义和享乐主义等歪曲价值观念危害以及其他主观因素，以及基层政治教育机制不健全，难以发挥对基层党员干部遵纪守法和拒腐防变的预期作用等因素，都是导致基层腐败问题出现的原因。在诸多因素中，基层监督作为预防和治理基层腐败的机制手段，对基层权力运行难以形成有效制约，对基层党员干部难以形成腐败行为的有效预防和威慑作用，则是导致基层腐败问题的主要原因。刘汉席认为，基层监督在基层治理中发挥基础性、保障性的作用更加凸显，从而确保党中央重大决策部署和上级要求落实到“最后一公里”，对推进基层治理体系和治理能力现代化提升意义重大。[②] 对于腐败问题的治理是人类政治文明面对的长期课题，既是历史问题也是现实问题；既是西方政治实践中长期存在而难以彻底解决的重要课题，也是中国社会主义政治实践中客观存在而依然无法有效根治的重大问题。然而，在腐败治理的实践中，监督体系越完备，监

① 《央媒调研基层贪腐：一把手违纪屡禁不止，有的村干部黑社会化》，2016年8月，澎湃网（https://www.thepaper.cn/newsDetail_forward_1513797）。

② 刘汉席：《打通基层监督“最后一公里”的问题分析与对策建议》，《重庆行政》2022年第4期。

督机制越完善，监督法规制度体系越健全，监督法治化程度越高，则公权力运行越规范，腐败问题的发生率也会越低，是一个普遍认同的基本规律。中国基层腐败问题之所以以不同形式呈现，且在国家高压反腐的态势下依然无法根除，反映出中国基层监督及法治化建设中依然存在诸多问题。在党的十八大以来党和国家推进基层监督及其法治化的基础上，探索基层腐败问题的治理路径以及基层监督法治化的发展途径，应当对当前中国基层监督法治化面临的难点进行分析。为此，本节将分别从基层监督法治化立法、执法、司法和守法层面进行深入分析。基层监督法治化面临的难点主要体现在覆盖基层的党内法规体系和监察法律体系有待完善，基层监督法治化成本高难度大，基层纪委监委专责监督作用发挥不够，基层司法监督力量薄弱，基层媒体监督效果不理想，部分村（居）务监督委员会职能虚化弱化，以及基层尚未形成浓厚的法治氛围。

一　覆盖基层的党内法规体系和监察法律体系有待完善

党的十八大以来，党和国家在推进完善基层监督体制机制的过程中，非常重视其法治化建设。在此过程中，诸多涉及基层监督的法律法规不断出台，监察法律开始向基层延伸。尤其是根据党章、党规、党纪以及《宪法》、法律和法规对基层监督进行赋权、限权和行权。在此背景下，一批与基层监督紧密相关的带有标志性和基础性的涉及基层监督的法规和制度相继出台，诸如《中华人民共和国监察法》《中华人民共和国监察法实施条例》《中国共产党纪律检查委员会工作条例》《中国共产党纪律检查机关监督执纪工作规则》《监察机关监督执法工作规定》等,[①] 都属于党的十八大以来党和国家出台的涉及基层监督的党内法规和监察法律。

（一）基层党内法规体系不健全

党的十八大以来，党和国家还不断推进党内法规体系建设，也为基层监督法治化建设提供了基层组织监督的重要法治依据。这些党内法规

① 吕佳蓉：《奋进新征程　建功新时代　做党和人民的忠诚卫士》，2022 年 10 月，中央纪委国家监委网站（https://baijiahao.baidu.com/s?id=1745775277627256985&wfr=spider&for=pc）。

从颁行主体的行政级别看，可以分为中央制定实施的党内法规，省级、地市级、县级等制定实施的党内法规，等等。同时，包括基层党组织在内的各级各类党组织为加强党内监督，也往往依据党中央关于全面从严治党的相关精神和部署要求，制定相关的加强党内监督制度、规定或要求等。因而，从党内法规制度体系来看，党的十八大后党和国家颁行实施的党内法规体量庞大，难以统计。同时考虑到由省级党委及其以下各级党委制定的党内法规，往往仅能覆盖到各自行政管辖区域，故对其进行统计难度既大，也无太大实际意义。为此，只能对党的十八大以来由党中央制定实施的党内法规进行梳理分析。据统计，党的十八大后党中央颁行实施的党内法规有 100 多部，主要分为党章、准则、条例、规则、规定、办法、细则等 7 种类型，其中大部分党内法规在形式上要求覆盖到基层，其中也有少量直接针对基层的党内法规，比如自 2018 年 10 月 28 日起施行的《中国共产党支部工作条例（试行）》和自 2018 年 12 月 28 日起施行的《中国共产党农村基层组织工作条例》等。但是，基层监督中党内法规依然存在不健全的问题，缺乏足够的系统性和条理性，相互之间存在内容规定上的重复甚至冲突。另外，基层党内法规在村（居）最基层同样存在承载机构或机制不健全以及执行落实资源配置不足的问题。此外，针对基层的党内法规数量太少，难以满足基层党内事项繁多的实际需要。这说明，基层党内法规体系仍然需要进一步完善。

（二）基层监察法律体系针对性较弱

中国当前的监察法律体系虽然已经延伸到基层，但就基层监督对监察法律体系建设的客观需要来看，其并不完善。党的十八大以来出台的监察法律，虽与基层相关，或者说基层监督属于这些法规制度的覆盖范围，但对基层监督的针对性并不强。同时，监察法规出台后，还需要执法机构去落实才能发挥实际作用。目前，中国监察资源的分布存在越向基层越匮乏的问题。比如，在大量最基层的村（居）民自治组织中，国家并未设置基层监察机构，而村（居）自治组织的上级管理机构，也即乡镇一级往往仅仅由县级监察委设置临时性的监察派出机构或者常驻监察办公室，其基层监察职能及其对监察法律法规在村（居）最基层的执行往往缺乏有效监督，也因基层监察资源相对匮乏而无能为力，比如乡镇基层监察办公室或临时派驻的监察工作人员往往只有1—2人，人数较少，且需要担负乡镇机构中的监察事务，没有更多资源与精力对所辖村（居）行使监察职能。在此情形下，监察法规制度基本上难以在村（居）得到切实贯彻落实。

二　基层监督法治化成本高难度大

法治化是保证基层监督公正性、强制力和权威性的必然需要，也是将基层监督机制对基层权力运行的监管和约束纳入规范化和标准化的必然要求。党的十八大以来，党和国家推进监督法治化，既在党内法规建设中取得了显著成就，也在推进国家监察体制改革的过程中通过颁布实施《中华人民共和国监察法》，极大地推动了党和国家专责监督的法治化进程，并为基层监督的法治化发展提供了必要的法律支撑。基层监督的法治化状况相比党的十八大之前有所改善，但成本高和难度大的问题依然突出，成为基层监督法治化深入推进面临的重要问题。

一方面，基层监督法治化存在成本高的难题。党的十八大后中国基层监督法治化取得的显著成就是颁行实施了《监察法》，并依据该法逐级建立了从中华人民共和国国家监察委员会到地方各级监察委的监察组织体系。从现实角度看，基层监察委是中国当前推进基层监督法治化的重要载体。然而《监察法》颁行后，监察对象扩大到六类人员，监察对象数量急剧增加，必然需要增加基层监察委的人员编制。北京市实施监察体制改革后，监察对象从21万人增至99.7万人，增幅近375%。[①] 改革前浙江全省行政监察对象为38.3万人，改革后监察对象为70.1万人，增长了83.02%。[②] 同时，基层监察部门需要固定的办公场所和办公设备，配备办案需要的基本设备。尤其是随着现代科技的快速发展，基层腐败案件侦办的科技性不断增强，并对基层监察委切实开展案情调查，掌握精准案情信息提出了技术性挑战。这就要求基层监察委加大案件侦办的技术性设备投入。编制人员数量的增长、硬件设备投入的增加和技

① 沙雪良：《监督99.7万人，转隶772人，北京监察体制改革大起底》，2017年11月，中国网（http://news.china.com.cn/2017-11/14/content_41887893.htm）。

② 姜洁：《监察体制改革"浙江经验"：监察对象增83.02%》，《人民日报》2018年1月15日第4版。

术性案件侦办设备的投入需要，无疑会增加基层监察委的运行成本。同时，在全面从严治党和将反腐败深入推向基层的背景下，基层监察委侦办的案件数量也在大幅增长，也会提高其运行成本。另外，《监察法》虽未规定要求在县级以下的乡镇和村（居）成立监察委，却要求在乡镇设置监察办公室，并配备相应的监察工作人员，还允许在较大的村派驻临时性的监察专员。显然，在乡镇设立监察办公室和在较大村派驻临时性监察专员，也需要增加基层监察系统的人员编制、场地和办公设施投入以及相应的办案设备投入等，也会进一步增加基层监察机制的运行成本，使基层监督法治化面对的高成本问题更加突出。

另一方面，基层监督法治化还面临难度大的问题。目前，中国基层监督法治化的政策依据日益增多并越来越明确，法律依据不断完善，且正逐步实现体系化。但是，基层监督法治化在基层实现面临的难度并不小。除基层监督成本高带来的基层监察机制运行难，基层监督专门法律的欠缺，基层监督主体与对象法律意识薄弱，以及基层监督与行政机制之间的复杂关系，也是基层监督法治化面临的重要问题。党的十八大以来党和国家重视监督法治化，推进党内法规体系不断完善，在以《监察法》颁行实施推动的监察体制改革中取得了显著成就，也为党和国家的依法监督提供了必要的法律依据。但是，这些法律法规一般针对全党和全国各级国家机关，或者仅仅针对中央或国家级党政机构，而缺乏专门针对基层各级国家机构的监督法律。基层权力运行面对的政治社会生态与基层以上各级国家权力机关存在显著差异，需要直接面对基层人民群众，需要直接面对关系到人民群众切身利益的具体事务。基层政治社会生态的特殊性决定了基层监督要充分发挥作用，就需要加强基层监督依法实施的精准性，而做到这一点就需要针对基层监督的特殊需要颁行指导性更强的基层监督专门法律法规。当前，基层监督专门法律缺乏的现状，也加大了基层监督法治化的难度。另外，基层监督主体与对象法治观念淡薄，法治意识不强，以及基层监督机制与行政机制之间错综复杂的关系，尤其是基层监督机构与基层行政机构之间业务虽有分工但组织管理关系纠缠在一起的情形，也在一定程度上加大了基层监督法治化的实践难度。

三　基层纪委监委专责监督作用发挥不够

党的十八大以来，在党和国家的监督体系建设中，监察体制改革深入推进。在此过程中依据《监察法》设置的各级监察委在基层监督法治化建设中发挥了重要作用，成为基层监督机制中的重要环节。在各级监察委设置过程中，过去纪委和监委分署办公的局面得以改变，开始合署办公，但基层纪委和监委在相互配合中各自发挥基层监督独特作用的局面并未完全改变。各级监察委成立后，基层纪委和监委在全面从严治党和深入推进反腐败伟大斗争向基层延伸的背景下，基层监督作用得到加强，工作履职积极性相比过去明显提高，对基层“微权力”的约束监督在体制机制上得到显著改善，对基层“微腐败”的打击和威慑力度得到强化。但是，基层纪委监委在基层监督中的作用发挥依然不够。

为了了解基层纪检监察机构履行监督职能的情况，我们制作了针对基层纪检监察机构工作人员和基层其他干部为调查对象的两类调查问卷。针对基层纪检监察机构工作人员的调查问卷，设计了 5 道单选题，4 道多选题，1 道开放式问题；针对基层其他干部的调查问卷，设计了 6 道单选题，4 道多选题，1 道开放式问题。该调查问卷通过“问卷网”进行发放，历时 9 天，收回有效问卷 1224 份。其中针对基层纪检监察机构工作人员的问卷有 373 份，针对基层其他干部的问卷有 851 份，调查对象为四个省的基层干部。具体的调查问卷文本和统计报告见附录。

（一）工作动力源不足依然较为突出

在对基层纪检监察干部的 373 份调查问卷中，有 60.59% 的人把监督公职人员作为第一职责，有 27.08% 的人认为自己最重要的工作是查处违纪违法案件，还有 12.06% 的人认为是反腐败。说明仍有一些基层纪检监察干部对监督权力来源认知不够清晰，认为基层纪检监察机关的最主要工作就是查处违纪违法案件和反腐败。有的乡镇党委认为纪委部门只要没案件，就可以安排其他工作任务，参与有关专项行动。调查问卷显示，仅有 39.68% 的基层纪检监察干部完全未负责过监督以外的其他工作，其他都或多或少负责过。

（二）人员素质与岗位适配性还有差距

调查问卷显示，有 41.55% 的基层纪检监察干部认为自身素质比较适应新时代监督要求，有45.58%的基层纪检监察干部和35.02%的其他基层干部认为基层纪检监察人员素质不高，是影响基层监督效果的主要因素。由于基层监督领域广泛，基层纪检监察工作人员又存在知识盲区，受专业背景和个人能力限制，对于新领域新业态的监督暴露出短板弱项，如对粮食系统、金融领域等专业性较强的领域，不能进行深入监督。此外，基层纪检监察人员流动性较大，人员调动调整频繁，导致其在履职尽责中“心有余而力不足”。

（三）“熟人社会”影响不容忽视

基层干部群众普遍反映，“熟人社会”对基层监督有较大影响。在对纪检干部和一般干部的1224份调查问卷中，仅有7.77%的基层纪检监察干部认为“熟人社会”完全不影响基层监督；其他基层干部中仅有14.22%的人持同样观点。基层监督过程中“跑风漏气”“打招呼”现象时有发生。同时，碍于各种复杂的单位人际关系以及地域性的亲缘、学缘等社会关系，基层纪检监察机关难以充分保持业务上的独立性，甚至陷入地方利益关系网中。

（四）监督现代化手段需要尽快全面普及

随着基层监督任务激增，工作量也成倍增长，迫切需要应用数字化、信息化手段提高监督质效。调查问卷显示，基层纪检监察干部认为，现代化监督手段非常普及的仅有11.26%；其他基层干部认为现代化监督手段非常普及的仅占25.15%。当前基层信息化建设相对滞后，相关领域之间的数据壁垒尚未完全打破，在运用数字化、信息化等监督手段方面还不够充分。

在国家各级监察委设置的过程中，基层以基层纪委监委为主的基层监察资源配置薄弱的情况虽有所改善，但并未得到根本转变。目前，依据《监察法》相关规定，国家各级监察委只设置到县级，而县级以下基层国家机关并不设置监察委，仅在乡镇设置由县级监察委派驻工作人员组成的监察办公室，而对于村（居）基层则仅规定在较大的村可以临时派驻监察专员。显然，在乡镇一级仅仅依靠由县级监察委派驻人员组建的监察办公室，在制度设计上无法与监察委相提并论。同时，在实际运行中，乡镇监察办公室还存在人员数量少、难以应付乡镇本级监察事务需要的尴尬局面，而乡镇监察办公室更无精力对辖区内各村的党员领导干部进行有效监察监督，尤其是在村（居）务监督委员会职能普遍虚化弱化的背景下，乡镇监察办公室更难以通过有效领导村（居）务监督委员会对村（居）行使有效的监察监督职能。这是基层纪委监委基层监督作用发挥不够的重要表现。

党的十八大以来，随着全面从严治党和反腐败斗争向基层延伸，基层纪委监委需要查办的案件数量大增，工作量相比从前增加了不少，但基层纪委监委的党员干部等人员编制却并未显著增加，导致县级和乡镇等基层监委专职办案人员数量不足，如在案件办理中镇街纪委书记以及部门派驻的办案人员在实际工作开展中往往需要单兵作战，力量明显不足。同时，基层纪委监委的一些工作人员业务水平也不高，对相关的法律掌握有限，也在实际工作中缺乏调查取证、谈话和笔录的灵活技巧，往往是县级纪委监委安排什么工作就去落实什么工作，开展工作的主动性和灵活性明显不够。另外，基层监委办理案件的硬件条件也不够完备，尤其是一些乡镇基层的监察办公室办案条件简陋，甚至缺乏必要的办案设备和工具，导致办案人员对于一些复杂的案件开展调查时往往束手无策，造成一些基层腐败问题的案情侦办难以取得突破性进展。

四 基层司法监督力量薄弱

司法监督是基层监督机制的重要环节，起着依法制裁基层监督中发现的腐败违法分子和威慑具有腐败违法动机者的作用。与其他监督形式相比，程竹汝认为能够将公权力导向制度化方向的方式和途径中，法律和司法的途径恐怕是最为恰当的。[①] 但是，司法监督在基层监督中发挥作用也暴露出一些问题，主要体现在以下两个方面。

一是基层司法监督力量相对有限，难以专注于基层监督领域。基层司法监督力量主要是基层检察院和基层人民法院，其人数编制相对有限，虽承担一定的基层监督职责，但因需要应付基层大量的案件和常态工作，往往难以抽出更多的资源和精力，专注于基层监督事务。尤其是基层人民法院，法官等工作人员要应对大量的司法审判案件，每名法官要应对的案件数量非常多，几乎每天要开庭和撰写判决书，而基层人民

① 程竹汝：《加强司法监督制度建设》，《探索与争鸣》2015 年第 2 期。

法院在此情形下一般很难组织起专业力量去参与到基层司法监督之中。基层人民检察院则要对大量刑事案件进行立案审查，且其人员编制数量要比基层人民法院少大约一半，应付刑事案件的侦查和审核工作已经相当繁忙，也导致其一般没有更多精力和资源去专注于基层的司法监督工作。

二是对检察机关性质定位的不同观点的争执。依据《监察法》对监察对象的范围划定，把所有行使公权力的公职人员均纳入监察对象，相应的检察机关的职务犯罪侦查和预防职能被整合、划转到监察机关来行使。这就引发了理论界以及实务界对检察机关性质定位的争议。刘志刚、平凡认为“职务犯罪侦查权是法律监督机关赖以存在的主要权力基点”①，检察机关会逐渐沦为“国家的公诉机关和诉讼监督机关”，而不再是“国家的法律监督机关”。然而，2018 年的《宪法修正案》仍旧保留了检察机关先前的“国家的法律监督机关”这一定位，这就表明职务犯罪侦查权转隶到监察机关并不影响检察机关仍旧作为“国家的法律监督机关”。虽然检察机关部分职权的调整会影响检察权的权能结构，但不对其根本的性质定位造成改变。这个问题也同样在一定程度上影响着基层检察院职能的发挥。

五　基层媒体监督效果不理想

新闻媒体是现代政治生活的重要环节，既是推动社会主义民主政治发展的必然需要，也是健全和发展社会主义监督体系的必然需要。媒体监督在基层监督中同样发挥着重要作用，是基层监督体系的重要组成部分和基层监督机制的重要环节，对基层政府及其公职人员行使国家权力的行为发挥着重要的监督约束作用。曹光煜指出，尤其是在传统媒体和新媒体高度发达和融合发展的今天，新媒体舆论监督是舆论监督在新媒体时代的一种新的表现形式。② 党的十八大以来，党和国家在健全基层监督体系机制和推进基层监督法治化过程中，高度重视发挥媒体监督的

① 刘志刚、平凡：《法律监督体系与监督能力现代化进程中的检察监督》，《河北法学》2022 年第 11 期。

② 曹光煜：《新媒体监督与其他监督模式形成监督合力的探索》，《行政管理改革》2017 年第 2 期。

基层监督作用，顺应时代发展和政府职能转变的趋势，不断加强对新闻媒体的政治引导和业务指导，并进一步加强了新闻媒体及其从业人员的法治化建设，使新闻媒体在基层监督中的作用更加规范。然而，因政治体制和法律缺失等因素，新闻媒体在基层监督中充分发挥作用依然存在诸多问题，主要体现在以下几个方面。

（一）新闻媒体发挥基层监督作用面临部分基层政府的阻挠

新闻媒体作为党的舆论喉舌，肩负着以客观真实报道对基层政府及其公职人员进行舆论监督的重要职责。积极支持新闻媒体对基层政府及其公职人员的工作进行新闻宣传，也是党的基本政策。为此，党和国家制定了一系列推进新闻媒体对基层政府及其公职人员进行新闻采访和报道的宣传政策，同时各级政府也设立相应的机构或部门对新闻媒体进行对接。新闻媒体发挥基层监督作用，对基层政府及其工作人员开展工作的活动进行采访和报道，是媒体肩负的重要社会责任，也是新闻媒体职业精神的体现，但必须遵守党和国家制定的关于规范新闻媒体及其采访报道活动的相关法律和宣传政策。党和国家在健全基层监督机制中虽然高度重视发挥新闻媒体的监督作用，并为此制定了系列推进新闻媒体与基层政府对接的政策，但基层各级政府在应对新闻媒体时往往是更愿意接受正面报道，而对基层权力运行中出现的一些负面事件或现象讳莫如深，甚至人为设置种种障碍阻挠新闻媒体发挥基层监督作用。比如，新闻媒体对基层各级政府及其公职人员的采访活动往往需要审批，通过设置审批障碍阻碍新闻媒体对基层各级政府及其公职人员开展工作的活动进行制约，是一些基层政府妨碍新闻媒体有效发挥基层监督作用的重要方式。更有甚者，新闻媒体在深入基层对一些基层负面事件或现象进行采访报道时，还有可能面临来自基层腐败势力的暴力打击。

（二）新闻媒体针对基层问题采访报道面临层层审批的复杂程序

新闻媒体针对基层问题进行采访报道，要经过审批批准，而审批程序往往较为复杂，尤其是基层各级政府对是否接受采访以及接受采访的具体内容等还具有审批的决定权。层层审批的复杂程序和基层各级政府在面对新闻媒体时拥有的较大自主决定权，也是制约新闻媒体充分发挥基层监督作用面临的显著问题。以报社记者为例，报社记者若想深入基层对基层各级政府部门进行采访，需要向基层被采访单位提出申请，或者基层单位向报社记者发出邀请。基层被采访单位要对采访内容、方式、时间、地点和人员等进行核实，同时审核采访内容是否合适，并对新闻稿对外发布的时间、对象、人员和地点等内容进行审核。在此基础上，报社记者要在得到拟采访基层单位做出答复、提出意见和做出批示以后按照批示确定的事项进行采访，在采访形成新闻稿以后往往还需要将稿件发给被采访的基层政府部门进行审阅，审阅没有问题以后才可以对新闻稿进行发表。可见，报社记者在对基层单位进行采访报道时需要经过的审批程序比较复杂，同时被采访单位对于是否接受采访和采访的内容与事项拥有较大的自主权和决定权。

（三）新闻媒体在基层监督中的监督力度较小且存在一定区域限制

因新闻媒体在对基层各级政府机关进行采访报道中面临较大的制约，需要遵守被采访单位及其上级管理部门的采访报道政策，以及其他一些由新闻媒体自身因素造成的原因，新闻媒体在基层监督中发挥的监督力度较小。同时，中国新闻法律虽然允许媒体进行跨区域采访，但基层新闻媒体在进行新闻报道时往往具有区域意识，且基层新闻媒体的政府管理机构也往往会对基层新闻媒体的新闻报道进行区域限制。另外，基层新闻媒体中带有公办性质的媒体在对基层政府进行采访报道时发挥着主导作用，但其运行的经费来源往往需要相应级别的基层政府财政进行负担。陈国权经问卷调查、统计分析研究得出，相对于省级媒体、地市级媒体而言，县级融媒体中心的最大收入来源是财政拨款的比率明显较大。[①] 比如，中国基层的新闻媒体多为县级媒体，县级媒体中的电视台要接受县级文体广播电视局管理，县级报社则属于县政府下辖的宣传部门管理。在此背景下，县级新闻媒体往往具有很强的地域性，在对基层政府进行采访报道时存在较大的区域限制。基层以上的新闻媒体在对基层进行新闻报道时同样面临一定的地域限制，比如省级媒体要接受本省内新闻媒体管理机构的管理，并在运营经费的投入上接受本省财政的支持。新闻媒体在基层监督中监督力度较小，以及存在一定的区域限制，也是其在基层监督中发挥作用面临的问题之一。

---

① 陈国权：《主流媒体经济支持体系的新构成——基于 136 家媒体的调研报告》，《现代传播》（中国传媒大学学报）2022 年第 4 期。

（四）部分新闻媒体从业人员职业道德缺失

新闻媒体对基层政府及其公职人员发挥舆论监督作用时，除了面对基层政府人为设置的阻碍，一些新闻媒体的从业人员职业道德缺失、法治素养不强，也是新闻媒体难以充分发挥基层监督作用面临的问题。目前，中国新闻媒体数量庞大，就国内媒体来看，主要分为两类，一种属于公办媒体，如党报和各级政府举办的电视台等，还有一种属于私营媒体。公办媒体一般按照主管机构的政策要求进行采访报道，在对基层政府情况进行采访报道时多循规蹈矩，严格按照审批程序和审核事项进行采访报道，其从业人员政治素养一般较高，法治意识也较强。但是，一些私营媒体有时为了经济利益而刻意博取眼球，罔顾新闻从业者的职业道德，对基层发生的新闻事实进行歪曲报道，比如拟出一些令人震惊的新闻标题，甚至有些私营媒体记者专门瞄向基层发生的负面事件，但其目的并非如实进行报道，而是趁机对基层政府进行敲诈勒索，显示出其法治素养不强的一面。另外，由于新闻媒体在基层监督中的特殊作用，一些不法分子还假冒记者之名，对基层政府进行欺诈。可见，一些新闻媒体及其从业人员职业道德的缺失，尤其是法治素养的淡薄，也是新闻媒体在基层监督中难以有效发挥作用的原因。

六　部分村（居）务监督委员会职能虚化弱化

目前，村（居）务监督委员会的监督是加强村（居）务监督的有效途径，也是实现村（居）基层专职监督的有效方式。白杨认为村务监督委员会作为一项创新性的组织，建立和发展相对较晚，监督制度仍未优化，作用发挥还不够彻底，相关制度规定还未形成完整的闭环，在运行过程中仍然存在较多挑战。① 在党和国家政策和法律的支持下，全国的村（居）基层组织普遍建立了村（居）务监督委员会，为村（居）务监督委员会加强基层监督奠定了可靠的机制基础。然而，村（居）务监督委员会成立后，其中部分村（居）务监督委员会往往因各种因素出现职能虚化弱化等问题。

（一）对监督职能认知不清

部分村（居）务监督委员会在监督业务上往往与村党支部和村民委

---

① 白杨：《村务监督委员会治理困境与对策研究》，《当代农村财经》2022 年第 1 期。

员会纠缠不清，甚至混为一谈。村（居）务监督委员会主任、副主任以及监督委员多以“村干部”自居，不仅不能有效坚守和行使基层监督职能，甚至在工作业务上过多参与到村党支部和村民委员会之中。

（二）运转不规范

比如在村（居）务监督委员会主任、副主任以及监督委员的选任上，有些存在不符合相关法律法规规定的情形，同时一些村（居）务监督委员会还存在不严格依照相关法律法规履行本职功能的问题，对于相关法律法规要求其必须履行的职能和完成的事项，或者敷衍了事，或者弄虚作假，或者付诸阙如，这些都是村（居）务监督委员会职能虚化和弱化的表现。

（三）经费保障不足

在实际工作中，除由村委委员担任村纪检监督员会享有其村委委员的待遇，在从事监督时没有任何工资待遇，而由党员代表担任的监督员则既没有工资也没有补贴。在村（居）务监督委员会的实际工作开展中，一些农村地区，往往没有专门的办公室和办公设备。

（四）人员素质良莠不齐

某个机构是否能充分发挥作用，或者制约其发挥作用的关键因素就是人员素质的高低。村（居）务监督委员会在实际运行中，大多数人员年龄较大，一般在45—55岁。在知识结构上，大多数人员仅仅具有初中甚至初中以下文化程度，拥有高中文化程度的人非常有限。受年龄和知识结构限制，大多数人员对于村务监督往往都是新手，且对相关的政策和法规了解不多、了解不够，既缺乏正常开展工作的能力，也缺乏有效开展工作的精力，导致一些村务监督委员会出现了形式上存在、实际上职能未发挥的局面。

七　基层尚未形成浓厚的法治氛围

党的十八大以来，党和国家推进基层监督建设中的一个显著趋势，就是不断推进基层监督的法治化。习近平总书记多次强调，要将权力关进制度的笼子之中，坚持依规治党、依法治党。基层监督的法治化体系建设在党的十八大以来也取得了显著成就，大量与基层监督相关的法规得以出台实施，比如《监察法》等。另外，基层监督中涉及的一些其他制度和政策等，也进一步被纳入法律法规范畴，也凸显出党和国家推进基层监督法治化的努力。依法依规监督是基层监督建设的必然需要，而党的十八大后党和国家不断推进基层监督法治化，则为基层监督提供了必要的法治依据。目前，中国已经基本形成覆盖基层监督方方面面的法律法规体系，且随着基层监督法治化进程的进一步推进，针对基层监督的法律法规还将得以进一步健全完善，并不断推动基层监督法律法规机制的发展。在此背景下，基层监督中监督主体和监督对象形成依法依规监督的法治氛围非常重要。

然而，党和国家的基层监督及其法治化建设虽取得了重要成就，但基层尚未形成浓厚的法治氛围。

（一）基层群众尚未完全了解依法参与基层监督的途径

在国家大力普法的背景下，基层人民群众的法治观念近年来虽不断增强，但参与基层监督的法治意识并不强，尤其是对基层监督中直接相关的法律法规并不了解。而在参与基层监督时，比如以群众监督方式对基层国家机构及其公职人员的腐败等问题进行反映时不能依法依规进行的现象时有发生。另外，人民群众对法律法规关于基层监督的职能划分也并不完全了解，在反映问题时经常出现不知道向谁举报的问题。比如，当农村基层党员干部中出现腐败问题时，尤其是在农村出现的基层党员干部腐败问题，农民群众普遍较为关注且往往关系到切身利益。对此，一些地区的农村基层群众在检举揭发时不知道应当具体到哪个部门进行反映，经常单纯地认为应当向政府反映问题，或者直接向基层人民政府反映问题，或者直接向县级人民政府反映问题，更有甚者直接到县级以上地市级乃至省级人民政府去反映问题，而不知道村务监督委员会的存在，也不知道县级监察委在乡镇设置的监察办公室。

（二）传统民举官纠思路的制约

基层群众参与基层监督时有时缺乏法治思维，受制于传统的民举官纠思路，这就极大限制了农村基层群众参与监督的主观意愿。比如，农村党员干部出现腐败等问题后，基层群众有时还存在这种思维，认为人家上面有关系，即使去检举揭发也起不到作用，不仅问题得不到解决处理，甚至会给自己带来严重的负面影响，倒不如选择隐忍或漠视，而不知道可以通过基层监督机制依法依规解决问题。

（三）综合性制度保障有待进一步完善

调查问卷显示，在影响基层监督效果的因素选项中，选择“群众监督积极性不高”的占到50%以上，基层广大群众缺乏法治思维和监督意愿，既有“多一事不如少一事”“事不关己高高挂起”不愿监督的想法，也有不了解什么问题需要监督、如何监督等不会监督的困惑，更有担心监督举报后被打击报复而不敢监督的顾虑，在基层监督中群众监督的“前哨”作用发挥不够好。

第三节　基层监督法治化遭遇困境的原因分析

党的十八大以来，基层监督在全面从严治党深入基层的背景下，在体制完善和机制建设等诸多方面取得了显著成效，尤其是在党和国家监督体系建设的过程中，基层监督的法治化建设也取得了明显进步，覆盖基层的监督法律法规和制度体系得到显著完善。但是，基层监督法治化建设依然面临一系列难题，诸如覆盖基层的党内法规体系和监察法律体系有待完善，基层监督法治化成本高难度大，基层纪委监委监督作用发挥不够，基层司法监督力量薄弱，基层媒体监督效果不理想，部分村（居）务监督委员会职能虚化弱化，基层尚未形成浓厚的法治氛围，这些问题依然在基层监督实践中不同程度存在。基层监督法治化建设是一项复杂的系统工程，基层监督要着力解决的基层权力规范化运行以及基层腐败等问题，是历史和现实中人类普遍的政治实践中长期存在的客观问题。对于基层监督体系机制的建设，应当具有长期的战略性眼光，针对基层监督法治化中面临的问题，有的放矢，对症下药，逐步完善解决，而不可能也做不到一蹴而就地解决问题。人类迄今为止的政治实践告诉我们，对于基层监督体系机制的建设，以及通过基层监督对基层权力规范运行和基层腐败等问题的治理，既要遵循基层监督、权力运行和腐败治理的内在规律，也要积极从现实治理实践中总结经验。破解目前中国基层监督法治化面临的系列问题，应当着力分析造成这些问题的原因。对于在上节列举的目前中国基层监督法治化中面临的难题，也分别从基层监督法治化的立法、执法、司法、守法层面进行原因分析，包括立法进程滞后于实践发展、基层监督机制的制度设计和运行方式不完善、基层党委主体责任未完全落实到位、基层司法监督效能未充分发挥、基层媒体监督活力不强、村（居）务监督委员会缺乏相应管理运行机制、农村基层群众法治意识普遍薄弱等，则是造成相应问题存在的主要原因。

一 立法进程滞后于实践进展

依法监督，推进监督法治化，是基层监督体制机制建设的基本思路，也是基层监督实践的重要经验。党的十八大以来，中国监督立法取得了重要成就，诸如《监察法》等与监督相关的法律陆续出台，部分党内监督制度和规矩也被纳入法规体系，不仅明确了监督法治化的发展趋势，也在监督法律体系建设上取得了显著成绩。但是，随着中国监督工作在实践中得以快速发展，一些新情况和新问题也不断涌现，对监督立法提出了新的更高要求。比如，2019 年 10 月，全国人民代表大会常务委员会《关于国家监察委员会制定监察法规的决定》经全国人大常委会审议通过。该决定赋予国家监察委员会制定实行监察法规的明确权力。[①]在此背景下，国家监察委员会（以下简称“国家监察委”）在 2021 年 9 月发布了自成立以来的第一部监察法规，即《中华人民共和国监察法实施条例》。由此可见，国家监察委具有制定实施监察法规的权力，将进一步推进监督实际需要与监督立法的结合，不断优化中国的监察法律体系，同时逐步完善基层监督的法律保障。在此过程中，由国家监察委颁行实施的监察法规，也成为中国法律体系中的一种新型法律。但是，就国家监察委通过的监察法规来看，其在法律运用中有些地方体现出与现实冲突的特点，监察法规在国家立法体系中缺乏足够的理论支撑，或者依然存在法理论证的不足，主要原因在于其法律位阶难以明确界定。监察法规存在的“实践先于理论”的特点，说明监察法规依然存在与现实需要并不完全吻合的问题，也即造成立法实践实际上滞后于监督实际需要的问题。

① 《全国人大常委会明确国家监委制定监察法规职权》，2019 年 10 月，中央纪委监委国家网站（https://www.ccdi.gov.cn/yaowen/201910/t20191027_203106.html）。

在基层监督中，监督立法过程滞后于监督实践进展的问题则更加突出。目前，中国基层监督法律体系薄弱的情形虽有所改变，但其主要依据为党和国家出台的法律效力覆盖全国的法律法规，而针对基层专门出台的服务于基层监督的法律法规非常少。基层监督法治化是推动基层监督体制机制完善和加大基层监督力度的必然选择，但在客观上要求与基层监督相关的法律法规应针对基层监督面对的实际问题体现出一定的前瞻性，而基层监督立法进程缓慢的现状却导致基层监督中面临的一些实际问题难以得到有效解决。比如，在基层监督中，基层腐败问题是基层群众普遍关注的重要问题。基层腐败的出现往往与基层党员干部在基层环境中面对的特殊且复杂的裙带关系有关，而中国目前监督法律体系针对基层党员干部腐败问题发生的裙带关系却难以进行有效处理。同时，在对基层腐败问题的处理中，既有的监督法律法规往往只能针对受贿人，也即基层腐败官员进行处理，而现行基层法律法规对行贿的处理却非常轻，几乎对行贿人不构成任何影响。基层监督对基层权力运行的规范，目的在于净化基层政治生态，在过程中，要依据基层监督面临的实际问题，诸如腐败问题，积极推进立法进程的发展，通过立法的完善和不断加强法律法规的有效性与针对性，逐步破解基层监督法治化中面临的实际问题。

二　基层监督机制的制度设计和运行方式不完善

党的十八大以来，党和国家重视基层监督及其法治化建设，并基于法治化的推进思路在依法监督的背景下使基层监督面对的环境得到改善，尤其是保障基层监督机制运行的法律支撑条件得到一定改观，基层监督对基层权力运行能够依据的法律规定越来越多，基层监督机制建设也得到越来越多的法律支持。但是，基层监督依然存在诸多问题，基层监督机制的运行方式和制度设计不完善也是导致基层监督面临的系列问题的重要成因。基层监督作为基层监督主体对基层监督对象进行的权力监管与制约活动，必须依赖于一定的制度设计，并将制度设计付诸实施，制度设计的各个环节相互衔接，协同配合，运行方式才能顺畅，并对基层权力运行形成有效的监管约束。因而，在基层监督中，制度设计和运行方式存在协同配合的辩证一体关系，基层监督的运行方式是对其制度设计的实践验证，而基层监督的制度设计则是对其运行方式的规范引导。

在党和国家推进基层监督法治化的过程中，基层监督的制度设计和运行方式虽在一些方面得到调整优化，比如成立国家各级监察委以统筹基层的监督资源，进一步形成基层专责监督的合力，并对基层腐败现象形成了有力的震慑作用，又如成立村（居）务监督委员会，将基层专职监督的机制建设和资源投入向村（居）基层延伸，改变了村（居）基层专职监督难以覆盖的局面。但是，基层监督的制度设计和运行方式仍然不够完善，也成为造成党的十八大以来党和国家基层监督法治化面临的系列问题的重要因素。目前，中国基层监督制度设计和运行方式不完善主要体现在如下四个方面。

（一）基层监督主体多元难以形成监督合力

当前的基层监督是综合性的，党内监督、专责监督、司法监督和群众监督，还有其他监督方式，如舆论监督、统计监督等，不同的基层监督共同发挥作用，这也容易造成基层监督主体过于多元化，难以形成必要的合力。主体多元虽有助于从各个方面对基层监督对象进行权力制约，却不利于基层监督资源的统一调度，难以实现完全相互协调，无缝对接。另外，多元化的监督主体在监督事项上还存在重合之处，导致不同监督主体之间的监督权限并不完全明确。尤其是党内监督和专责监督之间监督权限的重合，是基层监督的制度设计尚不完善的重要表现。党内监督主要依据党章党纪对基层党组织成员进行监督，而专责监督则是基层各级纪委对基层各级各类国家公职人员进行的监督，但基层各级各类国家公职人员以共产党员为主，两者有很高的重合度。于是，在对基层各级各类国家公职人员进行监督时，便不可避免地存在监督主体责任划定不够清晰、作用重叠，同时又无法在实际工作中更好地相互配合。

（二）基层专责监督缺乏必要的独立性

基层各级纪委监委及其在乡镇和村（居）的监察办公室和临时派驻的监督人员，共同构成了基层的专责监督。基层专责监督在基层监督中具有非常重要的作用，是基层监督中充分发挥强制力对以权谋私等权力失范行为进行打击、监管和约束的主要方式。基层专责监督要更好发挥对基层权力的监管约束作用，必须保持在业务上的独立性。但是，在中国当前的基层专责监督机制下，基层纪委监委及其乡镇和村（居）相应设置，虽然强调保持监察业务的独立性，但在事实上与基层党政机关依然存在各种各样的关系。比如，基层纪委监委要接受同级基层党委的领导，但基层纪委监委还要对同级党委进行业务上的监察。党章等法规法纪虽明确了基层纪委监委对同级党委拥有监督职责，但实际上难以落到实处。又如，县一级纪委监委对同级县政府及其工作人员拥有监督职责，但双方可能在同一场院进行办公，事实上形成一种同事关系，其工资待遇也主要依靠由县政府领导下的县财政承担。如此复杂的利益纠葛造成基层纪委监委对监督对象在人、财、物上存在依赖，导致难以保障其执纪执法的独立性。

（三）基层错综复杂的人际关系影响监督实效

在基层的熟人社会，错综复杂的裙带关系以及基层纪委监委办公地所在单位的人情、同事等社会关系，往往对基层纪委监委独立开展工作构成影响，甚至造成掣肘。目前，在国家各级纪委监委设立的情形下，尤其是到了县级纪委监委以及乡镇设置的监察办公室，虽在制度上规定独立办公并开展工作，但在事实上存在无法脱离被监察单位和被监察对象的情形，必然会制约其监察作用的发挥。各种复杂的单位人际关系以及地域性的亲缘、学缘等社会关系，难以在基层监督中充分保持业务上的独立性，甚至可能造成部分政治意识不强的基层专责监督人员容易陷入地方性的利益关系网络之中。

（四）部分监督机构的工作人员履职能力薄弱

基层纪委监委工作人员作为基层监督法律法规的执行者，有部分人员在解决具体基层违纪违法等问题时对法律法规的适用有时拿捏不准，并且在一些地方的一些部门还存在官僚主义或者一言堂的问题。同时，其业务能力水平无法与新时代纪检监察工作需求相适应、相匹配。此外，基层纪委监委部门也存在“灯下黑”现象，即基层纪委监委某些工作人员因理想信念滑坡、放松自身要求而被“围猎”或“攻陷”，没有很好地做到“打铁还需自身硬”，使部分基层纪委监委履职水平大打折扣。2021 年全国共谈话函询纪检监察干部 9562 人，采取组织措施 9685

人，处分 2985 人，移送检察机关 111 人。①

三　基层党委主体责任未完全落实到位

党的十八大以来，党和国家在基层监督体系建设中还进一步明确了基层党委的主体责任以及基层纪委的监督责任。在基层党内监督机制中，基层党委应当承担主体责任，基层纪委应在基层党委领导下承担监督责任。因而，基层纪委能够充分发挥好监督责任，在很大程度上与基层党委主体责任落实到位有关。基层党委能够充分落实主体责任，对基层纪委承担监督责任进行强有力的领导，直接影响到基层党内监督的实效以及基层监督的效能。基层党委是落实全面从严治党主体责任的关键主体，责任制是推进全面从严治党的“牛鼻子”，抓住了关键主体，扭住了“牛鼻子”，落实主体责任就找到了切入点和突破口。② 因为，基层党内监督在基层监督体系机制运行中发挥着重要作用，是基层监督机制建设的重要环节。在基层监督中，基层党委承担着主体责任，落实主体责任就是要不断加强对基层纪委做好基层监督工作进行领导，选好用好基层党员领导干部，尤其是基层纪委的领导干部，杜绝出现选人和用人上的不正之风，坚决杜绝任人唯亲和在基层人事问题上出现腐败。在基层党委的领导下，应充分发挥基层纪委的监督职责，坚决打击损害基层人民群众利益的行为，强化对基层国家权力运行的制约与监督，在基层政治生态的源头上以充分有效的监督预防机制杜绝腐败问题，对基层执纪执法机构，主要是基层纪委监委查处违纪违法问题给予有力有效的领导支持。

对于基层党委的主体责任，中国现行法规制度拥有明确规定。2020 年 2 月 26 日中共中央政治局常委会会议审议批准、2020 年 3 月 9 日中共中央办公厅发布的《党委（党组）落实全面从严治党主体责任规定》第四条明确规定，党委（党组）落实全面从严治党主体责任，应当遵循的四项原则。③ 然而，在实际工作中，基层党委主体责任落实并不完全

---

① 赵乐际：《运用党的百年奋斗历史经验　推动纪检监察工作高质量发展　迎接党的二十大胜利召开》，《人民日报》2022 年 2 月 25 日第 2 版。

② 孙显蔚：《基层党委落实全面从严治党主体责任的困境及对策研究》，《实事求是》2022 年第 2 期。

③ 《中办印发〈党委（党组）落实全面从严治党主体责任规定〉》，《人民日报》2020 年 3 月 14 日第 1 版。

到位，主要体现在对基层纪委监委的领导责任落实不到位。基层党委在对基层纪委监委的领导工作开展中，因基层纪委监委的成立而变得比较复杂。基层纪委监委的成立是党的十八大以来基层监督体制机制改革的重要成果，其优势与重要性不言而喻，其中一个非常显著的优势在于进一步增强了基层纪检监察工作的独立性。一方面，基层纪检监察机构要独立开展工作，就需要尽量避免与基层党委存在一定的业务隶属关系；另一方面，基层党委还要对其开展工作承担领导职责。实际上，这种基层党委在对基层纪委监委既要领导又不能干预其工作的标准很难把握，成为导致基层党委主体责任落实不到位的重要原因。

四　基层司法监督效能未充分发挥

司法监督是基层监督机制的重要环节，主要通过法律的强制力量和普法宣传工作，对基层腐败现象进行法律制裁和威慑，并依法规范基层权力的运行。但是，在基层监督机制中，司法监督的主体，主要是基层人民检察院和人民法院存在监督力量弱化的问题，导致基层人民检察院和基层人民法院发挥基层司法监督作用有限。监督机制乏力有多种原因，张陆庆认为，最基本的原因在于监督机制的实体价值未能有效地体现在司法过程中，有关监督的观念没有得到更新。[①] 具体来说，司法监督在基层监督中难以充分发挥应有作用的原因主要有以下两个方面。

一方面，基层人民法院、基层人民检察院从事业务工作的人员身份复杂，素质参差不齐。基层人民法院、基层人民检察院的业务工作人员身份比较复杂，有员额制的法官和检察官，是公务员身份；有未进入员额制度管理的原来的法官和检察官，是公务员身份；有助理法官、助理检察官，也是公务员身份；有从事辅助工作的文员，其中有的是事业编制人员、有的是聘任制人员；有聘任的书记员，即合同工。基于法院与检察院工作的特殊性，对其从事此工作的人员专业素质要求较高。但是由于人员编制数的限制，以及案件数量的逐年增加，两者之间的结构性矛盾日益凸显，导致基层人民检察院和基层人民法院人员数量和素质跟不上案件侦查和案件审判的新要求，不同程度地影响着其基层司法监督

① 张陆庆：《论我国司法监督机制的完善》，《山东社会科学》2013 年第 4 期。

效能的发挥。

另一方面，国家监察体制改革对检察监督性质定位、职能发挥的影响较大。起源于 2016 年的监察体制改革，从三个试点省份开始，自 2018 年《监察法》颁布以及同年党和国家机构改革全面推开，监察体制改革从中央一级逐渐延伸到基层。随着《监察法》的施行以及监察体制改革的不断推进，检察机关的职务犯罪侦查和预防职能转隶到监察机关，理论界、实务界开始对检察机关性质定位进行探讨，围绕着检察机关是否还是“国家的法律监督机关”展开讨论。最终以 2018 年《宪法修正案》的出台保留了先前的“国家的法律监督机关”这一定位而有了定论。监察体制改革对检察机关性质定位的影响重大而且意义深远，即使在宪法和检察机关组织法中均保留了“国家的法律监督机关”的定位，但其内在职能已经发生了极大变化，这些变化自然也必然传导到基层检察部门。一方面职务犯罪侦查权转隶让检察机关不再累于复杂的职务犯罪斗争，降低了检察机关的行政属性，同时提高了其法律监督属性；另一方面剥离职务犯罪侦查权也倒逼检察机关系统重新思考其主责主业，去找寻足以支撑起“法律监督机关”定位的新的权力支点。

五　基层媒体监督活力不强

新闻媒体作为社会舆论的喉舌，在基层监督机制的运行中是非常重要的一个环节。新闻媒体有效发挥作用，基层政府对新闻媒体会存在畏惧心理，并在无形中形成对基层政府权力运行的一种制约。目前，新闻媒体在基层监督中发挥的作用较小，尤其是一些地方政府给新闻媒体采访设置层层障碍，掌握了是否接受采访和采访报道内容的主动权，是新闻媒体难以在基层监督中充分发挥作用面临的突出问题。另外，新闻媒体的地域限制、从业人员职业道德缺失等，也是新闻媒体在基层监督中发挥作用面临的难题。造成如上问题的原因是多方面的，其主要原因有以下几个方面。

首先，新闻媒体管理思想滞后，形成了报喜不报忧的媒体思维。中国的新闻媒体，无论是公办媒体还是私营媒体，都要接受党和国家的领导和管理。在基层监督中发挥主要作用的地方基层媒体，要接受同级政府相关部门的管理。基层政府为了地方形象，往往在给基层媒体制定报道任务时更偏向于报道那些正面的消息，而一般不会选择对地方发生的负面消息进行报道。久而久之，新闻媒体也就失去了直面社会负面现象的责任担当，更不会在基层政府允许的范围之外对地方上出现的基层政府权力运行失范的现象进行报道。报喜不报忧的媒体思维，在一些基层媒体中可谓根深蒂固，导致其丧失了在基层监督中独立发挥作用的自主性。基层媒体出现此种现象，与一些基层政府对基层媒体的功能定位和管理思想密不可分，而基层政府报喜不报忧的舆论喜好，则是造成基层媒体丧失媒体监督活力的重要因素。

其次，基层媒体管理机制的过度束缚，导致基层媒体基层监督活力不强。目前，基层媒体在对基层政府和基层事项进行采访报道时面临的突出问题是一些基层政府人为设置的种种障碍。实际上，让新闻媒体在基层监督中充分发挥监督作用，是党和国家在推进基层监督机制建设时高度重视的一个环节，党和国家制定媒体管理机制对新闻媒体进行管理是为了让新闻媒体更好地发挥舆论监督作用。但是，国家制定的新闻管理政策到了一些地方政府便成了束缚基层媒体进行采访报道的“紧箍咒”，一些地方政府在对基层媒体进行管理时严重束缚了其对基层事务进行采访报道的自主权，对其设置采访任务，明确规定采访事项、内容，甚至为基层媒体提供拟写好的报道稿。基层政府对基层媒体进行管理无可厚非，也是党和国家宣传政策的重要内容，但基层政府故意曲解国家的媒体管理政策，严重束缚基层媒体的舆论活力，则是造成基层媒体难以充分发挥基层监督作用的重要原因。基层政府媒体管理机制的过度束缚，对基层媒体管得过宽过严，让基层媒体逐步丧失了基层监督的主动权和积极性，导致其基层监督活力不强。

最后，基层媒体经济上不独立，与基层政府地位不对等。中国基层媒体主要分为公办媒体和私营媒体两类，在基层监督中公办媒体应当发挥主导作用，私营媒体多属于企业经营性质，其新闻报道的领域一般都有相应的规定，且在县级以下基层，成规模且有影响力的私营媒体一般很少。因而，在县级以下基层，以党报和县级电视台为主的公办媒体，是新闻媒体的绝对主体力量。常凌翀提出，县级融媒体是基层传播的网络新单元和基层社会治理的智慧新平台，肩负着巩固基层思想文化阵地和创新基层社会治理模式的重要使命。[①] 同时，也是基层媒体监督的主要力量。公办媒体在业务上要接受基层政府的领导和管理，并且在经济上也不具备独立性，需要接受基层财政的供养。目前，随着基层媒体经营体制改革的深入，一些县级媒体虽然随着广告业务的拓展经营收入有所增加，但能够完全自负盈亏的基层媒体毕竟是少数。另外，在自媒体冲击下，党报和基层电视台还面临新兴媒体的冲击，其广告营销收入也面临减少的趋势。在此背景下，地方政府财政供养基层媒体的状况依然存在，基层媒体经济上难以自立，需要接受基层政府的供养，必然在面临基层政府时没有底气，与基层政府在地位上不对等。一般而言，基层政府在面对基层媒体时处在强势地位，既要对其进行领导管理，也在很大程度上制约其经济收入。基层媒体经济上不独立，与基层政府地位不对等，必然难以有效发挥对基层政府的监督作用。

六　村（居）务监督委员会缺乏相应管理运行机制

党的十八大以来，在前期不断完善村（居）务监督委员会的基础上，进一步在政策和法律层面对该制度进行完善，并于全国村居社区设置村（居）务监督委员会，是中国基层监督中不断健全基层专职监督的重要成就。村（居）务监督委员会尤其是村务监督委员会的设置，改变了农村基层长期缺乏专职监督机制的弊端，实现了专职监督在农村基层的全覆盖。目前，在制度设计上，中国关于村务监督委员会职能、人选和运行的相关制度规范已经建立，尤其是对于村务监督委员会的具体职能和运行方式等还在法律规范上进行了明确的确认与规定，但整体来看制度设计仍不健全，需要在实践中针对存在的问题进行优化完善。目前，村务监督委员会在基层监督中发挥的作用依然存在诸多问题，李韬、吴思红认为，其中问题之一是村务监督委员会虚置化和功能弱化，[②] 既表明村务监督委员会制度设计上具有优化完善的必要，也说明村务监

① 常凌翀：《县级融媒体提升基层社会治理效能的逻辑理路与实践向度》，《新闻爱好者》2022 年第 4 期。

② 李韬、吴思红：《村务监督委员会的实践困境和功能改进——派系、理性和庇护因素的分析视角》，《湖北行政学院学报》2016 年第 5 期。

督委员会的监督意愿不强，因此导致部分村务监督委员会职能发挥有限，甚至流于形式。

目前，中国农村普遍建立了村务监督委员会，但其存在更多体现在村务制度层面。上级来检查，便可以拿出一堆关于村务监督委员会人员构成、工作开展和职能发挥的文件文档，但在事实上村务监督委员会既无固定办公场所，也没有相应的办公条件与设备，除了出现在纸面上的村务监督委员会成员，该机构平时并不开展实际工作。另外，一些村务监督委员会虽然在形式上做得很完善，平时也按照相应制度规定开展工作，诸如进行村务监督委员会成员的选任等，但在本职工作中，却并未充分发挥其对村民委员会的监督作用，村务监督委员会成员以“村干部”自居，与村党支部和村委会混为一谈，既无明确的职能分工意识，也在实际工作开展中搅和在一起。这也是部分村务监督委员会工作开展仅限于形式的重要体现。之所以出现此种局面，与中国在村务监督委员会的制度设计上缺乏相应的管理机制有关，导致村务监督委员会虽然得以建立，但相应的管理运行机制缺乏，导致村务监督委员会的实际运行缺乏相应的标准和监督管理者。

村务监督委员会之所以在工作开展中仅限于形式，除制度设计上的原因，还与其监督意愿有极大关系。村务监督委员会成员与被监督对象之间存在密切的乡土裙带关系，导致其主观监督意愿不强。村务监督委员会的主要职能在于监督村民委员会的运行，但乡村环境下密切的亲缘、地缘和学缘等关系纠缠不清，这些因素对村务监督委员会在本村发挥基层监督的实际作用造成了极大限制，从主观上不愿意监督，必然难以发挥实际作用。

七　农村基层群众法治意识普遍薄弱

基层监督法治化是党的十八大以来党和国家基层监督发展的基本趋势。基层监督法治化不仅在于党和国家不断健全与基层监督相关的法律体系，还在于基层群众充分参与基层监督的法治化进程，普遍提高法治意识，依法充分发挥基层群众监督在基层监督机制中的作用。目前，中国农村基层监督中尚未形成浓厚的法治氛围，主要原因便与农村基层群众法治意识普遍薄弱密切相关。造成基层群众法治意识薄弱的原因主要体现在以下三个方面。

（一）农村基层群众文化素质参差不齐

基层人民群众文化素质相对较低，是中国城乡二元社会下的一个客观现象。在农村基层，初中文化程度的农民占到绝大多数，而拥有高中及以上文化程度的农民可谓凤毛麟角。文化水平较低，使得农民接受法律知识和培育法治意识的能力较低，难度较大。基层人民群众中除平时对国家事务有较强了解欲望的极少数人，一般忙于家庭生计，大多不会对与基层监督相关的法律法规进行了解，从主观上来说监督意愿不是很强。

（二）农村基层普法机制不健全

目前，中国农村基层尚未建立起严格的普法机制，一些基层普法工作虽在常态化开展，但难以对每一个村庄形成长期固定的普法宣传，造成农村往往成为普法强度远远不足的地区，甚至成为普法工作的盲区。即便偶尔有普法工作队到来，农民因外出打工或忙于农业生产等，参与普法宣传的积极性也不高，导致一些针对农村地区的普法宣传多流于形式，难出实效。

（三）农村基层传统乡土思维的禁闭

在农村地区，一旦出现邻里纠纷或其他民事纠葛，基层群众往往选择通过农村传统的家族关系或者村干部解决问题，而一般不会选择通过法律解决问题。在实地调研过程中，有村民曾这样说，“法律不如二大爷管用”。这句话充分体现了在农村中宗族关系对村民事务调解的重要作用。同时，这是基层的农民群众法治意识薄弱的重要体现，也是导致其法治意识淡薄的重要因素。

第五章

基层监督法治化的建构路径

权力是把双刃剑，若不加约束，便可能沦为谋取私利的私权。为保障权力行使的公开性和公正性，规范国家权力运行体系，对权力进行监督，以制约权力运行的私权属性，是现代国家权力结构遵循的基本政治原则。基层公权力也来自国家权力，是国家权力在基层政治运行中的权力体现。因而，为保证基层公权力的规范运行，防范基层公权力沦为基层权力行使者为自己谋取私利的工具，确保基层公权力运行的公开性和公正性，对基层公权力进行监督也是监督体系机制建设的必然要求。显然，基层监督是实现对基层公权力监管和约束的基本途径。党的十八大以来，党和国家在基层监督体系与机制建设中采取了系列举措，取得了显著成效。尤其是在全面从严治党和将反腐败斗争全面推向基层的过程中，党和国家基层监督体系不断完善，基层监督机制建设也取得了诸多成效，基本形成了覆盖基层的监督体系，基层组织监督、基层司法监督、基层群众监督、基层舆论监督和基层专职监督机制建设在各自取得相应成就的同时，日益在基层监督中发挥更好的监督机制合力，基层党委在基层监督中的主体责任意识和领导能力进一步增强，基层纪委监委的监督职责专职业务能力也得到显著增强。

实践表明，进一步加强基层监督建设，要坚持法治化道路。马雪松、冯源认为要以法治方式实现监督模式的效能化变革，[①] 法治化是基层监督的必然路径。习近平总书记不止一次强调，要坚持依法依规治党，将权力置于制度的牢笼之下。在此背景下，党和国家基层监督的法

① 马雪松、冯源：《纪检监察“四项监督”统筹衔接：制度体系、监督能力与治理效能》，《中共福建省委党校学报》2022 年第 4 期。

治化趋势得以明确，并在基层监督法治化建设上取得了一系列成效，但也面临覆盖基层的党内法规体系和监察法律体系有待完善、基层监督法治化成本高难度大、基层纪委监委监督作用发挥不够、基层司法监督力量薄弱、基层媒体监督效果不理想、部分村（居）务监督委员会职能虚化弱化、基层尚未形成浓厚的法治氛围等一系列问题。针对党和国家基层监督法治化发展中面临的问题及其原因，应进一步坚定基层监督建设的法治化思路，着力从基层监督法治化立法、执法、司法、守法、法治文化建设方面入手，不断健全监察配套法律体系与做好“纪法结合”，完善基层组织的自我监督，建立健全提升基层司法监督质效的制度设计，增强基层媒体监督的活力，加强专职监督机构的作用发挥，畅通群众依法监督的渠道，构建基层法治监督文化网络和推动基层监督数字化，探索符合中国国情的基层监督法治化建构路径。

第一节　健全监察配套法律体系与做好“纪法结合”

党的十八大以来，党和国家推进基层监督法治化，就是要将基层监督的一切事项纳入法治轨道，依法明确基层监督主体及其职责，依法对基层监督对象进行监督约束，依法对基层监督对象违反基层监督相关法律法规的行为，诸如贪污腐败等造成基层权力不规范运行的行为进行惩治，实现将基层权力置于制度牢笼的目的，实现基层监督与依法依规治党的结合，将法治建设作为基层监督建设的主要内容和发展趋势。党的十八大以来，党和国家在基层监督法治化中取得了诸多成就，尤其是颁行实施了《中华人民共和国监察法》，为深入推进基层监督体系机制变革奠定了重要法律基础，并在该法指导下实现了基层监督体制的重要变革。2021 年 9 月 20 日，国家监察委员会公布了《中华人民共和国监察法实施条例》。[1] 在《监察法》颁行实施的背景下，随着基层各级监察

① 李晓明：《监察法规抑或监察解释——〈监察法实施条例〉的位阶与定性》，《甘肃社会科学》2022 年第 5 期。

委的设立，尤其是县级监察委的设立及其在乡镇派驻监察办公室等系列举措，使基层监督体系得到进一步完善，基层监督力量得到进一步加强，也为基层反腐败斗争的持续推进提供了必要的法律保障和机制保障。但是，《监察法》是一部面向全国范围的法律，虽必然覆盖基层，却并未针对基层，且随着国家监察资源越到基层越薄弱，故《监察法》对村（居）基层的影响相对有限。比如，《监察法》规定可于县级及以上国家机关设立监察委，而仅在乡镇一级设置县级监察委的派驻机构，对于村（居）基层，除较大规模的村可临时派驻监察专员，并不投入国家监察资源，也无依据《监察法》设置的固定机构和机制。因而，《监察法》要在基层监督及其法治化发展中发挥实际作用，仍然需要进一步完善，同时还要解决好与刑法等法律的“法法衔接”问题，并做好与党内法规的“纪法结合”，以切实提高监察法律法规在基层监督中的执行力。

一　加快《监察法》相关配套法律制定

党的十八大以来中国基层监督法治化的最显著成果，便是《监察法》的颁行实施。2018 年 3 月 20 日，十三届全国人大一次会议审议通过了《监察法》，该法共分九个部分，分别是总则、监察机关及其职责、监察范围和管辖、监察权限、监察程序、反腐败国际合作、对监察机关和监察人员的监督、法律责任和附则。《监察法》虽是一部国家级的监察法律，其监督对象也包括基层公权力行使者，因为该法在第一章总则的第一条中便明确了其监督对象为“所有行使公权力的公职人员”，且在第三章“监察范围和管辖”第十五条中明确了《监察法》的六类监督对象。各级监察委员会的监察对象不是国家机关和社会组织，而是所有国家“公职人员”。[①] 显然，从《监察法》的立法目的、监督主体、监督对象和监督范围的规定看，这是一部覆盖基层监督的国家监察法律。因而，《监察法》的颁行实施，是党的十八大以来党和国家基层监督法治化的重要成就，为加强基层监督及其法治化提供了重要的法律支持。

然而，《监察法》颁行前后，学界围绕《监察法》的讨论业已展开，

① 陈瑞华：《论国家监察权的性质》，《比较法研究》2019 年第 1 期。

也暴露出该法需要进一步完善的一些问题，主要是需要加快相关配套法律的制定。比如，孙笑侠和冯建鹏认为，《监察法》塑造的监督模式，依然是对中国传统监督方式的继承和发展，如果不能很好地做到以分权制约和正当程序作为基本原则，则仍然属于中国传统监督模式的范畴，也即体现着人治的特点。[①] 目前，《监察法》虽在立法用意上体现出分权制约的基本目标，但该法要切实做到分权制约，仅仅依靠一部《监察法》是远远不够的。另外，《监察法》要真正做到分权制约，对国家公权力运行形成有效监督约束，还要坚持程序公正原则，并将之体现在必要的程序性法律或法律程序上，该法虽在第五章“监察程序”中对其适用程序进行了规定，但相比做到坚持分权制约原则的客观要求，在程序性立法建设上依然需要进行大力完善。

《监察法》的颁行实施，是党和国家监督体制改革的重要成果，也是进一步推动监察体制改革走向深入的重要依托。《监察法》要在包括基层监督在内的监督工作中发挥实效，就要坚持分权制约原则和程序公正原则，而要做到坚持分权制约和程序公正，就需要不断完善《监察法》的相关配套法律建设。从中国现行法律体系来看，《监察法》也属于一种新类型的法律，其地位在《宪法》之下，普通法之上，属于与刑法、民法等地位等同的基本法，而在刑法、民法、刑事诉讼法、民事诉讼法、行政法和行政诉讼法等几种类型的基本法中，每一种类型的法律都非独立存在，比如刑法是基本法，在刑法基本法之下的普通法中还拥有大量的与刑法相关的普通法配套实现刑法的立法用意。《监察法》在法律地位上属于基本法，作为一种基本法便需要相应的程序性立法以及具体的普通法进行配套完善。只有这样，《监察法》规定的监察目的及其要在法律上践行的监督理念，也即坚持做到分权制约的原则，才能得以实现。《监察法》为党和国家加强监督工作，推进反腐败斗争，整肃党风党纪，以及做好基层监督工作，提供了法律依据，凸显出党和国家推进包括基层监督在内的监督法治化的努力，但充分发挥《监察法》在包括基层监督在内的监督工作中的预期效能，还要坚持推进完善与之配

① 孙笑侠、冯建鹏：《监督，能否与法治兼容——从法治立场来反思监督制度》，《中国法学》2005 年第 4 期。

套的法律体系建设。

具体来说，在《监察法》配套法律建设中，中国应进一步做好两个方面的工作。

一方面，从横向法律关系上看，民法、刑法和行政法作为实体法的基本法，都存在相应配套的程序法的基本法，如刑法对应刑事诉讼法，民法对应民事诉讼法，行政法对应行政诉讼法，而《监察法》作为一种基本法，若没有与之相对应的程序法的基本法，将严重制约其在司法层面的实现，也会造成其法治监督效果受到制约。因而，中国应尽快制定与《监察法》配套的监察诉讼法，为作为实体法的基本法的《监察法》的司法实现奠定程序性法律基础。

另一方面，从纵向法律关系上看，《监察法》作为实体法的基本法，要贯彻落实分权制约和程序公正的原则，还需要尽快制定完善与之配套的下位阶的相关普通法。在《监察法》下属的相关普通法制定完善中，中国应针对监督主体、监督对象和监督内容的不同，区分出不同的监督普通法。比如，针对基层监督法治化，可以制定一部专门针对基层的监督普通法，再如针对反腐败工作，也可以制定一部从属于《监察法》基本法体系的专门的普通法，又如针对党风党纪的监督监察，也可以制定一部专门进行党风党纪监察的普通法。《监察法》作为基本法，其配套普通法体系的法律建设，既要充分考虑其下属普通法与《监察法》基本法之间的上下衔接关系，也要充分考虑不同的基本法之间的横向法律关系，做到内容上不存在重复和冲突，形成充分实现分权制约和程序公正原则的《监察法》法律体系。

二　做好与《刑法》等的“法法衔接”

《监察法》作为一种新型法律，要在包括基层监督在内的监督工作中发挥实际作用，提供有效的法律支持，还必须解决好该法存在的法律理论上的合理性问题。依法加强党和国家的监督工作，推进包括基层监督在内的监督工作法治化，既是加强监督工作和强化基层监督的必然需要，也是法治中国、法治政府和法治社会建设的必然要求。《监察法》颁行实施后，确实极大推进了中国的监察体制改革，并以一种新型基本法的形式明确了监督监察工作的法律地位及其权威性。然而，作为一种新型法律，其颁行实施后并非独立存在，而是需要与纵向和横向的其他诸法解决好“法法衔接”的问题。在上文论述中，本书已经明确，《监察法》作为与刑法、民法、刑事诉讼法、民事诉讼法、行政法和行政诉讼法等基本法地位平级的基本法，在纵向法律关系上，依然缺乏相应的配套法律，故《监察法》依然未形成属于自身的法律系统，需要进一步加强配套法律的建设工作。在此需要特别强调的是，《监察法》在横向法律关系上，还需要做好与其他基本法的“法法衔接”工作，既不能与之存在冲突，更不能与之存在内容重复，否则作为一套完整法律体系的科学性和严肃性将受到约束。《监察法》对国家公职人员的监督监管及其对职务犯罪的打击，与《刑法》对职务犯罪等相关罪名的规定，需要进行“法法衔接”的配合。陈伟认为，监察法合理贯彻“需要正视关联性法律的衔接协调问题”①。也就是说，《刑法》虽并非专门打击国家公职人员犯罪的基本法，但在内容上也涉及对国家公职人员犯罪的相关规定，诸如贪污罪、受贿罪等在《刑法》中具有相关规定，为《监察法》在实施运用中依法打击国家公职人员犯罪，提供了必要的法律依据。

《刑法》对职务犯罪拥有明确规定。所谓职务犯罪是指国家公职人员以职务之便进行的贪污、受贿、玩忽职守、徇私舞弊、侵犯公民权利或破坏国家对公务活动的管理职能，同时依据《刑法》相应规定要受相应罪名的刑事处罚的犯罪行为。目前，《刑法》对于国家公职人员职务犯罪的罪名主要分为两类：一是贪污贿赂犯罪；二是渎职犯罪。《刑法》对国家公职人员犯罪的规定以及具体的犯罪刑名，都为《监察法》在对国家公职人员进行监督审查时确定是否将之移交司法机关，提供了基本的法律依据。因而，《监察法》要有效发挥对国家公职人员犯罪的审查监督作用，必须做好与《刑法》的“法法衔接”。

在国家监察体制改革的时代背景下，李阳阳认为，《刑法》能否有效地规制妨害监察的行为，直接关系到监察机关的监察权能否正常行使，职务犯罪能否得到及时、公正的追究，以及腐败治理工作能否深入推进。②《刑法》对国家公职人员违法犯罪的相关规定，为《监察法》

---

① 陈伟：《监察法与刑法的衔接协调与规范运行》，《中外法学》2019 年第 2 期。

② 李阳阳：《妨害监察行为刑法规制的困境及其疏解——基于〈监察法〉与〈刑法〉衔接的视角》，《学术交流》2020 年第 10 期。

的实施提供了必要的法律依据。《监察法》对《刑法》的配合需要，集中体现在第四章“监察权限”中第十九条、第二十条、第二十二条、第二十三条及第二十四条规定。以上诸条都属于《监察法》规定的监察主体对监察对象（也即国家公职人员）进行依法监督审查的基本权限，从中可以看到，对国家公职人员职务违法犯罪的监督审查，属于《监察法》的基本“监督权限”，而在司法程序上可以明确的是，国家各级监察委等监察机关依据《监察法》对国家公职人员的职务违法活动进行监督审查，主要在于对其违法行为进行侦查、审讯和审查，而并无审判权限，审判权限则需要依据《刑法》进行定罪量刑。除《刑法》，严格来说，《刑事诉讼法》作为《刑法》实体法的程序法，在此也应当与《监察法》对国家公职人员职务违法犯罪的监督审查形成“法法衔接”的配合关系。综上，《监察法》要在打击国家公职人员职务违法和犯罪中发挥切实作用，应当做好与《刑法》以及《刑事诉讼法》的“法法衔接”工作。在此过程中，要进一步明确《监察法》与《刑法》《刑事诉讼法》的法定权限及其协同配合关系，并在法律体系中厘清其相互之间的法律关系，确保其不存在权限上的冲突和内容上的重复，以此保证法律体系的严肃性、科学性和权威性，为党和国家加强包括基层监督在内的整个监督工作提供科学有效的法律支持。

三　做好与党内法规的“纪法结合”

党的十八大以来，党和国家不断推进基层监督法治化的另一个重要体现，就是不断健全党内法规体系。在此过程中，由中央层面出台的党内法规数量庞大，涉及党内监督的方方面面，其中既有覆盖全党的法规，也有专门针对某一类党员干部的党内法规，还有专门针对基层党员干部的一些党内法规。党内法规是党内监督的主要依据，包括党章、党规和党纪等，其形式多样，内容丰富，覆盖了党内监督的几乎所有方面，并将每一位党员在党内的政治生活纳入党内监督的法规体系之下。党内法规是党和国家推进包括基层监督在内的监督工作法治化的重要体现，也是党的十八大以来不断健全基层监督体制机制的重要成就。作为党的十八大以来党和国家监察体制改革主要成就的《监察法》，除需要做好与《刑法》的“法法衔接”，还需要做好与党内法规的“纪法结合”。

习近平总书记指出，全面从严治党要坚持思想建党和制度治党紧密结合，“全方位扎紧制度笼子，更多用制度治党、管权、治吏”①。党内法规作为党和国家对广大党员干部进行监督并推进监督工作法治化的灵魂，强化党内法规，是新时代全面从严治党和推进反腐败伟大斗争深入发展的必然需要。《监察法》和党内法规都属于党和国家监督工作的重要依据，在党和国家的监察实践中，做好《监察法》与党章等党内法规的衔接互动，实现《监察法》与党内法规的“纪法结合”，是进一步加强基层监督并推进基层监督法治化健康发展的必然需要。

《监察法》和党内法规看似存在显著区别，但在我党长期执政的社会主义国家，两者在内容、权限和职能上存在必要的协同合作关系。《监察法》作为法律，属于国家，是国家的监察法律；而党内法规则属于党，属于党自己制定的规范党员行为的内部规矩体系。从监督机制的类型看，《监察法》属于法律监督，而党内法规则属于党内监督，也即组织监督，是我党为保持自身组织的高效运转和维持党的执政能力与水平以及保持党的纯洁性和先进性，而制定的规范党员行为的法规规矩体系。但是，在中国，中国共产党是长期执政党，这决定了《监察法》作为国家的监察法律与党加强自身建设的党内法规，并不存在矛盾，而是应当统一于社会主义国家的政治监督生活中。从现实来看，《监察法》的监督主体是中央以及地方各级监察委，中央以及地方各级监察委的设置，既体现了各级党委领导监督工作的主体责任，也体现了各级监察委的监督责任，因而在本质上体现了党对监察工作的全面领导。另外，《监察法》的监督对象，是各级各类国家公职人员。在中国，各级各类国家公职人员中绝大多数属于共产党员，因而《监察法》的监察对象虽不完全是共产党员，但共产党员作为中国各级各类国家机关的主要力量，在事实上是《监察法》监督的主要对象。

《监察法》监督主体和监督对象的这些特点，决定了其与作为党内监督依据的党内法规应当存在内容、职能和权限上的协同配合关系。党内法规也是国家各级监察委依据《监察法》对监察对象（也即国家各类

① 《习近平关于全面从严治党论述摘编》，中央文献出版社2021年版，第440页。

公职人员）进行监督审查的重要法规依据。树立执纪与执法贯通的理念是实现纪法结合、纪法贯通的基本要求。各级纪检监察干部在工作中要形成执纪和执法相贯通的意识，既要审查违纪问题，同时还要调查违法犯罪事实；既要考虑党纪党规的因素，又要兼顾相关法律的内容；既要用纪言纪语，又要用法言法语，把《监察法》和《刑法》衔接起来，提升纪检监察工作质量。各级纪检监察干部要始终绷紧法治之弦，牢固树立法治意识，提高自身政治站位，学深悟透《监察法》，充分理解和运用党纪党规和刑法的转换衔接，既要区分好纪和法，树立“纪在法前”的意识和观念，又要秉持法治精神，坚持纪法结合、纪法贯通，同时实现监察法与刑法、监察程序与刑事诉讼程序的紧密衔接。

四　切实提高法律法规执行力

党的十八大以来，党和国家推进基层监督法治化，颁行实施《中华人民共和国监察法》以及陆续颁布实施大量的党内法规制度，初步构建了覆盖基层的监督法律法规体系。依法加强基层监督，既要积极立法，不断健全基层监督的法律法规体系，还要严格执法，切实发挥既有基层监督法律法规体系的执法效果。朱程斌、李龙在其文章中提出法律的生命在于执行，不能强制执行的法律毋宁是死法，与其他社会规范无异。[①]切实提高法律法规的执行力，才能充分发挥基层监督法治化的基层监督效果，依法规范基层权力运行，依法预防和打击基层腐败行为的发生。切实提高法律法规执行力，充分发挥法律法规在基层监督及其法治化建设中的作用，应当做好如下三项工作。

（一）健全监督法律法规的公开机制

以必要的法律公开机制，让全社会（尤其是基层人民群众）充分了解党和国家为加强基层监督进行的法律法规建设情况，是切实提高法律法规执行力的重要保障。基层监督法律法规的切实执行，需要人民群众的监督，基层人民群众知法、懂法，才能对基层监督法律法规的执行进行有效监督，才能对基层监督的执法执纪机构充分运用基层监督法律法

① 朱程斌、李龙：《新时代的国家监察委：通过党内法规的政治机关法治化路径初探》，《广西社会科学》2018 年第 3 期。

规规范基层权力运行和对基层国家公职人员进行监督约束，进行司法监督，并形成基层人民群众监督的外在压力，确保基层监督的执法执纪机构做到有法必依、执法必严。

（二）健全基层监督法律法规执行机制

健全的法律法规执行机制是提高基层监督法律法规执行力的必要条件。任何一种法律颁行实施后，还需要配套的程序性法律规定作为配合，需要将作为实体法的法律与健全顺畅的法律机制程序进行对接，才能充分发挥法律法规的执法作用。党的十八大以来，党和国家在推进基层监督法治化的过程中，形成了大量的相关法律法规，如《监察法》和相关党内法规等。《监察法》作为一部国家级的监察法律，既是一部实体法，也是一部程序法，因为该法不仅规定了对国家公职人员职务犯罪的监察权限，还对如何在监察权限范围内对其进行处置做出了相关规定。提高《监察法》的执行力，还需要健全该法的执行机制，进一步加强该法与《刑法》和《刑事诉讼法》等法律的“法法衔接”。另外，对于党的十八大以来颁行实施的大量的党内法规，也要进一步明确其执行主体，压实各级党委领导基层监督的主体责任和各级纪委具体开展基层监督工作的监督职责，并将基层党委和基层各级纪委作为党内法规在基层执行的主体力量，在优化机制的同时，还要加强人员、资金和设施等物质力量的支持，切实提高基层监督法律法规的执行力。

（三）健全基层监督法律法规执行的监督机制

只有健全法律法规执行的监督机制，才能更好地发挥基层监督各方主体的监督作用。法律的实施，离不开监督。法治化是基层监督强化的必然趋势，而基层监督的法治化同样需要监督。对于基层监督中的法律法规执行情况，中国应在不断健全基层监督法律法规体系的同时，健全基层监督法律法规执行的监督机制。在基层监督法律法规执行的监督机制建设中，基层组织监督、基层司法监督、基层群众监督、基层舆论监督和基层专职监督，都要发挥相应作用。基层党委要发挥主体责任，基层纪委要发挥监督责任，在基层党委领导和基层纪委监督之下，基层组织监督、基层司法监督、基层群众监督、基层舆论监督和基层专职监督，应在基层监督机制建设中形成对基层监督法律法规执行进行监督的合力。在此过程中，要建立基层监督法律法规执行情况的反馈机制，既要在基层监督法律法规的执行效果反馈中听到基层人民群众的声音，也要听到基层党员干部的声音，还要听到基层纪检监察工作人员的声音，以积极发挥基层监督中各方主体对于基层监督法律法规执行的监督作用。

第二节　完善基层组织的自我监督

基层监督在很大程度上依赖于在基层实现党的自我监督。党的十八大以来，在全面从严治党和将反腐败深入推向基层的过程中，基层党内监督，也即基层组织的自我监督，受到党和国家的特别重视。党和国家在推进基层监督法治化过程中，着力健全基层监督机制，重视加强基层党组织的自我监督，健全基层党组织的自我监督机制，制定实施了一系列覆盖基层党组织的法规制度体系，积极完善基层党组织生活的民主集中制，严肃基层党组织的政治生活，重视以作风建设加强基层党组织的政治思想教育和政治意识培育，都在一定程度上起到了完善基层党组织自我监督的作用。基层党组织是中国各级各类党组织的主体，在规模和数量上都占到了各级党组织的绝大多数，决定了完善基层党组织自我监督是一个系统工程，尤其是在推进基层监督法治化的过程中完善基层党组织的自我监督，依然面临一些问题。在这些问题中，进一步完善基层党组织的自我监督，尤其是需要压实基层党委的主体责任和增强基层纪委的专责监督。

一　压实基层党委主体责任

基层党委在基层监督法治化中肩负主体责任，是党的十八届三中全会做出的明确要求。党的十八届三中全会提出基层党委承担主体责任，主要是针对落实党风廉政建设责任制。党风廉政建设也是基层监督法治化的题中之义，因而在基层监督法治化中同样需要坚持落实基层党委的主体责任。全面从严治党是各级党组织的职责所在。① 实践证明，如果没有同级党委的支持，纪委根本无法顺利开展党风廉政建设，各级党委要切实肩负起管党治党的主体责任。党的十八大以来，在党和国家推进

① 王希鹏：《纪检监察学基础》，中国方正出版社 2021 年版，第 268 页。

基层监督法治化进程中，基层党委肩负的主体责任得到明确，基层党委也逐渐增强主体责任意识，并在基层监督及其法治化建设中勇于担当，主动作为，积极落实主体责任。孙显蔚提出，一些基层党委因担当意识不够强，边界认识存在一定偏差，有的不重“潜绩”重“显绩”，考评机制不够健全，等等，导致基层党委在领导基层监督及其法治化建设中落实主体责任时出现问题。[①] 加强基层监督及其法治化建设，必须坚持党对基层监督的领导，必须坚持落实基层党委的主体责任，压实基层党委的主体责任。压实基层党委领导基层监督及其法治化建设的主体责任，既是完善基层党的自我监督的必然要求，也是健全党和国家基层监督机制和更好发挥基层监督机制合力的必然要求。

针对基层党委在落实主体责任中存在的问题，在完善基层党的自我监督和推进基层监督及其法治化建设中，压实基层党委的主体责任，应着力做好如下三项工作。

（一）明确基层党委基层监督及其法治化建设的主体领导责任

增强主体责任感能从主观意愿上极大地推进主体责任的落实。基层党委要充分利用中心组和干部集中学习的时机，积极学习贯彻落实基层党委主体责任的相关文件指示。基层党委还要围绕落实基层监督的主体责任召开专题会议，充分发挥民主集中制作用，让基层党委成员针对落实基层党委在基层监督工作中的主体责任发表意见，说出个人见解，并依据党中央精神统一工作思路。通过学习和讨论，基层党委要明确基层监督中的主体职责，不断强化落实主体责任的意识。

（二）制定基层党委主体责任的落实制度并细化责任

切实加强基层党委主体责任的落实就要从制度建设和制度执行抓起，进一步完善配套制度、健全责任体系、明确责任边界、统一责任追究尺度。基层党委在基层监督及其法治化建设中承担主体责任，但一些基层党委在落实中缺乏明确的落实意识，主要是因为基层纪委监委承担监督职责并与基层党委保持相对独立的机制对基层党委落实主体责任造成一定影响。实际上，基层党委在基层监督工作中肩负主体责任，是党

① 孙显蔚：《基层党委落实全面从严治党主体责任的困境及对策研究》，《实事求是》2022 年第 2 期。

和国家赋予的职责。基层党委作为基层监督工作的领导主体，不容置疑，更不容推卸职责。基层党委应明确主体责任，制定落实主体责任的工作计划和制度，并在基层党委内部形成明确的基层监督主体责任落实分工，并就实施主体领导职责制定具体的落实细则，切实保障党对基层监督及其法治化建设的全面领导。

（三）强化基层党委领导成员的政治责任

基层党委在基层监督法治化建设中承担的主体责任，关键在于基层党委领导成员，尤其是基层党委书记作为“一把手”要强化政治责任，将领导基层监督工作和推进基层监督法治化作为重要的政治责任，并严格担当自身应当肩负的职责。基层党委书记作为主体责任落实的主要责任人，要明确自我职责，制定自己落实主体责任的相关制度，并严格遵守。同时为基层党委其他领导干部明确责任，制定落实和监督的担责制度，还要制定和施行主体责任贯彻落实的督责和问责机制，既要积极对基层党委其他领导成员进行督责和问责，也要让基层党委对基层党委书记落实主体责任的情况进行督责和问责。

二 增强基层纪委专责监督

在基层监督及其法治化建设中，基层党委要承担主体责任，基层纪委要承担监督责任。基层纪委履行监督责任，也是完善基层党的自我监督的必然需要和实现方式。基层纪委在同级党委和上级纪委的领导下落实监督责任，进行专责监督，是完善基层党的自我监督的基本方式。党的十八大以来，在健全基层监督机制、推进基层监督法治化和完善基层组织的自我监督过程中，党和国家在基层监督体系机制建设中高度重视发挥基层纪委的专责监督，并为之采取了系列措施，比如在县级及以下基层完善纪委及其派驻机构的基层设置、推动实施一系列基层专责监督的党内法规制度建设和增强基层纪委进行专责监督的独立性等。章雪萍提到一些基层纪委专责监督存在监督意识较为淡薄、纪检手段落后、监督力量薄弱等问题。[①] 完善基层组织的自我监督，需要在压实基层党委

① 章雪萍：《基层纪委落实监督责任面临的难点及对策探讨》，《企业改革与管理》2020年第3期。

主体责任的基础上，增强基层纪委的专责监督，并着力做到以下几点。

（一）增强基层纪委专责监督独立性

基层纪委肩负监督职责，应当在基层监督开展中进行专责监督。但是，基层纪委的专责监督容易受到同级基层党委的过度干预，造成其专责监督受到影响，难以独立对一些监督案件进行侦办。基层党委在基层监督中承担主体责任，是必要的，也是党风廉政建设中规定的基本职责，但基层党委对基层监督肩负的领导责任要依据相关法规制度进行明确，不能对基层纪委进行专责监督的具体监督业务进行直接干预，而应当依据相关法规制度规定进行回避，这也是基层党委落实主体责任的重要体现。同时，基层纪委也要树立专责监督意识，制定落实监督责任的制度和规矩，明确自身专责监督的权力边界，自觉在具体案件侦办中杜绝基层党委的不当干预，保持专责监督的独立性。

（二）提高基层纪委工作人员的政治意识

基层纪委工作人员提高政治意识，从大处看，就是要做到与党中央保持高度一致，严格遵守党的政治纪律和政治规矩，坚定马克思主义的理想信念。董亚明等提出纪委要履行好监督责任，首先要解决的就是不想监督的问题。[①] 基层纪委工作人员坚定政治意识，落实在具体行动上，就是要做到严守自己的工作权限，在纪检工作中严格依据党纪国法对基层国家公职人员行使国家公权力进行监督和约束，做到有法必依，执法必严。一些基层纪委工作人员在开展工作中容易受到各种社会化的裙带关系影响，并对专责监督职能行使造成制约，甚至成为基层腐败的帮凶，正是其政治意识薄弱的体现。对此，应坚持提高基层纪委工作人员的政治意识，坚持对其进行政治意识教育，使之在内心深处树立大公无私的公仆精神，自觉杜绝各种人情世故对自身承担专责监督的影响。

（三）增加对基层纪委的财政保障力度

基层纪委履行专责监督职能，需要固定的办公场所、基本的办公用品以及一些专业化的办案辅助设备或手段，这些都需要国家加大对基层纪委的财政保障力度。目前，一些乡镇基层纪委的派驻机构，不仅人员

---

① 董亚明、安梅、段文东、杨思伦：《党风廉政建设中党委“主体责任”和纪检“监督责任”的落实》，《中共云南省委党校学报》2014 年第 4 期。

少，且办公条件简陋，至于一些专业化的办案设备，更是缺乏，导致一些基层纪委相关机构，难以应对反腐败向基层推进中不断增加的办案需要，尤其是对于一些案情复杂的案件，往往因缺乏专业设备而束手无策，或者造成案情难以被彻底查清。对此，应当增加对基层纪委的财政保障力度，既要根据实际需要适当增加编制和人员，也要逐步改善其办公条件并为之配备必要的办案条件与设备。

（四）优化基层监督队伍能力结构

发现问题线索能力。增强招投标、采购、项目建设等资金密集领域问题线索的梳理，关注与“一把手”相关的选人用人、重大事项决策等问题线索，提高政治敏感性，练就一双“慧眼”，用强大的逻辑思维能力从纷繁复杂的现象中抽丝剥茧，发现更多问题线索。

熟练运用党纪国法能力。加大对《中国共产党章程》《廉洁自律准则》《纪律处分条例》《问责条例》《党内监督条例》《监察法》《公职人员政务处分法》等党纪国法的平时自学、集中培训、专项考核力度，加强对中纪委披露典型案例的学习、研讨、分析。

案件办理能力。准确研判案件适用的党纪国法，熟练掌握案件审理流程、技巧，依法谈话、询问、调查、取证、查封、扣押、勘验、鉴定等，规范撰写案件相关各种文书，如需移送司法机关的做好相关移送衔接工作。

（五）明确基层监督重点

管好关键人。乡镇纪委重点监督中小学校校长、卫生院院长、退役军人服务站站长、村（社区）两委干部、村（社区）服务中心主任、派出所所长等这些与群众切身利益密切相关领域的主要负责人。

管住关键事。县级纪委监委监督的重点是县直部门的履职行为，重点监督县直部门中权力集中、资金密集、资源富集的重点岗位，加强对行政审批、公共资源交易、争资立项、执法司法、营商环境等公权力运行的监督。乡镇（街道）纪（工）委监督的重点是村（社区）基层治理问题、农村集体“三资”管理、国家惠农政策落实以及村（社区）两委换届、工程项目建设、低保评审等公权力行使的监督。

管到关键处。突出政治监督，建立政治监督正面负面清单，加大对违反政治纪律和政治规矩人员的查处、曝光力度，编印典型案例，制作专题纪录片，强化政治监督的震慑效应。

管在关键时。完善春节、端午、中秋、国庆等重要节假日廉洁提醒和监督检查制度，围绕基层干部选拔任用、评先选优、操办婚丧喜庆事宜等关键节点健全明察暗访制度，实现日常监督和关键时刻监督的统一。

（六）建立基层监督联动机制

建立纪检监察片区协作机制。推广四川等地的做法，统筹县（区）纪委监委监督检查室、派驻纪检监察组、乡镇（街道）纪（工）委、村务监督委员会等现有人员力量，在县（区）划分纪检监察协作区，优化“片区”运作管理，实行统分结合的监督方式，开展交叉监督、联动办案、提级办理，将重大或复杂问题交相应协作区具体查办，推动基层监督上下贯通，向“协同作战”转变，发挥“攥指成拳”的作用。加强与审计监督、财会监督、统计监督等力量的联合协同。借鉴广西等地的做法，由县（区）纪检监察机关牵头，加强与财政、审计、统计等单位沟通协作，明确各单位协同联系部门，建立定期会商、协同制订监督计划、配合发现问题、支援技术力量等贯通协同的监督模式，推进各类监督共融共通、协同发力。建立熟悉纪检监察、巡视巡察、审计、财会等专业知识的人才库，遇到案件重大、情况复杂，涉及公共资产、资金使用、数据统计等专业性问题，可以从人才库中按需调派精干力量，为案件突破、问题定性、精准处置提供专业力量支撑。

第三节　建立健全提升基层司法监督质效的制度设计

司法监督作为基层监督机制中的重要环节，在预防基层腐败中发挥着重要的法律威慑作用。要充分发挥司法监督能力，就要进一步建立健全有利于发挥司法监督能力的制度设计，因为制度是管根本、管全局、管长远的，好的制度可以促进治理效能的提升。目前，基层司法机关难以发挥充分司法监督作用，究其原因，既有基层司法机关自身的因素，也与基层司法监督体制机制设计紧密相关。为进一步强化基层司法监督的作用，可以针对其中存在的问题采取如下措施。

一　完善并落实对基层人民法院和基层人民检察院人员的专业培训制度

一方面，中国特色社会主义事业不断向前发展，必然会遇到许多新问题、新矛盾、新挑战，基层法院监督与基层检察监督都面临复杂的、不可预知的社会环境变化，比如针对新兴行业案件的审判，无经验可以遵循，只有加强业务工作人员的专业培训，提升专业素养，才能更好地应对新时代人民法院和人民检察院的新使命和新任务，从根本上提升基层司法监督质效。再加上从事业务工作的人员本身素质也良莠不齐，更加需要做好培训相关工作。

另一方面，鉴于信息技术的发展以及基层人民法院和基层人民检察院人员编制的不足，迫切需要逐步应用互联网技术和人工智能以提高其监督工作效率，而这些新的技术平台的运用都离不开专业的培训才能被基层人民法院和检察院的工作人员熟练掌握并灵活运用。

二　建立落实新时代检察机关法律监督工作的相关制度

为更好应对国家监察体制改革对检察机关性质定位和职能发挥的影响，检察机关近年来提出了四大检察、十大任务，并得到全国人大的认可且形成了一种制度性架构，逐步推广至基层人民检察院。在职务犯罪侦查权剥离出检察机关后，检察机关把所有精力都投入刑事检察、行政检察、民事检察和公益诉讼检察，回归“法律监督机关”的初心，牢记“法律监督机关”的检察监督使命，从而开启全面检察新时代。回顾近几年最高人民检察院向全国人大所做的工作报告，其法律监督职责越发凸显，四大检察、十大任务的架构越发清晰。虽然四大检察是新的权力支点，但仍需要顶层设计予以制度化。在 2021 年 6 月 15 日，由中共中央印发的《中共中央关于加强新时代检察机关法律监督工作的意见》，就是对上述问题予以制度化确认，可以更好发挥法律监督职能、提升法律监督的质量和效果。各地都已制定相应的贯彻落实具体意见，但关键的还是要落实在具体的检察工作中，要建立落实的相关考核评价制度、奖惩制度等，以制度建设保障和提升司法监督质效。

第四节　增强基层媒体监督的活力

现代社会，新闻媒体既是社会生活必不可少的重要内容，也是政治生活中发挥特殊作用的平台。新闻媒体是社会责任和政治担当的化身，不仅要坚持客观真实，还要将新闻报道与自我社会担当和政治责任融为一体，并将讲政治摆在首要地位。直面基层万象，积极为人民群众利益发声，是党和国家赋予新闻媒体的政治责任，也是中国新闻宣传政策对新闻媒体职责引领的发展方向。随着法治中国进程的推进，中国新闻媒体相关的法律法规进一步健全，为新闻媒体积极参与基层报道提供了基本的法律保障。但是，新闻媒体在基层监督中充分发挥作用依然面临基层宣传体制机制的一定束缚。对此，中国需要针对新闻媒体在基层监督中难以充分发挥作用的问题，积极推进基层监督的法治化进程，进一步依法明确包括基层媒体在内的各类新闻媒体（尤其是公办媒体）在基层监督中的职责，依法提高基层新闻媒体在对基层政府及其公职人员和基层事务报道中的自主性，提高新闻媒体参与基层报道的积极性和工作活力，健全新闻媒体在基层监督中发挥作用的工作机制。

一　依法明确新闻媒体的基层监督职责

新闻媒体肩负着伸张正义和客观真实报道基层社会生态的社会责任，绝大多数新闻媒体及其从业人员能够秉持新闻从业精神，担当人民群众利益的发声筒和党的舆论喉舌。从新闻从业精神和国家对于新闻媒体的职责界定来看，新闻媒体应当在基层监督中充分发挥作用。但在实际运行中，新闻媒体对基层事务的报道多面临一些基层政府人为设置的障碍，而通过新闻媒体自身的力量，有时难以克服。出现此种情形，与对新闻媒体基层监督职责的界定不够清晰和缺乏足够的权威性有关。对此，中国可以将新闻媒体的基层监督职责上升到法律层面，既要依法明确新闻媒体的基层监督职责，也要通过法律规定形式赋予新闻媒体参与基层监督的权威性，乃至于强制力，将新闻媒体的基层监督职责转化为媒体必须承担的一项法律义务。在中国，新闻媒体是党和国家的舆论喉舌，也必然是人民群众利益的发声者，依法明确新闻媒体的基层监督职责，有助于新闻媒体进一步明确和压实基层监督职责，并提高其参与基层监督的权威性和说服力。

二　依法明确基层政府与新闻媒体的业务关系

新闻媒体在参与基层监督时难以充分发挥作用面临的最大问题是一些基层政府在对基层媒体进行管理时管得过严，管得过宽，导致基层媒体对基层事务报道时缺乏自主权。新闻媒体是中国宣传阵地的重要组成部分，尤其是在新媒体高度发达的今天，任何一条新闻报道若报道不实，都可能会造成非常广泛的负面影响。因而，基层政府对基层媒体进行一定管理非常必要，但要把握好管理的“度”，应主要是在政治上进行领导和管理，明确基层媒体进行新闻报道的政治方向，在新闻媒体落实好党的领导的前提下应给予新闻媒体必要的新闻采访报道自主权。然而，在实际操作中，基层政府对基层媒体进行管理的“度”很难把握，尤其是各地基层政府会各自制定本地域基层政府的基层媒体管理政策，甚至在此过程中对基层媒体的束缚层层加码。对此，可以针对基层政府与基层媒体的关系，以法律形式进一步明确，在明确基层政府对基层媒体进行管理的同时，还要进一步明确基层政府对基层媒体进行管理的权力和内容边界，并适度提高基层媒体在对基层事务进行采访报道时的业务自主权。

三　依法保障基层媒体经济上的相对独立性

新闻媒体，主要是公办媒体，难以在经济上与接受其管理的同级政府之间保持独立性，也是制约新闻媒体尤其是基层媒体发挥基层监督作用存在的重要问题。目前在新媒体快速发展的背景下，随着广告业务量的减少，部分基层公办媒体确实在经济上难以做到自立，需要依靠基层政府提供一定的财政扶持。为充分发挥基层媒体在基层监督中的舆论监督作用，可以将基层公办媒体运行的经济保障纳入法律规定，依法明确政府对基层媒体肩负的财政维持义务，并将之转化为国家财政负担，切断基层媒体对基层政府的经济依赖。在实际操作中，可以视各地基层媒体的实际经济状况，划分几个档次，对于能够独立经营且营收能力较强的基层媒体，可以少拨付甚至不拨付，对于一些偏远地区的基层媒体，可以适当予以多拨付。

四　建立媒体监督与其他监督模式的对接机制

首先，在社会中形成支持媒体进行监督的氛围。党和政府国家机关及行使公权力的公职人员要充分认识媒体监督的积极作用，强化运用媒体进行监督的意识，消除媒体监督恐惧症，积极主动欢迎媒体监督，科学、坦诚、平等地对待媒体监督。广大群众也要理性对待媒体监督，要认识其严肃性，增强法律意识、自律意识和责任意识，使整个社会形成媒体监督的共识，形成支持媒体监督、发挥监督合力的氛围。其次，充分发挥新媒体监督的作用，加快各种监督方式的网络监督平台建设。大数据、云计算等各种新媒体技术和软件的广泛应用，使得新媒体舆论监督的作用得以充分发挥；各级检察、纪检机构已经建立了不少专门的网络监督平台，要进一步规范和整合，构建起中央、省、市、县四级网络监督平台。最后，建立并完善一系列与舆论监督有关的制度。媒体监督的一个重要功能就是舆情监测，因此要建立科学的舆情采集、研判和处置机制，由专门的舆情监测机构和人员对信息进行收集、分析、研判、分类，及时总结、整理和汇总，上报给有关领导和部门，以便统筹协调舆论监督的应对之法。

第五节　加强专职监督机构的作用发挥

专职监督是基层监督机制建设的重要环节，并在基层监督中发挥着重要作用。党的十八大以来，针对基层尤其是村（居）基层专职监督比较薄弱的问题，党和国家在推进基层监督法治化过程中不断健全基层专职监督机制，针对村（居）务监督委员会职能虚化弱化的情形，采取了系列措施，诸如为村（居）务监督委员会监督提供政策和法律依据，在相关法律规定中明确村（居）务监督委员会的职能、成员结构、工作任务和运行方式等。但是，村（居）务监督委员会的监督作为基层尤其是村（居）基层专职监督的主要方式，虽不断在制度法规建设上得到加强，但其职能虚化弱化的问题并未得到根本解决。高洪贵、张永杰曾指出部分村庄的村务监督委员会监督职能形式化严重。[①] 村（居）务监督委员会职能虚化弱化的主要表现是其开展监督工作的独立性不强，尤其是在村（居）社区特定的人情社会中，村（居）务监督委员会主任、副主任和其他成员往往与村（居）民委员会许多成员存在盘根错节的社会关系，导致其在对村民委员会进行监督时往往难以发挥预期作用，甚至与村民委员会纠缠在一起。因而，充分发挥村（居）务监督委员会在村（居）基层专职监督中的作用，让其对村（居）民委员会开展工作形成有效的监督约束，就需要确保村（居）务监督委员会的独立性，并持续加强其履职能力建设。

一　确保村（居）务监督委员会的独立性

村（居）务监督委员会是党和国家补齐村（居）基层社区专职监督空白的重要制度设计。自村（居）务监督委员会制度实施以来，其在加强村（居）基层监督中发挥了重要作用，使过去村（居）基层政权运行缺乏监督约束的局面得到重要改观，也让村（居）公职人员尤其是村民委员会成员管理本村事务的职权被置于村（居）务监督委员会的专职监督之下。村（居）务监督委员会自 2004 年最早开始进行试点以来，经历了国家政策认可和法律予以明确规范的发展过程，各项制度设计在党的十八大以来得到显著加强，在村（居）基层监督中发挥的作用也逐步得到规范。但是，村（居）务监督委员会的制度设计虽然越发合理，法律支撑也不断得到增强，却在很多地方的实践中出现了职能虚化弱化的问题。村（居）务监督委员会职能虚化弱化的原因很多，其中在职权行使中难以保持独立性是主要因素。村（居）务监督委员会的职能和运行方式虽得到相关法律明确规定，但其人员构成与来源，却决定了其在村（居）特定的区域环境下难以做到独立开展工作，村（居）务监督委员会成员，主要是村（居）务监督委员会的主任、副主任和其他委员，一般来自村支部委员会成员和村民代表，相互之间往往存在地缘、血缘、

① 高洪贵、张永杰：《村务监督委员会制度的建立动因及其发展实态研究》，《黑龙江社会科学》2020 年第 6 期。

学缘以及其他亲朋好友关系，导致村（居）务监督委员会开展工作时难以摆脱村（居）错综复杂、盘根错节的社会关系制约，很难独立开展工作，严重制约了其职能实现。姜胜辉认为，发挥村（居）务监督委员会的基层专职监督职能，需要确立村务监督委员会的自主性和独立性，①并重点做好如下三项工作。

（一）加强村（居）务监督委员会履行监督职能

村（居）务监督委员会履行基层专职监督职权，虽在名义上需要对村民代表大会负责，但在实际上村民代表大会对村（居）务监督委员会的监督因村民代表大会多流于形式，而难以发挥实际作用。同时，村（居）务监督委员会成员与村民代表属于同村或同社区，往往存在各种各样的社会人际关系，也导致村民代表大会对村（居）务监督委员会的监督受到影响。另外，村（居）务监督委员会成员中有时也有村民代表，两种制度机制之间在人员结构上可能存在重合，故村民代表大会对村务监督委员会职权行使的监督力非常有限，甚至是造成其无法独立开展工作的约束因素。村民代表大会对村务监督委员会进行监督固然必要，但需要在村民代表大会的监督制度以外，增加其他类型的监督力量，比如应当将村务监督委员会的职权行使纳入乡镇监察办公室的领导之下，由乡镇监察办公室对辖区所属各村的村务监督委员会开展工作进行监督，确保其在履行基层专职监督职权时尽量不受到本村各种社会人际关系的影响，增强村务监督委员会开展工作的独立性。

（二）建立村（居）务监督委员会成员薪酬制度

村（居）务监督委员会开展工作时难以保持较好独立性，还与其成员并无明确固定的薪酬有关。中国虽在政策和法律上为村（居）务监督委员会设立进行了明确规定，但对其成员薪酬却无明确规定。在村（居）务监督委员会的实际运行中，其主任、副主任和其他委员并无薪酬福利，实际上处在义务服务的状态。村（居）务监督委员会成员没有薪酬待遇，必然缺乏工作积极性，同时为获得一定收入，大多会与村民委员会或村党支部委员会纠缠在一起，过多介入村民委员会事务，甚至

① 姜胜辉：《村务监督委员会：生发机理、运行困境与路径选择——以广东省佛山市为例》，《山西农业大学学报》（社会科学版）2019 年第 4 期。

一些村（居）务监督委员会成员会从中捞取一定收益，反而成为村（居）基层“微权力”失范和腐败发生的动因之一。显然，村（居）务监督委员会成员缺少明确固定的薪酬待遇，是造成其难以独立开展工作的重要因素。对此，党和国家在推进基层监督法治化的过程中，应在基层专职监督建设中建立村（居）务监督委员会成员的薪酬制度，并使之在利益上脱离村民委员会和村党支部委员会的牵制，做到以专项经费和独立渠道保障其成员的薪酬待遇。对于薪酬待遇水平，可以参照当地村民委员会和村党支部委员会成员确定。

（三）增强村（居）务监督委员会资金和物质保障

一些村（居）务监督委员会缺乏固定的办公场所和办公条件，缺少支持其开展工作的资金保障，也是造成其难以独立开展工作的重要因素。一些村（居）务监督委员会在缺少办公场所和办公条件以及办公经费的情形下，只能选择在维持存在时依附于村民委员会或村党支部委员会，导致在职能上出现虚化弱化的问题。因缺少基本的经费和物质保障，加之在村（居）社区的特殊人情社会下，村（居）务监督委员会的设置便流于形式，更加容易被错综复杂的人情社会绑架，从而失去开展工作的独立性。对此，党和国家在推进基层监督法治化的过程中，要重视发挥村（居）务监督委员会的基层专职监督职能，并为保障其职能的充分发挥，增强村（居）务监督委员会的资金和物质保障。在村（居）务监督委员会设立的相关法规政策中，应当对其经费来源和办公场所与条件做出基本规定，比如要求凡是成立村（居）务监督委员会必须相应配备必要的办公场所以及基本的办公设备与条件，同时还要设立专项经费渠道，保障村（居）务监督委员会独立开展工作时能够拥有稳定的办公经费来源。

二　加强村（居）务监督委员会履职能力建设

村（居）务监督委员会作为党和国家基层专职监督的必要方式，自成立以来解决了村（居）基层“微权力”及其行使者缺乏监督的问题，并在村（居）基层监督中日益发挥重要作用。但是，村（居）务监督委员会因处在基层，难以接收到足够的国家监督资源，故在开展工作时的独立性受到较大限制，容易出现流于形式的职能虚化弱化问题。对此，党和国家在推进基层监督法治化的过程中既要重视发挥村（居）务监督委员会的作用，也要采取切实措施不断增强其独立性。同时，发挥村（居）务监督委员会的基层专职监督职能，马新民认为，还需努力提高村务监督人员监督能力。[①] 针对制约村（居）务监督委员会履职能力不强的诸多表现及其原因，诸如成员年龄老化、文化程度较低、对相关政策和法规了解不够等，要采取切实措施，不断加强村（居）务监督委员会的履职能力建设，并重点做好如下三项工作。

（一）优化村（居）务监督委员会成员的年龄结构

年龄老化并影响到工作履职能力，是一些村（居）务监督委员会在建设发展中存在的普遍问题。很多村（居）务监督委员会成员集中在四五十岁甚至更大年龄，年富力强、精力充沛的年轻成员缺乏，是村（居）务监督委员会发展中存在的共性问题。因为村（居）社区中的年轻人一般选择外出打工或忙于工作，本身参与村（居）事务的意愿并不强。尤其是在农村地区，年轻人多选择外出打工，故留在村里愿意参与村务监督委员会事务的人一般都是年纪较大的村民或党员。对此，党和国家在推进基层监督法治化建设的过程中，不仅要重视发挥村（居）务监督委员会的作用，还要采取具体举措留住一批愿意从事相关工作的年轻人，优化村（居）务监督委员会的年龄结构，注意从村（居）年轻人中选择村（居）务监督委员会成员，或者以政策或法律规定的形式对村（居）务监督委员会成员的任职年龄做出年轻化的规定要求，确保其成员有足够的精力去履行基层专职监督职责。

（二）优化村（居）务监督委员会成员的文化结构

目前，文化程度不高，也是造成村（居）务监督委员会履职能力不强的重要原因。监督工作属于能力素质要求较高并带有一定专业性的工作，要求从业者需要具备一定的文化程度和专业素质。村（居）务监督委员会虽属于基层监督，但其作为基层专职监督的重要环节，需要村（居）务监督委员会从业者具备一定的基层监督从业能力，至少应当具备一定的文化素养和学习能力，否则难以熟悉村（居）务监督委员会的

① 马新民：《村务监督委员会的监督功能及其完善措施》，《广西民族师范学院学报》2016 年第 1 期。

相关政策和法律规定，无法保证村（居）务监督委员会具备正常的履职能力。当前，一些村（居）务监督委员会成员普遍文化程度不高，具备高中及以上文化程度者更是凤毛麟角，也是导致村（居）务监督委员会履职能力不强的重要原因。对此，应在村（居）务监督委员会成员的选任上（尤其是对主任和副主任的选任上）设置一定的文化水平条件，比如要求村（居）务监督委员会主任和副主任至少应当具备高中及以上文化水平，同时要求村（居）务监督委员会其他成员必须具备初中及以上文化水平。另外，还要积极引导从农村中走出的大学毕业生，尤其是具有党员身份的农村大学毕业生，积极到村（居）务监督委员会中任职，还要建立村（居）务监督委员会成员的进修机制，引导和鼓励其成员积极通过各种渠道进行进修，不断提高自己的文化程度，不断优化村（居）务监督委员会成员的文化结构。

（三）建立村（居）务监督委员会成员的业务培训机制

村（居）务监督委员会作为基层专职监督的重要承载机制，要求其从业人员具备一定的监督业务专长，以及对相关政策和法律规定的理解和贯彻能力。然而，目前，大多数村（居）务监督委员会成员多为所在村（居）社区中的党员和村民代表，其并不具备从事基层监督的业务素养以及必备的工作开展能力，而从本村以外委派懂业务的人员到本村或社区担任村（居）务监督委员会成员也不现实。因而，应当针对村（居）务监督委员会成员不懂业务的情形，通过业务培训和上挂锻炼，提高履职能力。建立常态化的村（居）务监督委员会工作人员培训机制，对其进行相关政策和法律规定的培训，也要对其进行基层专职监督内容和工作开展的培训。此类培训可以由县监察委及其在乡镇派出的监察办公室组织进行，选择既懂业务又懂教学培训的监察系统专业人员担任培训主讲教师，对村（居）务监督委员会成员定期进行基层监督的业务培训，主要针对村（居）务监督委员会的工作开展事项进行专业辅导培训，不断提高村（居）务监督委员会的履职能力。另外，还要建立不同村（居）务监督委员会进行监督业务和工作经验分享交流的机制，定期从全县或所在地市村（居）务监督委员会中选取履职能力强和监督职能发挥好的村（居）务监督委员会，让其进行经验分享，以此来提高村（居）务监督委员会的履职能力。

三　加强基层纪检监察部门与村（居）务监督委员会有效衔接

建立村（居）务监督委员会独立行使监督职能的制度，提高村（居）务监督委员会成员履行监督职能的能力和水平，这是做好村（居）务监督委员会与基层纪检监察部门有效衔接的基础。随着国家乡村振兴战略的深入实施，各种惠农补贴、“三农”资金、村级各类产业项目建设资金等资源逐步延伸至基层，相应的基层监督也应随时跟进。村（居）务监督委员会正是在发挥监督一线“探头”作用，确保各项资金和资源的合规、合法、合理使用。由于村（居）务监督委员会对村（居）权力监督的天然便利条件，可以及时发现问题。与基层纪检监察部门有效衔接则能迅速借助上级监督力量（如监督人员、办案设备等）第一时间搜集监督线索和证据，提高村（居）基层监督的有效性和时效性。村（居）务监督委员会与基层纪检监察部门的有效衔接，也有利于基层纪检监察部门缓解因监察对象广泛而监督人员短缺、办案时难以搜集相关线索和证据的困难。建立以乡镇（街道）为中心，乡镇（街道）纪委（纪工委）统筹辖区内各村（居）监督力量开展监督工作，县级纪检监察机关在各村（居）设置民生监督员，在全县各村（社区）实现村（社区）党组织纪检委员、村（居）务监督委员会主任和村级民生监督员“三员合一”，履行党内监督、村（居）务监督、民生监督“三项职责”，扎实打通监督“最后一公里”。

第六节　畅通群众依法监督的渠道

中国是中国共产党长期执政的社会主义国家，监督在极大程度上代表着党和国家对国家公权力运行的监督约束，因而监督权也是党执政权力的一种体现。在党和国家的基层监督机制中，群众监督是基层监督工作开展的必然要求，也是题中之义。党的十八大以来，党和国家在推进基层监督法治化的过程中，高度重视基层群众监督机制建设，将人民群众对基层国家公职人员的监督，作为将全面从严治党推向基层和在基层开展反腐败斗争的重要形式，不断推进着基层群众监督机制的建设发展。基层监督机制建设，必须充分发挥群众监督的作用，只有将基层国家公权力运行和基层国家公职人员行使国家公权力的行为置于基层群众监督之下，才能真正实现基层国家公权力在阳光下的运行。积极推进基层群众监督机制建设，畅通群众依法监督的渠道，才能将基层权力真正地置于阳光之下，才能充分保障基层公权力的运行始终符合基层人民群众的根本利益。然而，目前制约人民群众依法参与基层监督的因素依然存在，进一步推进基层监督机制建设，规范基层公权力运行，还需要积极破除制约人民群众依法参与基层监督的各种因素，畅通群众依法监督的渠道。

一　持续优化升级信访举报受理平台

信访举报是人民群众行使对国家权力机关及其公职人员监督权的主要方式，也是人民群众在基层监督中依法监督的基本方式。在基层监督中，建立顺畅的信访举报平台，让人民群众有条件针对基层国家权力及其公职人员的违纪违法行为进行信访举报，是确保基层公权力规范运行和基层国家公职人员合法履职的重要途径。纪检监察机关是受理人民群众信访举报的监督机关，依法通过人民群众信访举报获取国家机关及其公职人员违纪违法问题的信息和案件线索。基层人民群众在基层监督中向基层纪检监察机关提供基层国家机关及其公职人员违纪违法的问题信息和案件线索，是基层人民群众对基层党员干部等监察对象进行基层监督的重要渠道，也是基层人民群众依法参与基层的党风廉政建设和基层的反腐败工作的重要方式。[①] 人民群众是推进全面从严治党和反腐败伟大斗争深入基层的重要力量源泉，基层监督中纪检监察工作的开展离不开基层人民群众的信访举报支持。建立信访举报受理平台，持续优化升级信访举报受理平台，是畅通群众依法监督的必然需要。目前，中国基层纪检监察机关普遍建立了信访举报受理平台，但在运行中依然存在一些问题，畅通群众依法监督，需要持续优化升级基层信访举报受理平台，并着力做好如下三项工作。

---

① 徐日丹：《保障举报人合法权益　调动群众举报积极性》，《检察日报》2016 年 4 月 9 日第 2 版。

（一）将基层各级纪检监察机构纳入信访举报受理平台

信访举报受理是纪检监察机构履行监督职责的重要方式，也是群众依法监督的基本路径。目前，中国各级纪检监察机构普遍设置了信访举报部门，接受基层人民群众的信访举报。县级及以上基层国家行政机构，普遍在纪检监察机制下设置了接受信访举报的专职部门，但乡镇及以下基层纪检监察机构虽具备接受信访举报的职能，可并未做到全覆盖，尤其是村（居）务监督委员会尚不具备接受群众信访举报的畅通机制。实际上，对于村（居）基层出现的很多信访举报问题，本应可以在村（居）务监督委员会的基层专职监督范围内得到解决，但基层群众在反映相关问题时往往越过村（居）务监督委员会而选择进行越级信访举报，充分说明村（居）务监督委员会的信访举报受理能力非常薄弱。对此，党和国家在加强村（居）务监督委员会监督能力的同时，还要将之纳入基层信访举报受理平台之下，并建立村（居）务监督委员会将信息和案件线索向乡镇及以上基层纪检监察机关反映的渠道机制。

（二）保证基层信访举报受理平台联系畅通

党的十八大以来，党和国家推进基层监督及其法治化，坚持将全面从严治党和反腐败伟大斗争推向基层。在此背景下，基层监督形成了较好氛围，基层纪检监察机关普遍建立了信访举报受理平台，除基层纪检监察机关，受理基层群众各类信访举报问题的政务化网络平台也普遍建立。比如 12345 市民服务热线（又称市长热线或市长专线）就是广大市民表达意见、维护权利、提供建议的重要制度渠道。[①] 但是，各类基层群众信访举报平台依然存在联系渠道单一和线路经常处在忙碌状态难以接通的问题。对此，在基层信访举报受理平台建设中，应进一步采取切实措施保证联系畅通，在增加固定电话联系通道的同时，还要积极推进联系方式的网络化和信息化建设，比如引导基层信访举报受理平台充分利用微信公众号等新媒体平台为基层群众提供信访举报受理服务，确保基层群众对基层公权力和基层公职人员的问题信息信访举报在向基层纪检监察机关反映时能够做到及时有效，最大限度地发挥基层群众监督对

---

① 田先红：《问责何以导致避责：技术治理中的责任运行机制研究——以 12345 市民服务热线的基层实践为分析对象》，《理论与改革》2022 年第 6 期。

于基层国家权力及其公职人员的监督约束作用，以及其对于基层纪检监察工作的充分支持。另外，在基层信访举报受理平台建设中，还要充分利用现代信息化技术实现平台功能的整合，推进基层信访举报工作的网络化、信息化和数字化，让基层群众使用智能手机和家用电脑足不出户即可反映问题。

（三）切实提高基层信访举报受理平台的问题处理效率

党的十八大以来，随着党和国家基层监督法治化进程的推进以及对于基层反腐败工作的越发重视，基层信访举报平台建设取得了显著成绩，基层纪检监察机构普遍建立了专业化的信访举报受理平台，基层群众反映与自身切实利益相关的信访问题基本能够实现渠道畅通。然而，反映问题并不是基层群众信访举报的最终目的，其最终目的是要通过信访举报解决问题。目前，基层纪检监察机构对于人民群众通过基层信访举报受理平台反映的信访问题虽非常重视，但处理问题的效率依然不高，很多群众反映的问题长时间得不到解决，或者存在在不同政府部门间相互推诿的现象。对此，要在畅通基层信访举报受理平台的问题反映渠道的同时，建立完善的平台受理问题解决机制，进一步加强基层纪检监察资源与基层信访举报受理平台的对接。对于人民群众通过信访举报受理平台反映的问题，要逐条进行梳理，同时还要设置解决问题的时间，将问题反映者对于问题解决质量的满意度作为评价和考核基层信访举报受理平台工作质量的重要依据，切实提高基层信访举报受理平台的问题处理效率，将之打造为人民群众依法参与基层监督和切实维护自身利益的便捷通道。河北省某市纪委监委与“12345”政务服务热线开展联动监督，由市纪委监委统筹整合联动监督力量，对“接诉即办”监督工作进行安排部署。[①] 这一系列举措，切实提升了群众反映问题的处理率和群众的满意度。例如，河北省某县级市纪委监委着眼群众“能监督”，进一步畅通和拓宽信访举报渠道，为群众监督架起“绿色通道”。通过微信公众号向社会公开举报电话、电子邮箱、网络举报平台、办公地点，不断完善来信、来访、来电、网络举报“四位一体”的信访举报平台。整合乡镇纪委、村务监督委员会、村级纪检委员、乡镇相关职能

① 郑勉：《“接诉即办”监督助力群众问题解决》，《共产党员》2022 年第 9 期。

科室的人员力量，组成接访小组，每月定期接访，提高信访问题答复效率，畅通群众信访举报“最后一公里”。对群众举报问题，建立了“绿、黄、红”动态管理台账，视办理时限，由信访室负责人、承办室组主管领导、分管领导分级预警催办，确保规范办理、按期办结，提升群众满意度。

二　加大群众依法监督渠道的宣传

群众监督是基层监督机制的重要组成部分，既是全面从严治党深入基层和反腐败伟大斗争推向基层的必然需要，也是不断巩固党基层执政基础的必然需要。党的十八大以来，党和国家推进基层监督体系和机制建设的显著特点是坚持法治化的发展思路。在引导和鼓励人民群众参与基层监督的同时，还要积极推进基层群众监督的法治化，既要依法保障人民群众参与基层监督的权利，也要将人民群众参与基层监督纳入法治化轨道。党的十八大以来，基层群众依法参与基层监督的法治意识相对增强，党和国家在推进基层群众监督法治化的过程中也依法设置了群众依法监督的渠道，比如，基层纪检监察机构所属的信访接待部门以及基层政府普遍设立了“12345”政务服务平台等，都属于群众依法监督的重要渠道。李莉、孟天广提出，网络空间内的反腐败举报与投诉正在成为民众参与腐败治理的重要形式与手段。[①] 但是，基层人民群众对于这些依法监督渠道并不完全了解，加强基层群众监督机制建设，依然需要加大对群众依法监督渠道的宣传。

（一）加强群众依法监督渠道的整合及宣传力度

目前，群众依法监督渠道存在较多形式，而每个群众监督渠道都需要进行宣传，结果造成群众在参与基层监督时往往面临较多的选择而无从下手。比如，基层各级纪检监察机构往往都有各自的群众监督渠道，也会在网站等宣传平台中设置联系电话。无论网站还是设置的联系方式，一旦数量过多便会造成基层群众的选择困难，难以形成基层群众监督的合力，并造成宣传资源的分散，结果是基层各级纪检监察机构都对

① 李莉、孟天广：《公众网络反腐败参与研究——以全国网络问政平台的大数据分析为例》，《中国行政管理》2019 年第 1 期。

群众监督渠道进行宣传，但因宣传资源分散，导致各自的宣传力度不够。因而，加强群众依法监督渠道宣传，应建立在对群众依法监督渠道的整合上。基层各级纪检监察机构可以实现群众监督渠道的整合，在此基础上统一网站和联系方式，并集中宣传资源加大宣传力度。另外，目前“12345”政务服务热线在人民群众中影响较大，可以进一步实现基层群众依法监督渠道与“12345”政务服务热线的结合，以此提高群众依法监督渠道的群众影响力。

（二）形成动态有效的农村基层宣传机制

对于群众依法监督渠道的了解，城镇的基层群众相较农村的基层群众要更了解。因为城镇基层群众的受教育程度、文化水平和经济收入水平相比农村基层群众要高一些，对基层群众依法监督及其渠道等与自身切身利益相关的问题平时关注更多，且其依法维权的意识也更强。因而，在群众依法监督渠道的宣传中，要重点加强对农村基层群众的宣传，将农村基层作为渠道宣传的重要阵地。针对农民群众平时不太喜欢通过电视等传统媒体和微信公众号等新媒体了解基层监督相关问题的情形，可以建立覆盖辖区农村的群众依法监督渠道常态化宣传机制。基层各级纪检监察机构本身便肩负着基层监督的宣传职责，可以由县级监察委牵头建立宣传工作计划，并将宣传任务具体分解到各乡镇监察办公室，并成立进村的群众依法监督渠道宣传队，定期全覆盖地对辖区内所有农村进行宣传，可以通过在农村墙面粉刷宣传标语、在农村社区的宣传栏张贴宣传内容和印制发放宣传册等方式，对基层群众依法监督的渠道及其联系方式进行宣传。

第七节　构建基层法治监督文化网络

基层监督的根本目的在于净化基层政治生态，而非惩治基层腐败。惩治基层的腐败问题只是净化基层政治生态的手段，绝非根本目的。颜佳华、欧叶荣指出，党内监督文化的功能是指党内监督文化对中国共产党自身及其所处社会环境发挥的作用，主要体现在对权力的制约与控制上。[①] 基层权力运行越规范，基层腐败问题便会越少。分析基层权力运行失范和基层腐败问题产生的根源，虽更多将原因归咎于权力不加制约便容易沦为谋取私利的工具的特性，但权力归根结底要通过人去行使，若权力行使者拥有很好的文化素养，拥有正确的价值观，那么权力在其手中运行失范的可能性也会大大降低。另外，基层监督的主体，也即对监督对象行使基层公权力进行监督约束的不同监督者，若拥有较高的文化素养，能够坚定正确的价值观，其对基层监督对象的监督能力也会不断加强，基层监督的质量也会相应提高。因而，无论是基层监督对象还是基层监督主体，都应不断提高自身的文化素养，培养正确的价值观。中国是社会主义国家，基层监督主体和对象应坚定社会主义文化信仰，以马克思主义及其中国化的理论成果不断武装自我。为不断提高基层监督主体和对象的文化素养，可以尝试采取如下三项举措，不断健全基层监督的文化网络。

一　基层监督机制中融入文化功能

基层组织监督、基层司法监督、基层群众监督、基层舆论监督和基层专职监督，是基层监督法治化实现的五种基本方式。基层监督机制建设，就是要在不断加强基层组织监督、基层司法监督、基层群众监督、基层舆论监督和基层专职监督各自建设的同时，进一步增强五种监督方式的机制合力。基层组织监督、基层司法监督、基层群众监督、基层舆论监督和基层专职监督机制建设，都需要进一步加强文化内涵的融入和文化功能的培育。在基层监督机制建设中，可以依托五种基层监督的基本方式加强文化内涵的注入和文化功能的培育，同时依托基层组织监督、基层司法监督、基层群众监督、基层舆论监督和基层专职监督，形成基层监督的文化网络。

二　依托基层监督文化网络加强文化和法治教育

通过基层监督的文化网络，基层监督在工作开展中要进一步强化文

① 颜佳华、欧叶荣：《党内监督文化的结构、功能及实现路径》，《湖南科技大学学报》（社会科学版）2018 年第 1 期。

化和法治教育功能。加强对基层监督主体和基层监督对象的文化和法治教育，将马克思主义及其中国化的理论成果作为基层监督机制中文化教育的基本内容，尤其是要重点加强习近平新时代中国特色社会主义思想的教育。同时，还要依托文化网络，将文化教育作为基层监督中对基层监督对象进行价值观塑造的重要途径，以富有成效的文化教育和正确的价值观塑造引导基层监督对象，也即教育引导基层国家机关及其公职人员，规范化使用手中的权力，坚决杜绝腐败问题的发生。同时，还要进一步加强法治教育。无论是基层监督的主体还是基层监督的对象，都要绷紧法治之弦，树立法治思维，运用法治方式做好监督工作。群众和村（居）务监督委员会履行监督职能时，要依照相关法律法规对基层各类国家机构和行使公权力的公职人员进行合法监督，不得存有私心，借此故意打击报复。基层组织监督和基层司法监督的主体，在日常监督工作中更应始终坚持法治思维和法治方式，通过合法监督把权力运行纳入法治轨道。制作相关警示教育案件宣传片，能起到以身边事教育身边人，达到处理一起、警示一域的作用。但是，法治教育还需要多从正面宣传引导，通过基层普法、基层培训等多种形式将“法”的概念铭刻在公职人员及群众心中，想问题、做决策、办事情前首先衡量是否符合法律规定。与此同时，在全社会提升法治意识，使基层形成浓厚的法治氛围，从而促进基层监督法治化建设。

三　增强基层党委对基层监督文化网络的领导

基层党委在基层党风廉政建设中肩负着主体责任，要在基层党风廉政建设中发挥领导作用。在基层监督中构建文化网络，加强马克思主义意识形态对基层监督的文化引领，也是基层党风廉政建设的必然要求。基层党委作为推进基层党风廉政建设的领导者，要在基层监督文化网络建设中发挥领导作用。基层党委在领导基层文化网络建设时，要在明确领导责任的同时，制定基层监督文化网络的建设和发展规划，同时还要建立相应的监督领导机制，对基层监督文化网络的建设情况、文化内容以及文化活动进行监督管理，还要将之作为基层党风廉政建设质量评价的重要依据。基层党委领导基层监督文化网络建设，要重点加强基层纪检监察机构文化网络建设，确保基层纪检监察机构在文化网络建设中沿着马克思主义意识形态的正确方向，并以马克思主义意识形态增强基层纪检监察机构的基层监督职责意识，同时对基层国家机关及其公职人员进行权为民所用和利为民所谋的公仆意识教育，从正确价值观塑造的内化上与腐败行为划清界限。

比如，河北省某县级市在充分发挥基层党组织的监督职能中，特别注意在做好教育引导方面下功夫，构筑遵规守纪的“思想堤坝”，推进基层组织监督法治化。在“某某发布”“某某融媒”“某某市纪委”等多个官媒开设“清风廉韵”专栏，推送廉洁文化作品。针对不同主体开展“九进”活动，自主拍摄红色廉洁微电影、微视频等 34 部，拍摄警示教育片 2 部，开设“以案说纪”微课堂，发布视频 3 期，受教育人数达 3 万余人次。同时，建立廉洁文化宣传联合协作机制，与宣传部、党校、文联、融媒体中心、广电网络等单位资源共享、同步推动，攥指成拳营造崇廉拒腐社会氛围。

总之，基层监督的根本目的不仅仅在于通过基层纪检监察监督机制的运行，对基层腐败官员进行惩戒，更在于通过运转有效的基层监督机制对基层公权力的运行进行有效规范，防范和杜绝基层腐败行为的发生。基层公权力的行使者是基层国家公职人员，颜佳华、唐志远认为，要在党内监督目标的指引下，充分发挥党内监督文化的作用，规范党员、党员领导干部加强党内监督的具体行为，[①] 从内化的价值观方面对基层国家公职人员进行马克思主义意识形态文化教育，帮助基层公职人员树立正确的价值导向，可以起到有效防范基层腐败问题发生的作用。在基层监督文化网络建设中构建基层国家公职人员接受马克思主义意识形态教育和正确价值观塑造的必要机制，则是对基层国家公职人员进行马克思主义意识形态教育的有效方式。加强基层监督机制建设，实现基层监督规范基层公权力运行的作用，有效防范基层腐败问题的发生，是基层党委在基层监督中肩负的主体责任的重要体现。为此，在基层党委领导下，基层监督机制建设要重视文化建设，并通过监督的文化网络建设，形成对基层国家公职人员进行正确价值观教育的常态化机制。

---

① 颜佳华、唐志远：《党内监督文化与加强党内监督》，《光明日报》2016 年 12 月 14 日第 13 版。

第八节 推动基层监督数字化

党的十八大以来，党和国家的基层监督法治化，不仅强调通过完善体系和优化机制加强基层监督，而且重视通过运用数字化的手段提高基层监督的能力和水平。基层监督法治化，客观上需要基层监督的规范化和标准化，实现基层监督由传统人治模式向现代法治模式的转变，依赖更为数字化的现代信息技术应用于基层监督而得以实现。基层监督是一项非常复杂的工作，涉及诸多手段工具的运用，手段滞后，则效率低下，难以取得提高基层监督能力和水平的效果。随着大数据技术应用的到来，把现代信息技术运用于政治监督实践已经成为重要趋势。[①] 目前，数字化已经成为各项工作提质增效的倍增器，同时文化因素也能够在诸多方面影响基层监督的工作成效。在基层监督法治化的推进中，既要重视充分利用数字化的技术手段，也要重视构建基层监督文化网络，通过数字化技术和文化网络建设的手段，推动基层监督工作方式的质变，并将基层监督置于中国特色社会主义主流文化网络的浸染之下，是丰富基层监督手段的必然需要。

包括基层监督在内的监督工作属于专业化程度很高的一项工作，既要依赖于相关法规制度体系的完善，还要在诸多相关工作的开展中充分利用现代化的技术手段。推进基层监督法治化，要重视运用现代化的技术手段，并与时俱进地坚持技术手段更新。21 世纪以来，新型科技革命深入发展，在诸多领域取得了前所未有的重大成就。其中，网络信息技术的发展，是最为引人注目的现代科技发展成果。当前，网络信息技术在各行业领域中的运用已经非常深入，已经成为推动人类生产生活方式朝着数字化和信息化方向加速变革的主要推动力。新时代，既要做好基层监督工作，深入推进基层监督的法治化进程，也要坚持推动基层监督的数字化和信息化发展，将数字要素和数字资源作为助推传统人治监督

---

① 何增科：《中国政治监督 40 年来的变迁、成绩与问题》，《中国人民大学学报》2018 年第 4 期。

方式向现代法治监督模式转型发展的主要技术手段。充分运用数字化技术手段，助力新时代基层监督的法治化进程，提高党和国家的基层监督能力水平，应当做好如下三项工作。

一　树立利用数字化技术手段推动基层监督革新的意识

理念决定思维，意识决定行为。目前，党和国家无论从顶层设计还是政策引导上，对于以数字化助力各项工作提质增效已经非常明确。同时随着国内数字化技术的快速发展以及数字经济的崛起，在基层监督及其法治化进程中充分利用数字化技术的条件已经具备。然而，一些地方在基层监督实践中数字化技术手段的运用非常不足，其实并非完全在于财政投入不足，很多是因为理念和思维滞后，运用数字化技术手段的意识不强，更喜欢将基层监督沉溺于传统手段及其营造的模式之下，而不愿意尝试使用新事物和新手段，最终造成基层监督工作技术手段的落伍。因而，在基层监督法治化发展中，充分利用数字化技术手段，要引导基层监督主体更新理念，树立技术革新和手段创新思维，提高运用数字化技术手段助力基层监督提质增效的意识。

二　探索数字化技术在基层监督中的运用途径

数字化技术在基层监督中的应用领域非常广，但要推进数字化技术与基层监督具体工作的结合，需要加强对数字化技术和基层监督工具的应用研究。章红、王木森认为，数制智能时代，法治监督的制度化和数字化是全面建设社会主义现代化的根本要求。[①] 在此过程中，实现数字化技术与基层监督工作的结合，不仅需要积极研究数字化技术工具的特性和功能，也要积极探索具体的数字化技术工作在基层监督工作具体环节中的应用方式。比如，对于基层纪检监察部门来说，面对基层群众监督中反馈的大量问题信息，如果采用传统的方式处理难度较大，为此可以采用数字化技术手段对大量的群众反映信息进行分析和处理。又如，在具体腐败案件的侦破中，可以运用数字化的技术手段对腐败案件中的

① 章红、王木森：《数制法治：小微权力法治监督的逻辑与实践——基于浙江宁海小微权力清单“36 条”数字化改革的分析》，《江汉论坛》2022 年第 12 期。

当事人进行大数据的信息检索，并用数字化技术手段对案件当事人建立数字档案，在记录案情的同时也可以用数字化的手段对案情信息进行分析处理。凡此种种，都属于在基层监督中积极运用数字化技术手段。实际上，这些都属于在基层监督中对数字化技术的简单运用，要真正提高基层监督的数字化水平，应进一步加大对数字化技术运用的研究力度，并积极开拓数字化技术在基层监督中的运用路径。

比如，雄安新区纪工委与中国科学院计算所合作开发建设的“雄安新区纪检监察大数据智能监督系统”，运用大数据和人工智能等现代信息技术，强化对工程建设项目全过程的监督。雄安新区目前正处于大规模建设阶段，因工程体量大且集中开工建设，加之雄安新区大部制扁平化管理体制，一人多岗、一岗多权，其中存在巨大廉政风险，必须运用大数据进行监督。该系统将建设“1 +4 +10”智能监督系统，为传统监督执纪插上科技翅膀。该项目被评为“2021 年度雄安新区全面深化改革创新奖”一等奖。

三　设置基层监督数字化技术运用专业部门

现代社会处在信息化时代，数字化技术代表着社会的发展趋势。基层监督若无法实现数字化，则难以适应新时代党和国家基层监督的法治化趋势，但数字化技术具有一定的技术性和专业性。目前，对于一般的数字化技术应用形式，诸如一般的办公软件和网络化平台等，基层监督的从业人员可以使用，但基层监督法治化对数字化技术的运用提出了更高要求，需要在基层监督的机制建设中设置提供数字化技术应用支持的专业部门。党和国家在推进基层监督法治化发展的过程中，可以为基层纪检监察机构成立专门的数字化技术运用支持部门，负责为基层纪检监察机构提供专业的数字化技术应用培训，同时为其工作开展提供基本的数字化技术服务支持。另外，基层纪检监察机构还要依托数字化技术应用支持部门提高数字化技术在案件侦办中的应用能力，通过充分利用数字化技术手段提高案件的侦办质量和效率，通过积极运用数字化技术全面提高基层监督的法治化水平，将基层公权力的运行置于数字化技术手段的精准规范之下，让基层“微腐败”无处遁形。

结　论

如何对源于人民的公权力进行规范和约束，从来都是一个在理论和实践层面极为重要的问题。国家权力在现代社会主要应当作为一种公权力存在，且社会政治文明越发达，国家权力的公权力属性越明显。但是，权力若不加制约，便极易沦为当权者为自己谋取私利的工具，本应作为公权力的国家权力便存在沦为私权的可能性。因而，对国家权力进行监督约束，以监督权对行政权进行制衡，便成为现代国家权力架构的一般模式，也是遵循政治权力属性及其发展规律的必然要求。在此背景下，现代国家普遍建立监督机制，以对行政权进行制约，且这种监督权既得到立法确认，又逐步得到司法支持，出现了监督的法治化趋势。现代社会或当代国家，作为监督制度或监督权存在的合理性，有着坚实的理论基础，分权监督理论为之奠定了基本理论基础，同时人民监督理论、异体监督理论、法治监督理论和舆论监督理论等也为监督制度设计与实施提供了重要的理论支撑。中国作为中国共产党长期执政的社会主义国家，党和国家历来重视发挥监督对国家公权力的制约作用。百年来，党无论在领导新民主主义革命时期的局部执政中，还是在新中国成立以来的全面执政中，一直高度重视监督对党的建设和政权建设的重要作用，并在此过程中不断健全党和国家的监督体系，探索符合中国国情和中国共产党执政规律的具有中国特色的监督体系和机制，成为保持党的纯洁性和先进性以及不断推进社会主义政治文明发展的重要因素。通过研究分析可以发现，党的十八大以来党和国家在推进基层监督及其法治化的进程中，既取得了显著成果和丰富经验，也存在一定问题，在分析问题成因的基础上探索符合中国国情的党和国家的基层监督及其法治化的发展路径，是本书的基本分析框架，现依据该分析框架将本书的主要观点总结如下。

一　法治化是党的十八大以来党和国家基层监督发展的基本趋势

中国共产党是中国特色社会主义事业的领导核心，也是中国唯一的执政党。党不断提高执政能力和执政水平，关系到中国特色社会主义事业的兴衰成败，关系到中华民族伟大复兴的最终实现。董瑛指出，为了防止权力的滥用，必须要对权力的运行进行相应的制度设计，一是制约，二是监督，以实现对权力的控制。① 因而，不断加强党的建设，坚持推进全面从严治党，是关系到党和国家前途命运的伟大工程，需要坚持通过不断健全完善监督机制助推党的建设，尤其需要通过不断健全党和国家的基层监督机制，不断提高党的基层执政能力和执政水平。党执政的根基在基层，基层政治清明，人民群众对基层政府充满信心，能够确保基层公权力的公信力，对于不断巩固党长期执政的基层群众基础，发挥着必不可少的重大作用。因而，党和国家监督体系建设，必须重视基层监督及其法治化发展，要坚持在党的领导下，在全面从严治党深入推向基层的过程中，坚持健全党和国家的基层监督体系，不断完善党和国家的基层监督机制，并坚持党和国家基层监督体系机制的法治化发展思路，将基层国家公权力和国家公职人员纳入基层监督的法规制度体系及其监督约束之下。党的十八大以来，党和国家积极推进基层监督法治化的实践探索，并取得了显著成绩。在将全面从严治党和反腐败伟大斗争向基层延伸的过程中，党和国家高度重视将基层党建与基层监督法治化建设进行结合，高度重视基层管党治党，既强调基层管党治党要做到“全”，即在健全基层管党治党的规矩体系和机制优化的过程中，坚持做到全面覆盖基层各级各类党组织及其党员，又高度重视基层管党治党要做到“严”，即强调严格贯彻基层管党治党的法律法规和党的纪律要求，严格要求基层各级各类党组织及其党员贯彻党的法规纪律体系，对违反管党治党法律、法规和制度者进行严肃处理。另外，在实现基层管党治党和基层监督法治化建设结合的过程中，党和国家在基层监督法治化

① 董瑛：《中国特色权力运行制约监督机制的三重逻辑》，《甘肃社会科学》2021 年第 2 期。

中还进一步明确了基层党委的主体责任与基层纪委的监督责任，要求基层党委要严格落实基层监督的领导责任，并在基层党委的领导下落实好基层纪委的监督责任。基层党委对基层监督及其法治化的领导责任与基层纪委的监督责任要协同配合，基层党委应当为基层纪委履行监督责任提供支持，对其进行政治领导，但不应该干涉其履行监督职责的具体业务。基层纪委履行监督职责，应保持一定的独立性，但要接受基层党委的政治领导，并对基层党委肩负履行监督职责的政治责任。

二　新形势下基层监督实现方式的法治化程度逐步加强

近些年来，党和国家不断推动健全基层监督实现方式，并在基层组织监督、基层司法监督、基层群众监督、基层舆论监督和基层专职监督建设中取得了诸多成就，基本优化了党和国家的基层监督体系，形成了加强基层监督的机制合力。朱福惠提到，中国共产党自成立以来，不断完善党内监督体制与机制，各级党委是党内监督工作的主要领导者。[①]在基层组织监督机制建设中，党和国家明确了基层各级党组织的全面监督职责，进一步健全完善了党内监督的法规制度体系，尤其是推进党规党纪的法规化，在党和国家基层监督法治化的背景下推动一批党规党纪转化为党内法规，同时进一步明确了党内监督的运行方式，有效推进了基层党内监督的法规化、制度化和规范化。在基层司法监督中，党和国家主要是为基层监督工作的开展提供了更加有力的法律法规依据，积极推动基层监督的法治化发展，并探索完善基层司法监督的运行方式。在此过程中，诸如《中华人民共和国监察法》的颁行实施、出台并执行大量党内法规以及依法设立基层各级监察委及其乡镇监察办公室机构等，都是党的十八大以来党和国家推进基层司法监督机制取得的重要成就。在基层群众监督机制建设中，党和国家进一步从党初心使命的高度以及社会主义国家的职能角度明确了人民群众在基层监督中享有的监督权利，并将人民群众的监督作为推动基层监督规范化发展的重要力量，既依法明确了基层群众的监督权利，还积极畅通人民群众参与基层监督的

---

① 朱福惠：《党内监督体系的概念生成、制度特征与实践创新》，《党内法规研究》2022年第2期。

渠道，基本形成了覆盖基层群众的行之有效的群众监督运行方式。在基层舆论监督中，职能由党的基层宣传部门、基层广播电影电视部门、基层新闻单位等履行。通过宣传引导，促进社会正常运转，对社会活动进行示范、确立标准，让群众明白该做什么以及怎么做；揭露、抨击各种违法乱纪行为，利用舆论监督影响力启动其他监督方式，基本形成了新闻公开、新闻评论、刊播来信、处理信访、编发内参等舆论监督运行方式。在基层专职监督中，党和国家针对村（居）基层缺乏专职监督的情形，在政策和法律层面对村（居）务监督委员会的设立提供了持续支持，改变了国家监察资源难以覆盖村（居）基层的长期现实，使村（居）务监督委员会的监督成为对村（居）民委员会及其成员进行监督约束的有效方式，并在相关法律规定之下探索构建了村（居）务监督委员会履行监督职责和有效开展工作的运行方式。

三　反腐败与监察体制改革是党和国家基层监督法治化的重要成就

党的十八大后党和国家在基层监督法治化建设中还坚持将反腐败向基层推进，严肃查处了大量群众身边的不正之风，加大了基层巡察力度，开展了卓有成效的基层“微腐败”治理。反腐败是党和国家履行监督职能的重要内容。基层腐败是基层公权力运行失范的主要体现，具体表现多种多样，既是基层人民群众普遍关注的重要问题，也往往是与人民群众切身利益紧密相关的重要问题。因而，党和国家在基层监督及其法治化建设中高度重视对基层腐败问题的治理，坚持将反腐败伟大斗争向基层延伸。基层腐败问题本身便是不正之风，基层巡察不仅是打通全面从严治党的“最后一公里”，也是构建巡视巡察上下联动监督网的“着力点”，还是实现乡村振兴的重要政治保障。党和国家在治理基层腐败的过程中建立和推广基层巡察制度，查处了大量的基层腐败问题，对基层腐败形成了常态化的监督威慑。同时，党和国家在基层监督及其法治化建设中，高度重视基层腐败治理，尤其是针对基层“微腐败”现象加强了基层监督的治理与约束，有效规范了基层“微权力”运行，提高了基层人民群众对基层政府的公信力。

党的十八大后党和国家在基层监督法治化中取得了显著成就，还与在此期间大力推动监察体制改革有关。纪检监察机构是履行基层监督职责的党和国家机关，也是进行基层专责监督的主要机构。党的十八大以来，党和国家对监察体制进行了大力改革，主要是依据《中华人民共和国监察法》之规定，成立了各级监察委，并实现与同级纪委合署办公。在此过程中，基层各级监察委，主要是县级监察委以及乡镇的监察办公室得以依法设立，在实现基层纪委和监察部门合署办公的同时，进一步提高了基层监察委的地位，统一了基层纪检监察资源力量，并将党和国家的监督资源进一步向基层下沉，而随着乡镇监察办公室的成立以及向规模较大村临时派驻监察员，党和国家的基层监督相比过去做到了全覆盖、无死角。同时，《监察法》的颁行实施，则为基层监察委更好履行法定监督职责，提供了基本且必要的法律依据，使基层监察委履行专责监督职责有了更加充分的法律依据。

四　坚持和完善基层监督机制是完善基层监督法治化的重要途径

党的十八大以来，党和国家推进基层监督法治化取得了诸多成就，并不断推动健全基层监督实现方式。在此背景下，基层国家权力运行相比过去更加规范，尤其是在基层监督法治化的过程中，基层监督基本实现了法律法规的全覆盖，基层监督机制建设也基本实现了有法可依。基层监督法治化也有力推动了基层的反腐败工作，在党和国家强调“老虎”“苍蝇”一起打的反腐败政策引领下，基层的反腐败斗争获得了深入推进，取得了重大成就。即便如此，基层腐败问题并未得到根本消除。新时代，基层腐败问题依然有各种表现，诸如基层违反中央八项规定精神和“四风”问题、基层政策执行中存在的庸政懒政怠政现象、基层侵害群众切身利益的现象、基层“微腐败”问题以及基层“一把手”违纪违法现象等，都属于新时代基层腐败问题的主要表现。在党和国家大力推进基层监督及其法治化建设和推进反腐败伟大斗争以及全面从严治党深入基层的形势下，基层腐败问题依然以各种表现存在于基层，在很大程度上反映出基层监督依然面临诸多难点有待解决。本书分别从基层监督法治化的立法、执法、司法、守法层面进行分析，包括覆盖基层的党内法规体系和监察法律体系依然不够完善，基层监督法治化成本高难度大，基层纪委监委监督作用发挥不够，基层司法监督力量薄弱，基层媒体监督效果不理想，部分村（居）务监督委员会职能虚化弱化、履职能力普遍不高，基层尚未形成浓厚的法治氛围，等等，都是新时代基层腐败暴露出来的基层监督法治化面临的问题。新时代，基层腐败问题依然以不同的表现形式存在，原因是多方面的，诸如市场经济条件下基层党员干部价值观的异化、西方腐朽生活方式的渗透影响、个人理想信念的滑坡以及政治意识不够坚定等，都是造成基层腐败问题发生的因素，但主要原因还在于基层监督体制机制层面存在一系列问题，基层监督法治化建设存在薄弱环节。基层监督法治化之所以面临系列困境，主要原因分析按照上述思路，包括基层监督立法进程滞后于监督实践发展、基层监督机制的制度设计和运行方式不完善、基层党委主体责任未完全落实到位、基层司法监督效能未充分发挥、基层媒体监督活力不强、部分村（居）务监督委员会缺乏相应管理运行机制、基层群众普遍法治意识淡薄等，是造成相应问题存在的主要原因。

五　多措并举推进法治化进程是新时代党和国家基层监督发展的必然选择

针对新时代基层腐败的主要表现、基层监督法治化面临的问题及其成因，应坚持以法治化为主线，着力从基层监督法治化立法、执法、司法、守法、法治文化建设方面入手，不断健全党和国家的基层监督体系，优化基层监督机制。

第一，要立足于基层监督职能，健全与基层监督相关的党内法规和配套法律法规体系。在《中华人民共和国监察法》这一新型基本法后，要加快该法的相关配套法律建设，形成既有法理支撑，又科学高效的《监察法》法律法规体系，并加强《监察法》及其相关法律法规体系与既有法律体系的兼容性和协同性。《监察法》的主要职能在于对国家公职人员职务犯罪进行监察监管，要充分发挥该主要职能，还要做好与实体法《刑法》和程序法《刑事诉讼法》及其所属普通法法律体系的“法法衔接”，在纵向和横向法律体系中既要避免出现法理障碍，也要避免出现重复乃至冲突。通过《监察法》对既有法律体系的合理兼容实现既有法律体系与《监察法》的协同配合，更好发挥《监察法》对国家公职人员职务犯罪的监察、监管和制约作用。另外，《监察法》还要做好与党内法规的“纪法结合”，并切实提高法律法规的执行力。

第二，坚持完善基层组织的自我监督，落实基层党委的主体责任和基层纪委的监督责任。基层各级党组织是开展基层监督的重要依托，也是基层监督机制建设的重要内容。新时代，要坚持完善基层党组织的自我监督，关键在于压实基层党委的主体责任和增强基层纪委的专责监督，并协调处理好基层党委主体责任履行与基层纪委专责监督之间的关系，既要坚持基层党委对基层纪委的政治领导，也要在专责监督业务上保持基层纪委的独立性。第三，建立健全有利于基层司法监督质效提升的制度设计，用制度来保障基层司法监督的质效。第四，增强媒体依法监督的活力，建立媒体监督与其他监督模式的对接机制。第五，坚持增强专职监督机构的作用，更好发挥村（居）务监督委员会作用。村（居）务监督委员会是党和国家针对村（居）基层设置的专职监督机制，但党的十八大以来依然存在职能虚化弱化问题，应制定政策并采取措施确保村（居）务监督委员会的独立性，加强其履职能力建设。此外，推进党和国家基层监督的法治化，还要在基层群众监督机制建设中积极畅通群众依法监督的渠道，持续优化升级信访举报受理平台，并加大群众依法监督渠道的宣传。构建基层法治监督文化网络，加强对基层监督主体和对象的主流文化引领和正确价值观塑造。同时还要不断丰富基层监督的手段，充分利用数字化技术手段提高基层监督机制的运行质量与效率。

习近平总书记在党的十九届六中全会第二次全体会议上指出："我们党历史这么长、规模这么大、执政这么久，如何跳出治乱兴衰的历史周期率？毛泽东同志在延安的窑洞里给出了第一个答案，这就是'只有让人民来监督政府，政府才不敢松懈'。经过百年奋斗特别是党的十八大以来新的实践，我们党又给出了第二个答案，这就是自我革命。"[①] 中国共产党是中国特色社会主义事业的领导核心。党和国家的监督体系建设是推进全面从严治党和反腐败伟大斗争深入发展的必然需要，是不断加强党的建设，保持党的纯洁性、先进性和战斗力的必然需要，也是提高党的执政能力与水平的必然需要。基层监督体系是党和国家监督体系

① 《习近平谈治国理政》（第四卷），外文出版社 2022 年版，第 541 页。

建设的基础，推进基层监督法治化，既有助于夯实党长期执政的基层基础，不断提高基层人民群众对基层政府的公信力，也有助于规范基层国家公权力运行，形成预防和打击基层腐败的有效机制。随着基层监督及其法治化的不断推进，党和国家的基层监督体系机制将在不断完善中构建起防范基层腐败问题的铜墙铁壁，推进党和国家的基层监督方式从以"人治"为主向以"法治"为主转变，切实发挥好维护人民群众根本利益的职能，助力基层现代化社会治理体系建设和治理能力提升，有力推动新时代党的建设新的伟大工程，为实现中华民族伟大复兴的"中国梦"夯实基层监督基础。

附　　录

本调查问卷通过“问卷网”进行发放，共历时 9 天，收回有效问卷 1224 份。其中，针对基层纪检监察机构工作人员的问卷有 373 份，针对基层其他干部的问卷有 851 份，大部分被调查对象为河北省的基层干部，同时也有少量山西、江西、福建省的基层干部。该问卷所得结论具有客观性和参考性。

附录 1　关于基层监督的调研问卷（纪检干部）

本调研问卷主要是了解基层（县级、乡镇）纪检监察机构履行监督职能的情况。调研问卷只是用于学术研究且匿名，请您放心填写。感谢您对此次调研的大力支持!

一　单选题

1. 您认为基层纪检监察机构最重要的工作任务是什么?

A. 监督公职人员

B. 查处违纪违法案件

C. 反腐败

D. 其他

2. 您是否负责过监督职能以外的党委政府其他工作?

A. 完全未负责

B. 个别情况下负责

C. 有些情况下负责

D. 经常负责

3．您认为自身能力素质是否能够适应新时代监督要求？

A．非常适应

B．比较适应

C．适应

D．不大适应

E．需经过培训才能适应

4．您认为基层监督受“熟人社会”影响程度如何？

A．非常影响

B．比较影响

C．影响

D．基本不影响

E．完全不影响

5．您认为基层监督现代化手段普及应用程度如何？

A．非常普及

B．比较普及

C．普及

D．基本没普及

E．完全没普及

二　多选题

1．您认为影响基层监督效果的主要因素有哪些？

A．基层纪检监察人员素质不高

B．基层纪检监察力量不足

C．基层纪检监察体制不顺

D．群众监督积极性不高

E．其他__________

2．您认为提升基层纪检监察工作人员素质的途径有哪些？

A．把好“进口关”，突出专业岗位适配性

B．理论武装提升政治素质

C．专题培训提升专业素养

D．跟班历练提升实践能力

E. 其他__________

3. 您认为基层监督的重点应放在哪里?

A. 管住关键人

B. 管住关键事

C. 管住关键处

D. 管住关键时

E. 其他__________

4. 您认为如何更好地发挥群众监督作用?

A. 保护群众监督权利，严禁打击报复

B. 重点发挥好基层党代表、人大代表与政协委员作用

C. 充分发挥基层“三员”监督作用

D. 基层纪检监察机构加强对村监会工作的指导

E. 其他__________

三　开放式问题

再次感谢您对本调研的大力支持!

2023 年 7 月

附录 2　关于基层监督的调研问卷（纪检干部）统计报表

1. 您认为基层纪检监察机构最重要的工作任务是什么?（单选）

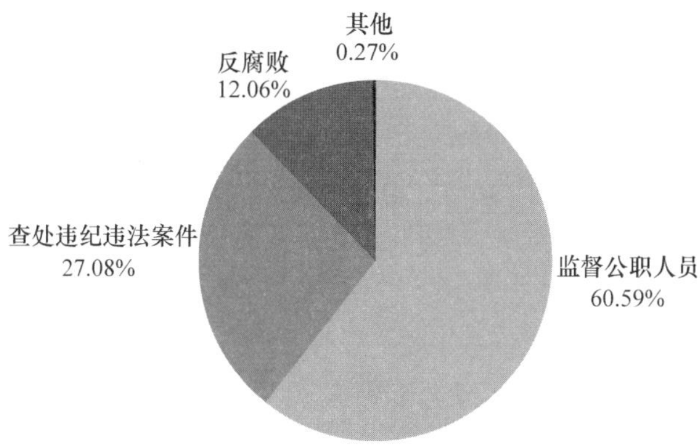

选项	选择次数	百分比（%）
监督公职人员	226	60. 59
查处违纪违法案件	101	27. 08
反腐败	45	12. 06
其他	1	0. 27
总计	373	100

2. 您是否负责过监督职能以外的党委政府其他工作？（单选）

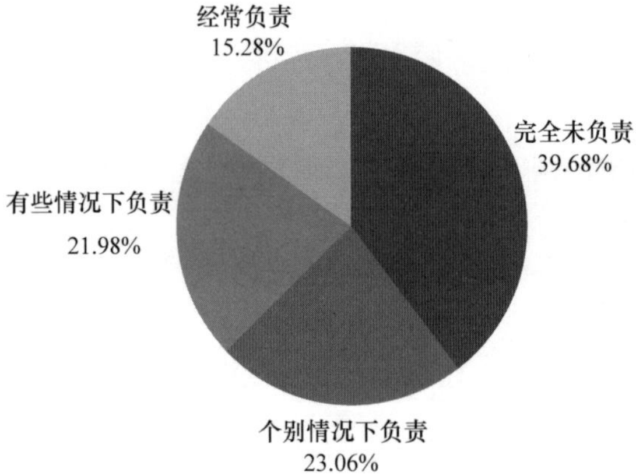

选项	选择次数	百分比（%）
完全未负责	148	39. 68
个别情况下负责	86	23. 06
有些情况下负责	82	21. 98
经常负责	57	15. 28
总计	373	100

3. 您认为自身能力素质是否能够适应新时代监督要求？（单选）

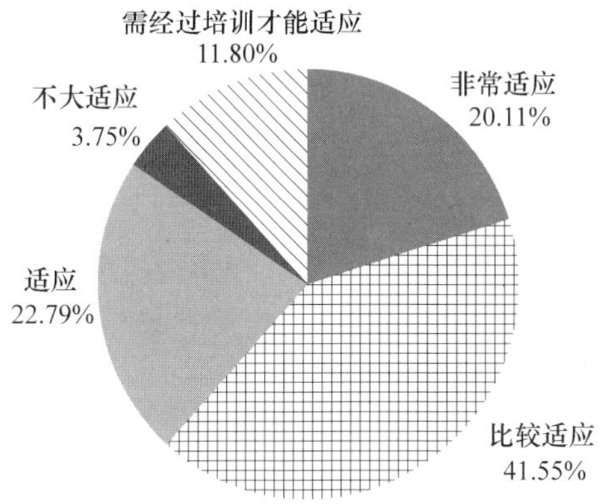

选项	选择次数	百分比（%）
非常适应	75	20. 11
比较适应	155	41. 55
适应	85	22. 79
不大适应	14	3. 75
需经过培训才能适应	44	11. 80
总计	373	100

4. 您认为基层监督受“熟人社会”影响程度如何？（单选）

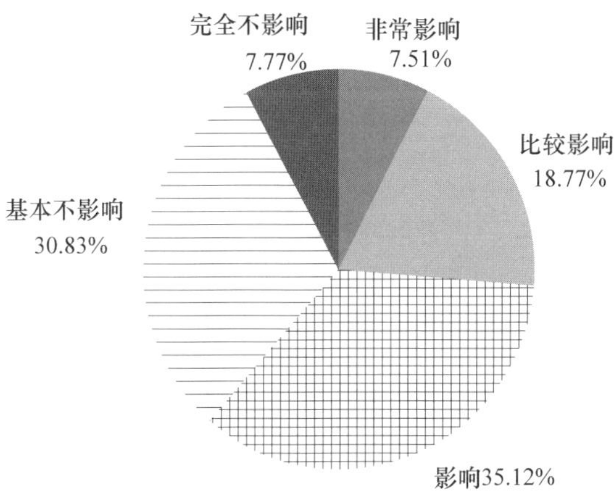

选项	选择次数	百分比（%）
非常影响	28	7. 51
比较影响	70	18. 77
影响	131	35. 12
基本不影响	115	30. 83
完全不影响	29	7. 77
总计	373	100

5. 您认为基层监督现代化手段普及应用程度如何？（单选）

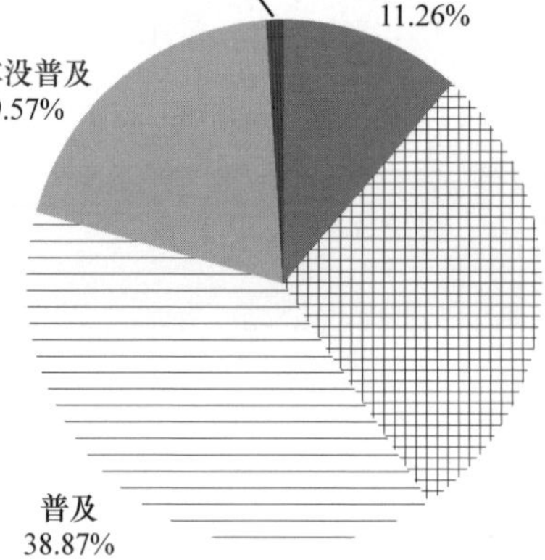

选项	选择次数	百分比（%）
非常普及	42	11. 26
比较普及	109	29. 22
普及	145	38. 87
基本没普及	73	19. 57
完全没普及	4	1. 07
总计	373	100

注：本表计算采用四舍五入法，余同。

6. 您认为影响基层监督效果的主要因素有哪些？（多选）

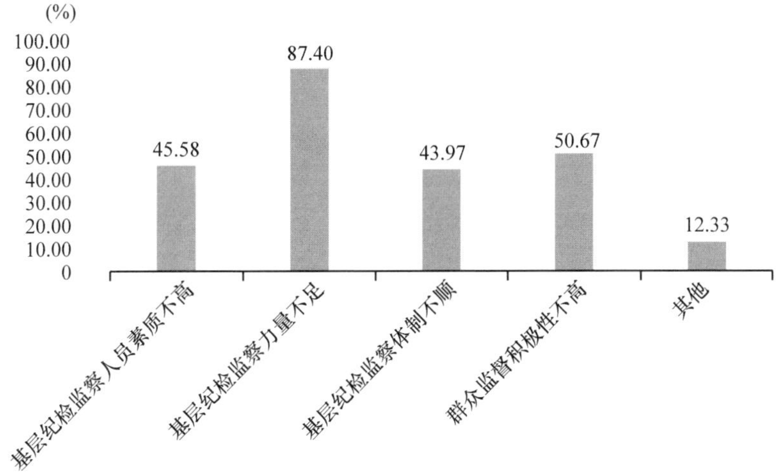

选项	选择次数	百分比（%）
基层纪检监察人员素质不高	170	45.58
基层纪检监察力量不足	326	87.40
基层纪检监察体制不顺	164	43.97
群众监督积极性不高	189	50.67
其他	46	12.33

7. 您认为提升基层纪检监察工作人员素质的途径有哪些？（多选）

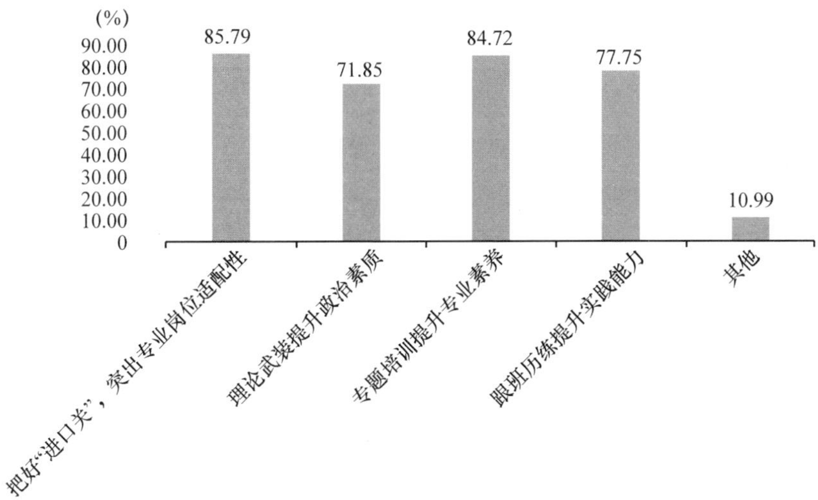

选项	选择次数	百分比（%）
把好“进口关”，突出专业岗位适配性	320	85. 79
理论武装提升政治素质	268	71. 85
专题培训提升专业素养	316	84. 72
跟班历练提升实践能力	290	77. 75
其他	41	10. 99

8. 您认为基层监督的重点应放在哪里？（多选）

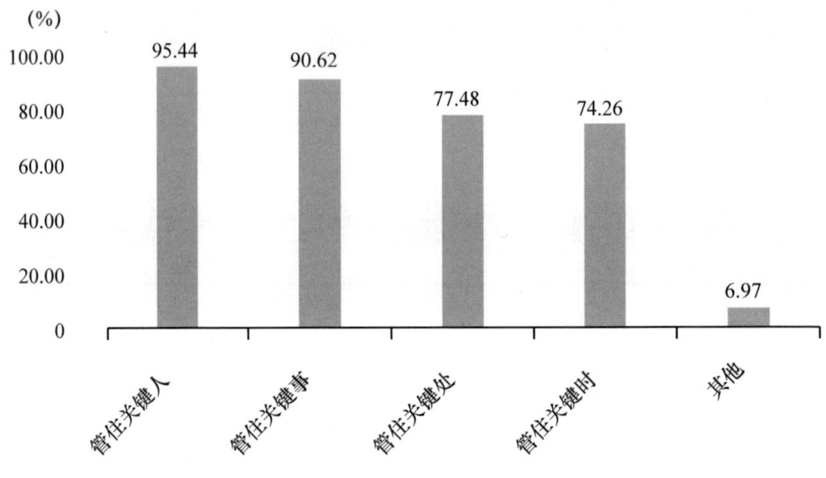

选项	选择次数	百分比（%）
管住关键人	356	95. 44
管住关键事	338	90. 62
管住关键处	289	77. 48
管住关键时	277	74. 26
其他	26	6. 97

9. 您认为如何更好地发挥群众监督作用?(多选)

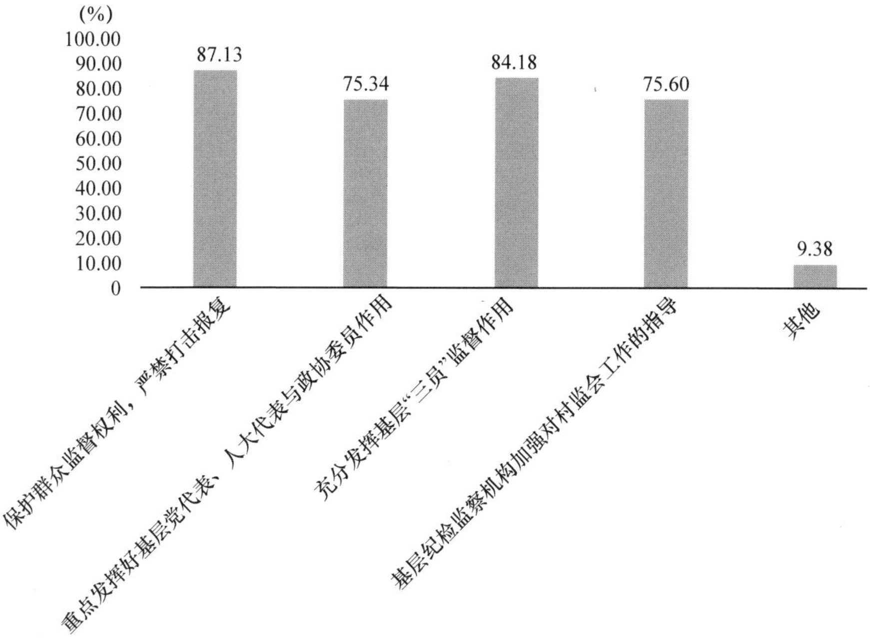

选项	选择次数	百分比（%）
保护群众监督权利，严禁打击报复	325	87. 13
重点发挥好基层党代表、人大代表与政协委员作用	281	75. 34
充分发挥基层“三员”监督作用	314	84. 18
基层纪检监察机构加强对村监会工作的指导	282	75. 60
其他	35	9. 38

10. 您对提升基层监督效果有哪些意见和建议?(节选)

序号	回答详情
373	保障基层纪检监察人数充足，增加专题培训提升专业素养，合理调整跟班历练提升实践能力
372	无
371	无

续表

序号	回答详情
370	无
369	无
368	无
367	一是提升基层人员待遇，尤其是农村三员，应该发补助；二是加大培训力度，提升办案能力
366	广泛发动群众监督
365	无
364	多进行培训学习，到先进地区学习先进经验
363	①基层纪委人员力量严重不足；②基层纪委无经费保障；③村级“三员”无待遇保障，无工作积极性
362	提高人员素质，培养专业化队伍，完善纪检监察手段，科学分配工作并配置人员力量
361	无
360	无
359	进一步加强基层监督工作的人员力量
358	无
357	无
356	无
355	无
354	提升基层纪检监察干部素质，提高工作水平
353	无
352	无
351	突出实际，上下联动畅通制度保障
350	没有
349	①加强基层监督的力量；②加强基础监督的业务培训
348	无
347	无
346	①提高对基层监督工作人员的重视程度，在干部提升上受到公平对待，激励其工作积极性；②加强业务培训，提高基层纪检工作人员能力素质
345	无
344	积极发挥作用

续表

序号	回答详情
343	扎扎实实搞监督，多到基层调研
342	无
341	无
340	①下大力度推广“监督一点通”平台，让广大群众广泛应用；②加强县乡两级监督人员力量配备，增加县乡纪委监委编制，破解监督人员力量不足问题；③加强乡镇和村（社区）监督人员业务培训，增强监督能力和水平
339	①对十类人的权责清单应尽快上线信息化监督平台；②110 项权责清单太过于详细，不方便群众举报，广泛存在举报内容与清单不符的情况，一是影响举报人积极性，二是冗杂的序列不利于平台推广，建议应按照举报事和举报人两大类进行分类举报，由监督反馈人员描述问题进行反馈，由监督部门进行筛查再对标权责清单分办
338	建议多组织培训，尤其是派出机构业务培训
337	无
336	多学习交流好的经验做法
335	落实基层监督队伍补贴，提升干部积极性
334	加强人员力量，杜绝形式主义
333	无
332	提升基层纪检工作人员能力，通过跟班轮训，了解基层监督的目的、方式、重点，同时改革相应机制，避免熟人社会制约，真正收到成效
331	无
330	无
329	无
328	无
327	乡镇纪委人员过少；基层纪委未落实经费保障；村级“三员”还没有落实待遇，积极性不高
326	因为基层监督涉及点多面广工作任务量繁重，建议单独成立室组或专项工作专班，纵向把控，横向发力，实现规范化、专业化，提高具体工作可操作性和工作人员的工作积极性
325	多培训业务知识
324	加大对信息化平台的利用，大力宣传监督一点通，做好推广
323	关注“坏孩子”的问题，确保问题化解是重点
322	无
321	进一步加强信息化监督管理工作

续表

序号	回答详情
320	党委支持，纪委强化监督
319	加强对村级监督人员的业务培训和指导
318	无
317	无
316	加强乡镇和村级监督人员的业务培训和指导
315	加强基层监督力量，加大业务培训力度
314	无
313	没意见
312	大力推广“一点通”监督平台，落实村级纪检委员待遇，提升村级纪检委员素质，用好村纪检委员队伍
311	提高重视程度，保证问题查处恰当
310	无
309	发动群众，让群众参与处理，提升质效
308	强化信息化科技化建设
307	无
306	无
305	无
304	无
303	无
302	多专业培训
301	无
300	多多进行专业性培训
299	无
298	对基层重点环节、重点岗位、重点问题进行监督
297	加大基层监督人员的学习培训
296	强化与其他职能部门协同联动，发挥监督合力
295	一点通平台大力推广
294	配齐配强基层纪检人员力量
293	坚决杜绝形式主义、官僚主义，以促进乡村振兴为出发点
292	多多进行专业性培训

续表

序号	回答详情
291	发挥基层小微权力“监督一点通”平台作用，把群众监督和信息化监督有效结合起来
290	加大对基层三员的培训力度
289	无
288	无
287	拓展监督方式，充分利用现代化手段
286	推进交叉监督，避免熟人关系影响
285	无
284	增加乡镇纪委人员力量
283	加强基层监督力量，拓宽监督渠道，提升基层监督员的素质和能力
282	增加监督力量，监督全面覆盖
281	没有意见建议
280	加强基层人员培训，树立基层监督人员监督意识
279	提升三员整体素质，充分发挥三员作用
278	加强培训
277	无
276	多下去调研
275	加强业务培训
274	无

附录3　关于基层监督的调研问卷（一般干部）

本调研问卷主要是了解基层（县级、乡镇）纪检监察机构履行监督职能、群众监督的认知和态度的情况。调研问卷只是用于学术研究且匿名，请您放心填写。感谢您对此次调研的大力支持！

一　单选题

1. 您认为基层纪检监察机构最重要的工作任务是什么？

A. 监督公职人员

B. 查处违纪违法案件

C. 反腐败

D. 其他

2. 您认为基层纪检监察工作人员能力素质是否能够适应新时代监督要求？

A. 非常适应

B. 比较适应

C. 适应

D. 不大适应

E. 需经过培训才能适应

3. 您认为基层监督受“熟人社会”影响程度如何？

A. 非常影响

B. 比较影响

C. 影响

D. 基本不影响

E. 完全不影响

4. 您认为基层监督现代化手段普及应用程度如何？

A. 非常普及

B. 比较普及

C. 普及

D. 基本没普及

E. 完全没普及

5. 您是否愿意监督公职人员？

A. 非常愿意

B. 比较愿意

C. 愿意

D. 基本不愿意

E. 完全不愿意

6. 您是否了解监督公职人员的途径？

A. 非常了解

B. 比较了解

C. 了解

D. 基本不了解

E. 完全不了解

二　多选题

1. 您认为影响基层监督效果的主要因素有哪些？

A. 基层纪检监察人员素质不高

B. 基层纪检监察力量不足

C. 基层纪检监察体制不顺

D. 群众监督积极性不高

E. 其他__________

2. 您认为提升基层纪检监察工作人员素质的途径有哪些？

A. 把好“进口关”，突出专业岗位适配性

B. 理论武装提升政治素质

C. 专题培训提升专业素养

D. 跟班历练提升实践能力

E. 其他__________

3. 您认为基层监督的重点应放在哪里？

A. 管住关键人

B. 管住关键事

C. 管住关键处

D. 管住关键时

E. 其他__________

4. 您认为如何更好地发挥群众监督作用？

A. 保护群众监督权利，严禁打击报复

B. 重点发挥好基层党代表、人大代表与政协委员作用

C. 充分发挥基层“三员”监督作用

D. 基层纪检监察机构加强对村监会工作的指导

E. 其他__________

三 开放式问题

5. 您对提升基层监督效果有哪些意见和建议?

再次感谢您对本调研的大力支持!

2023 年 7 月

附录 4 关于基层监督的调研问卷(一般干部)统计报表

1. 您认为基层纪检监察机构最重要的工作任务是什么?(单选)

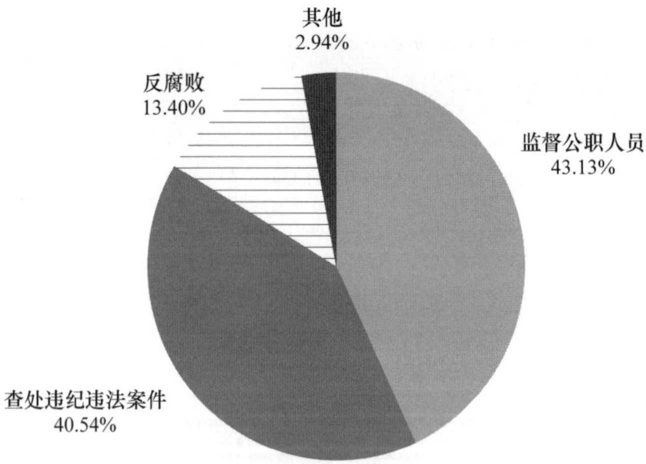

选项	选择次数	百分比(%)
监督公职人员	367	43. 13
查处违纪违法案件	345	40. 54
反腐败	114	13. 40
其他	25	2. 94
总计	851	100

2. 您认为基层纪检监察工作人员能力素质是否能够适应新时代监督要求？（单选）

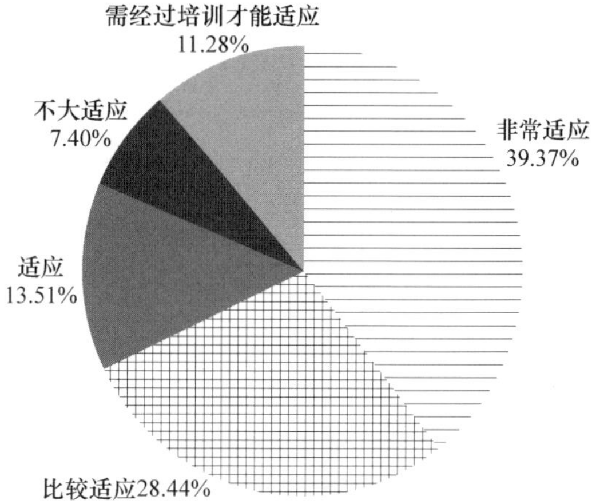

选项	选择次数	百分比（%）
非常适应	335	39. 37
比较适应	242	28. 44
适应	115	13. 51
不大适应	63	7. 40
需经过培训才能适应	96	11. 28
总计	851	100

3. 您认为基层监督受“熟人社会”影响程度如何？（单选）

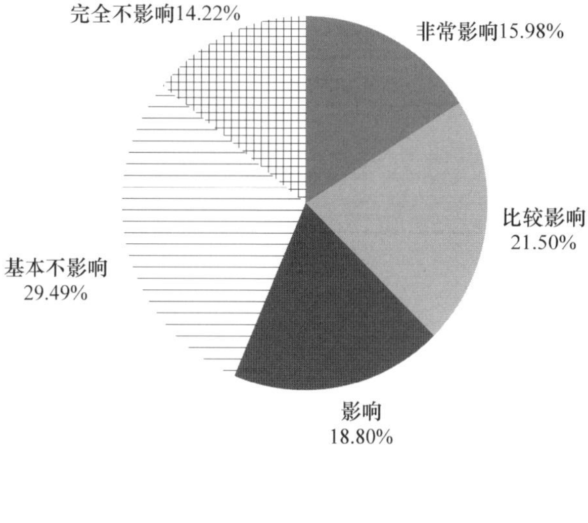

选项	选择次数	百分比（%）
非常影响	136	15.98
比较影响	183	21.50
影响	160	18.80
基本不影响	251	29.49
完全不影响	121	14.22
总计	851	100

4. 您认为基层监督现代化手段普及应用程度如何？（单选）

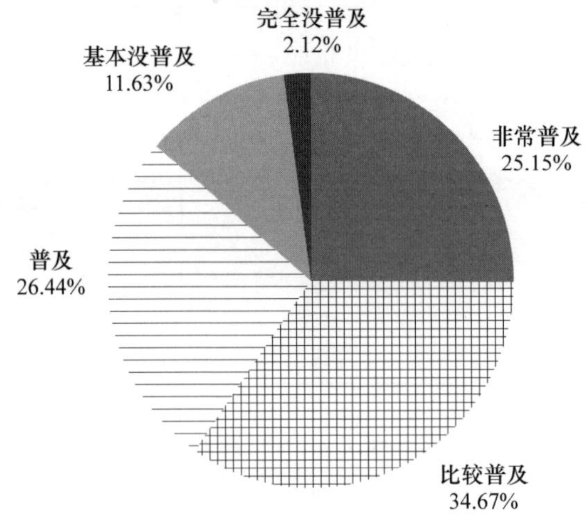

选项	选择次数	百分比（%）
非常普及	214	25.15
比较普及	295	34.67
普及	225	26.44
基本没普及	99	11.63
完全没普及	18	2.12
总计	851	100

5. 您是否愿意监督公职人员？（单选）

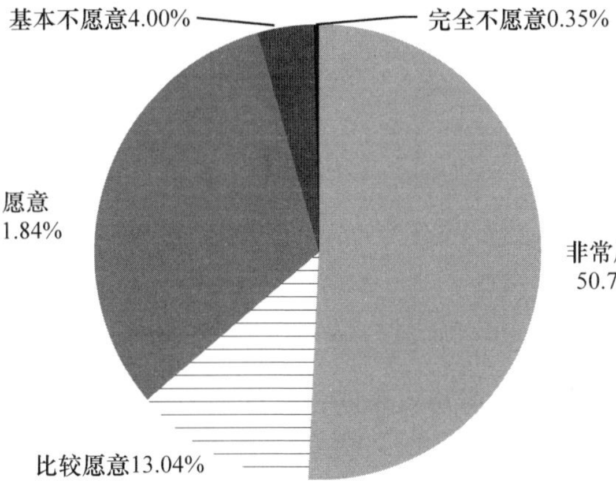

选项	选择次数	百分比（%）
非常愿意	432	50. 76
比较愿意	111	13. 04
愿意	271	31. 84
基本不愿意	34	4. 00
完全不愿意	3	0. 35
总计	851	100

6. 您是否了解监督公职人员的途径？（单选）

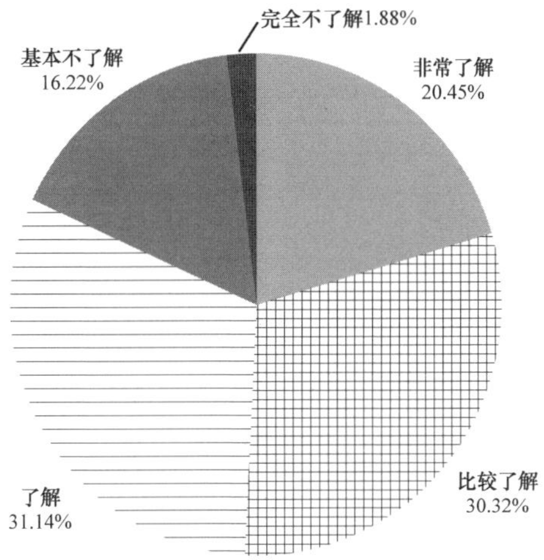

选项	选择次数	百分比（%）
非常了解	174	20.45
比较了解	258	30.32
了解	265	31.14
基本不了解	138	16.22
完全不了解	16	1.88
总计	851	100

7. 您认为影响基层监督效果的主要因素有哪些？（多选）

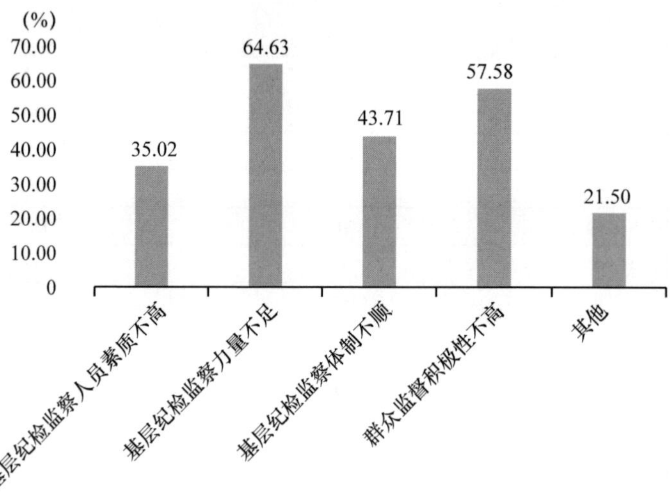

选项	选择次数	百分比（%）
基层纪检监察人员素质不高	298	35.02
基层纪检监察力量不足	550	64.63
基层纪检监察体制不顺	372	43.71
群众监督积极性不高	490	57.58
其他	183	21.50

8. 您认为提升基层纪检监察工作人员素质的途径有哪些？（多选）

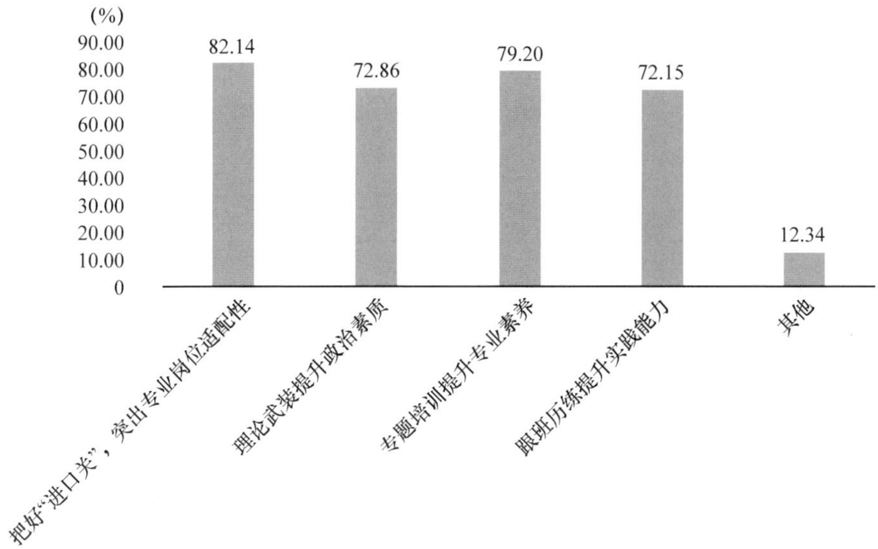

选项	选择次数	百分比（%）
把好“进口关”，突出专业岗位适配性	699	82. 14
理论武装提升政治素质	620	72. 86
专题培训提升专业素养	674	79. 20
跟班历练提升实践能力	614	72. 15
其他	105	12. 34

9. 您认为基层监督的重点应放在哪里？（多选）

选项	选择次数	百分比（%）
管住关键人	751	88. 25
管住关键事	722	84. 84
管住关键处	626	73. 56
管住关键时	568	66. 75
其他	81	9. 52

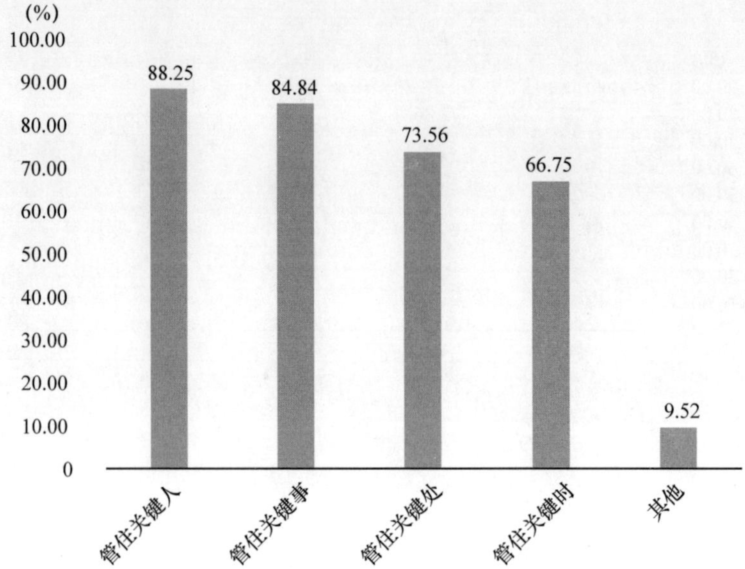

10. 您认为如何更好地发挥群众监督作用？（多选）

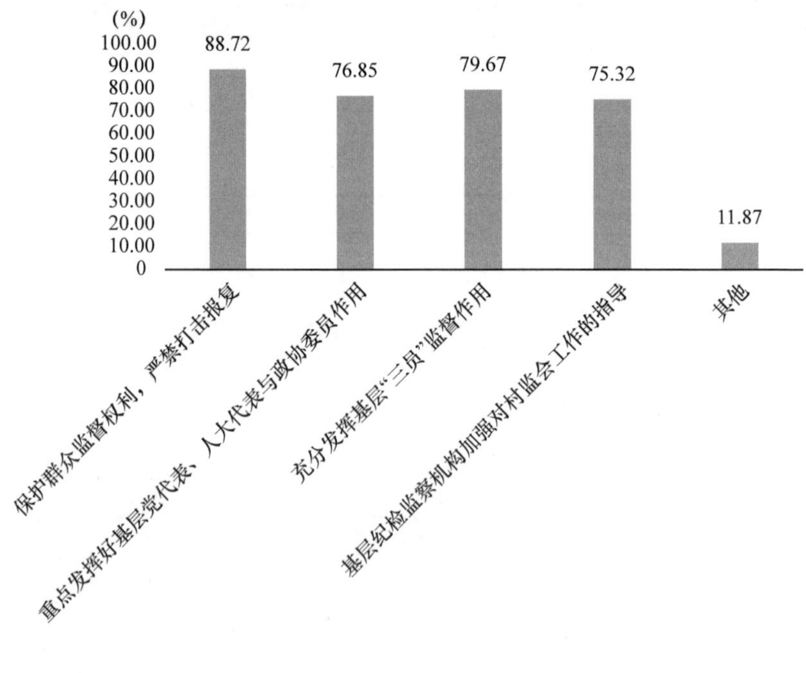

选项	选择次数	百分比（%）
保护群众监督权利，严禁打击报复	755	88.72
重点发挥好基层党代表、人大代表与政协委员作用	654	76.85
充分发挥基层“三员”监督作用	678	79.67
基层纪检监察机构加强对村监会工作的指导	641	75.32
其他	101	11.87
总计	851	100

11. 您对提升基层监督效果有哪些意见和建议？（节选）

序号	回答详情
851	无
850	无
849	无
848	很好
847	无
846	无
845	提高基层纪检监察工作人员综合素质，创新基层纪检监察工作方式方法
844	无
843	加大培训力度，提高监督履职能力
842	没
841	没
840	无
839	无
838	权力下放，使得同级纪检委有权查处同级别在职人员
837	定期对基层的重点项目、村财收入支出等进行检查
836	监督人员先严于律己
835	无
834	关注网络民意
833	无
832	无

续表

序号	回答详情
831	持续加大力度
830	进一步加强
829	无
828	无
827	无
826	加大力度
825	没有
824	公开监督内容
823	无
822	多宣传，多培训，密切联系群众，以人为本
821	无
820	暂无
819	无
818	提升自身素质和职业素养
817	加强监督力度
816	无
815	无
814	无
813	加大公开力度
812	无
811	加强基层监督工作
810	无
809	提升人员素质
808	无
807	多深入群众了解情况
806	无
805	无
804	无
803	没有
802	无

续表

序号	回答详情
801	无
800	加强学习，培训，把住人情关
799	提升能力，完善体制
798	有待改进
797	无
796	无
795	加强纪律监督
794	无意见
793	无
792	无意见
791	无
790	加强人员力量
789	无
788	无
787	无
786	无
785	增加透明度
784	加强学习，提高自身能力
783	无
782	无
781	加强基本监督人员力量
780	无
779	无
778	无
777	没有
776	无
775	无
774	无
773	无
772	加强培训，提升能力

续表

序号	回答详情
771	无
770	无
769	加大力度
768	没有
767	加大群众监督力度
766	无
765	加大力度
764	无
763	无
762	无
761	无
760	进行培训
759	打铁还需自身硬，首先提升自己
758	无
757	暂时没有
756	无
755	无
754	无
753	暂无
752	无

参考文献

一 专著

（一）中文专著

《邓小平文选》（第一卷），人民出版社 1994 年版。
《邓小平文选（1975—1982）》，人民出版社 1983 年版。
《江泽民文选》（第一卷），人民出版社 2006 年版。
《胡锦涛文选》（第二卷），人民出版社 2016 年版。
习近平：《决胜全面建成小康社会　夺取新时代中国特色社会主义伟大胜利——在中国共产党第十九次全国代表大会上的报告》（2017 年 10 月 18 日），人民出版社 2017 年版。
《习近平著作选读》（第二卷），人民出版社 2023 年版。
《习近平著作选读》（第一卷），人民出版社 2023 年版。
习近平：《论坚持全面依法治国》，中央文献出版社 2020 年版。
习近平：《论党的自我革命》，党建读物出版社、中国方正出版社、中央文献出版社 2023 年版。
《习近平谈治国理政》（第四卷），外文出版社 2022 年版。
《习近平谈治国理政》（第三卷），外文出版社 2020 年版。
《习近平谈治国理政》（第二卷），外文出版社 2017 年版。
《习近平谈治国理政》，外文出版社 2014 年版。
蔡定剑：《国家监督制度》，中国法制出版社 1991 年版。
陈国权、毛益民：《权力法治与廉政治理》，中国社会科学出版社 2018 年版。
董世明等：《马克思主义廉政学说》，社会科学文献出版社 2016 年版。
《二十大党章修正案学习问答》，党建读物出版社 2022 年版。

贺雪峰：《监督下乡——中国乡村治理现代化研究》，江西教育出版社2021年版。

刘建基：《中国古代吏治札记》，社会科学文献出版社2005年版。

秦前红、叶海波等：《国家监察制度改革研究》，法律出版社2018年版。

孙壮志：《苏东剧变中的腐败因素》，研究报告，2009年。

王舴主编：《监督学概论新编》，中国政法大学出版社2020年版。

王京清、孙壮志等：《中国反腐倡廉建设蓝皮书》（1—10），社会科学文献出版社。

王希鹏：《纪检监察学基础》，中国方正出版社2021年版。

徐勇主编：《蕉岭创制："四权同步"的基层治理模式》，中国社会科学出版社2016年版。

张晋藩主编：《中国古代监察法制史》（第2版），江苏人民出版社2017年版。

浙江大学绍兴市纪委市监委：《新时代基层监督的"枫桥经验"：绍兴的探索与实践》，中共中央党校出版社2021年版。

中共中央党史和文献研究院编：《习近平关于全面从严治党论述摘编》，中央文献出版社2021年版。

中共中央办公厅法规局编：《中国共产党党内法规汇编》，法律出版社2021年版。

中共中央纪律检查委员会、中华人民共和国国家监察委员会法规室编写：《〈中华人民共和国监察法〉释义》，中国方正出版社2018年版。

（二）外文译著

［德］黑格尔：《法哲学原理》，邓安庆译，人民出版社2016年版。

［俄］萨塔罗夫：《反腐败政策》，郭家申译，社会科学文献出版社2011年版。

［法］卢梭：《社会契约论》，何兆武译，商务印书馆2008年版。

［法］孟德斯鸠：《论法的精神（上、下册）》，张雁深译，商务印书馆2022年版。

［古希腊］亚里士多德：《政治学》，吴寿彭译，商务印书馆2021年版。

［美］爱德华·格莱泽、克劳迪娅·戈尔丁：《腐败与改革：美国历史上的经验教训》，胡家勇、王兆斌译，商务印书馆2012年版。

［美］罗尔斯：《正义论》，何怀宏等译，中国社会科学出版社 2009 年版。
［美］苏珊·罗丝－阿克曼、［美］邦妮·J. 帕利夫卡：《腐败与政府》，郑澜译，中信出版社 2018 年版。
［美］威尔逊：《国会政体：美国政治研究》，熊希龄、吕德本译，商务印书馆 1989 年版。
［美］约翰斯顿：《腐败征候群：财富、权力和民主》，袁建华译，上海人民出版社 2009 年版。
［新西兰］杰瑞米·波普：《制约腐败——建构国家廉政体系》，清华大学公共管理学院廉政研究室译，中国方正出版社 2003 年版。
［英］伯特兰·罗素：《权力论》，吴友三译，商务印书馆 2014 年版。

二　期刊文章

白杨：《村务监督委员会治理困境与对策研究》，《当代农村财经》2022 年第 1 期。
卜万红：《全面从严治党视域下乡村“微腐败”的成因及其治理》，《学术研究》2021 年第 3 期。
曹光煜：《新媒体监督与其他监督模式形成监督合力的探索》，《行政管理改革》2017 年第 2 期。
常凌翀：《县级融媒体提升基层社会治理效能的逻辑理路与实践向度》，《新闻爱好者》2022 年第 4 期。
陈东辉：《列宁党内监督思想及其当代启示》，《学习论坛》2018 年第 4 期。
陈国权：《主流媒体经济支持体系的新构成——基于 136 家媒体的调研报告》，《现代传播》（中国传媒大学学报）2022 年第 4 期。
陈国权、张岚、曹伟：《论法治民主与权力制约监督》，《社会科学战线》2012 年第 6 期。
陈建平、胡卫卫、郑逸芳：《农村基层小微权力腐败的发生机理及治理路径研究》，《河南社会科学》2016 年第 5 期。
陈瑞华：《论国家监察权的性质》，《比较法研究》2019 年第 1 期。
陈伟：《国家监察全覆盖的内涵、原则及重点》，《学术论坛》2020 年第 2 期。

陈伟:《基层纪检监察监督的实践运行与质效提升》,《湖北社会科学》2022 年第 5 期。

陈伟:《监察法与刑法的衔接协调与规范运行》,《中外法学》2019 年第 2 期。

程竹汝:《加强司法监督制度建设》,《探索与争鸣》2015 年第 2 期。

戴冰洁、卢福营:《农村基层社会治理的权力调控模式创新——写在后陈村村务监督委员会诞生十周年之际》,《浙江社会科学》2014 年第 6 期。

邓峰彬:《习近平法治思想中的权力监督理论》,《人文杂志》2021 年第 6 期。

董亚明、安梅、段文东、杨思伦:《党风廉政建设中党委“主体责任”和纪检“监督责任”的落实》,《中共云南省委党校学报》2014 年第 4 期。

董瑛:《中国特色权力运行制约监督机制的三重逻辑》,《甘肃社会科学》2021 年第 2 期。

付宇程:《发展全过程人民民主:破解基层腐败防治难题的有效路径》,《探索》2022 年第 4 期。

盖逸馨:《全面从严治党的理论依据与实践维度》,《科学社会主义》2020 年第 4 期。

高洪贵、张永杰:《村务监督委员会制度的建立动因及其发展实态研究》,《黑龙江社会科学》2020 年第 6 期。

何增科:《中国政治监督 40 年来的变迁、成绩与问题》,《中国人民大学学报》2018 年第 4 期。

胡玉鸿:《习近平法治思想中权力运行制约和监督理论》,《江淮论坛》2021 年第 5 期。

黄斌、方玉宁、凌妹锋:《地方 12345 政务热线的机制优化研究》,《经济研究导刊》2022 年第 29 期。

江必新、张雨:《习近平法治思想中的法治监督理论》,《法学研究》2021 年第 2 期。

姜胜辉:《村务监督委员会:生发机理、运行困境与路径选择——以广东省佛山市为例》,《山西农业大学学报》(社会科学版)2019 年第 4 期。

李广德、王晨光：《党内权力监督法治化的法理论证》，《马克思主义与现实》2018 年第 1 期。

李莉、孟天广：《公众网络反腐败参与研究——以全国网络问政平台的大数据分析为例》，《中国行政管理》2019 年第 1 期。

李韬、吴思红：《村务监督委员会的实践困境和功能改进——派系、理性和庇护因素的分析视角》，《湖北行政学院学报》2016 年第 5 期。

李晓明：《监察法规抑或监察解释——〈监察法实施条例〉的位阶与定性》，《甘肃社会科学》2022 年第 5 期。

李阳阳：《妨害监察行为刑法规制的困境及其疏解——基于〈监察法〉与〈刑法〉衔接的视角》，《学术交流》2020 年第 10 期。

廖琳：《浅谈对基层政府权力腐败监督的有效路径》，《求实》2013 年第 1 期。

刘汉席：《打通基层监督“最后一公里”的问题分析与对策建议》，《重庆行政》2022 年第 4 期。

刘振勇、李玉华：《法治中国向度民众监督的博弈规制与价值弘扬》，《广西社会科学》2015 年第 11 期。

刘志刚、平凡：《法律监督体系与监督能力现代化进程中的检察监督》，《河北法学》2022 年第 11 期。

卢福营：《基层群众自治视野下的村级权力调控制度创新——浙江省武义县后陈村村务监督委员会制度调查》，《杭州师范大学学报》（社会科学版）2014 年第 6 期。

卢福营：《可延扩性：基层社会治理创新的生命力——写在后陈村村务监督委员会诞生十周年之际》，《社会科学》2014 年第 5 期。

卢福营、江玲雅：《村级民主监督制度创新的动力与成效——基于后陈村村务监督委员会制度的调查与分析》，《浙江社会科学》2010 年第 2 期。

吕曼：《以党内监督为主导推动健全党和国家监督体系》，《人民论坛》2022 年第 24 期。

罗永宽、王文浩：《人民监督：中国共产党破解历史周期率的“第一个答案”》，《廉政文化研究》2022 年第 4 期。

马步广、高青莲：《选举观察制度：基层选举监督新形式的探索与实践》，《江淮论坛》2017 年第 1 期。

马维振：《政治伦理的价值意蕴及建构路径——基于“四风”问题展开的分析》，《理论导刊》2019 年第 12 期。

马新民：《村务监督委员会的监督功能及其完善措施》，《广西民族师范学院学报》2016 年第 1 期。

马雪松、冯源：《纪检监察“四项监督”统筹衔接：制度体系、监督能力与治理效能》，《中共福建省委党校学报》2022 年第 4 期。

钱程：《习近平法治监督理论生成逻辑研究》，《北京警察学院学报》2021 年第 5 期。

乔德福：《健全治理党政机关庸政懒政怠政制度化常态化机制——基于十八大以来官网报道的典型案例调查思考》，《理论与改革》2019 年第 3 期。

秦永超：《监察体制改革背景下农村基层公权力监督机制优化之策》，《领导科学》2020 年第 30 期。

任建明：《村务监督与微腐败治理》，《人民论坛》2018 年第 21 期。

任建明：《十八大以来的反腐败新理念》，《人民论坛》2017 年第 22 期。

宋伟、过勇：《新时代党和国家监督体系：建构逻辑、运行机理与创新进路》，《东南学术》2020 年第 1 期。

孙琼欢：《小微权力清单：从弱规则向强规则转型的村庄治理——浙江省 N 县村级小微权力清单制度调查》，《河南社会科学》2017 年第 10 期。

孙显蔚：《基层党委落实全面从严治党主体责任的困境及对策研究》，《实事求是》2022 年第 2 期。

孙笑侠、冯建鹏：《监督，能否与法治兼容——从法治立场来反思监督制度》，《中国法学》2005 年第 4 期。

田先红：《问责何以导致避责：技术治理中的责任运行机制研究——以 12345 市民服务热线的基层实践为分析对象》，《理论与改革》2022 年第 6 期。

王春玺：《健全对地方党委“一把手”的监督与问责机制》，《中共中央党校学报》2018 年第 5 期。

王建国：《习近平法治思想中关于监察法治论述研究》，《学习论坛》

2022年第1期。

王建芹、王钰：《如何制约、谁来监督——规范基层微权力制度模式再思考》，《观察与思考》2021年第4期。

王力红：《农村基层微权力监督路径和策略研究——以北京为例》，《山西农经》2021年第16期。

王立峰、潘博：《党内基层巡察制度优化路径探析》，《长白学刊》2017年第2期。

王立峰、孙文飞：《农村"微腐败"发生的诱因及治理对策——基于全国38个案例的定性比较分析》，《社会科学战线》2022年第4期。

王希鹏：《坚持和完善党和国家监督体系：基本经验与推进路径》，《中国特色社会主义研究》2019年第6期。

文丰安：《新时代基层领导干部权力监督体系的构建与实现》，《探索》2018年第4期。

肖泽磊、高源：《乡村振兴领域微腐败的行为逻辑和治理策略——基于典型案例的分析》，《湖北民族大学学报》（哲学社会科学版）2022年第6期。

修晓波：《明代巡视监察制度若干问题探讨》，《历史研究》2018年第4期。

徐光超：《全面从严治党，如何在基层落地》，《人民论坛》2017年第3期。

颜佳华、欧叶荣：《党内监督文化的结构、功能及实现路径》，《湖南科技大学学报》（社会科学版）2018年第1期。

杨芳：《庸政懒政怠政也是一种腐败》，《人民公仆》2015年第5期。

尹志学：《分权制衡与现代法治——孟德斯鸠三权分立学说的历史反思与现实启示》，《法律科学》（西北政法学院学报）1998年第4期。

余敏江：《基层微权力监管存在的问题与治理之道》，《人民论坛》2021年第11期。

喻少如、龙嘉：《〈监察法〉与〈刑法〉的衔接机制研究》，《西南政法大学学报》2022年第4期。

曾明、常永辉：《党内监督百年历程的内在逻辑与经验启示》，《甘肃行政学院学报》2021年第3期。

张家伟：《法治视角下村务监督委员会的作用发挥研究》，《三晋基层治理》2021 年第 4 期。

张梁：《健全党和国家监督体系论纲》，《求实》2019 年第 3 期。

张梁：《授权与监督：国家权力配置的中国逻辑与当下拓展》，《理论月刊》2019 年第 10 期。

张陆庆：《论我国司法监督机制的完善》，《山东社会科学》2013 年第 4 期。

张树剑、张正良：《监督法治化背景下的党内法规执行监督机制探析》，《党政研究》2021 年第 3 期。

章红、王木森：《数制法治：小微权力法治监督的逻辑与实践——基于浙江宁海小微权力清单“36 条”数字化改革的分析》，《江汉论坛》2022 年第 12 期。

章雪萍：《基层纪委落实监督责任面临的难点及对策探讨》，《企业改革与管理》2020 年第 3 期。

赵光军：《新中国成立初期毛泽东群众监督思想探析》，《党史博采》2022 年第 7 期下。

郑超华：《新时代党内监督的逻辑理路、运行状况与效能提升》，《求实》2020 年第 5 期。

郑勉：《“接诉即办”监督助力群众问题解决》，《共产党员》2022 年第 9 期。

朱程斌、李龙：《新时代的国家监察委：通过党内法规的政治机关法治化路径初探》，《广西社会科学》2018 年第 3 期。

朱福惠：《党内监督体系的概念生成、制度特征与实践创新》，《党内法规研究》2022 年第 2 期。

邹东升、姚靖：《村干部“微腐败”的样态、成因与治理——基于中纪委 2012—2017 年通报典型案例》，《国家治理》2018 年第 Z1 期。

三 学位论文

蒋武鹏：《国家治理视域下预算监督法治化研究》，博士学位论文，吉林大学，2020 年。

牟春雪：《城市基层社会多元主体合作治理模式研究》，博士学位论文，大连理工大学，2019 年。

张银霞：《新中国成立以来中国共产党纪律建设研究》，博士学位论文，武汉大学，2017 年。

张玉玲：《新中国成立以来党和国家监督体系研究》，博士学位论文，东北师范大学，2021 年。

四　报纸资料

《2021 年全国共查处违反中央八项规定精神问题 104223 起》，《光明日报》2022 年 1 月 28 日第 3 版。

《坚持依法治国与制度治党、依规治党统筹推进、一体建设》，《光明日报》2016 年 12 月 26 日第 1 版。

《十九届中央纪律检查委员会向中国共产党第二十次全国代表大会的工作报告》，《人民日报》2022 年 10 月 28 日第 1 版。

陈曦、刘海峰：《不正之风“零容忍” 维护民利“打苍蝇”》，《中国纪检监察报》2013 年 8 月 15 日第 3 版。

姜洁：《监察体制改革“浙江经验”：监察对象增 83.02%》，《人民日报》2018 年 1 月 15 日第 4 版。

邵景均：《改革开放以来党内监督的基本实践和主要成效》，《中国纪检监察报》2018 年 7 月 8 日第 6 版。

徐日丹：《保障举报人合法权益　调动群众举报积极性》，《检察日报》2016 年 4 月 9 日第 2 版。

严志铭：《把监督融入基层治理全过程》，《中国纪检监察报》2022 年 3 月 24 日第 6 版。

颜佳华、唐志远：《党内监督文化与加强党内监督》，《光明日报》2016 年 12 月 14 日第 13 版。

颜新文、张东红：《浙江激活“神经末梢”　推动基层监督提质增效》，《中国纪检监察报》2022 年 1 月 29 日第 6 版。

赵乐际：《运用党的百年奋斗历史经验　推动纪检监察工作高质量发展　迎接党的二十大胜利召开》，《人民日报》2022 年 2 月 25 日第 2 版。

《中办印发〈党委（党组）落实全面从严治党主体责任规定〉》，《人民日报》2020 年 3 月 14 日第 1 版。

后　记

在中国社会科学院大学攻读博士学位，是我作为哲学社会科学领域工作者所梦寐以求之事。还记得2020年9月，我报到时的情景，就好像发生在昨天一样。2023年6月28日，我如愿穿上了博士学位服，参加了学校的学位授予和毕业典礼，转眼三年的博士研究生生活已经结束。

自2020年1月新冠疫情暴发以来，我们每个人的工作、生活和学习都发生了巨大的变化。我的博士求学之路也是异常坎坷，经历了线上笔试与复试，入学后部分课程线上上课，线上的中期考核、开题、预答辩和答辩，等等。虽然上课与答辩的方式大多是线上开展，但中国社会科学院大学每位教师引导思潮的使命感、激情澎湃的授课和严谨治学的作风都深深印在我的脑海里，他们没有因为是线上而降低授课标准及对我们的学术要求，每位老师都是我今后做人做事做学问的榜样。

首先，感谢导师孙壮志研究员，老师内敛沉静、平易近人、虚怀若谷的大家风范，高屋建瓴的学术造诣，让我每次聆听完老师的授课都醍醐灌顶、受益良多。从毕业论文选题、框架设计都倾注了老师大量心血，后期论文修改时老师更是逐字逐句地推敲，让我感激不尽。也感谢老师为本书作序。其次，感谢中共河北省委党校（河北行政学院）副校（院）长孟庆云教授，党建部主任杨东广教授及教研部各位同人，在求学期间给予诸多支持、帮助，我才能顺利毕业。

本书是河北省社会科学基金项目（HB23ZT074）“新时代坚持和完善党和国家基层监督体系研究”的成果。感谢河北省哲学社会科学工作办公室和中共河北省委党校（河北行政学院）的资助。

本书是在我的博士学位论文基础上进一步充实完善而成。因本人知识储备还有不足，一些地方思考还不够深入，书中难免出现欠缺之处，诚挚恳请诸位老师同人批评指正。今后，我将以博士毕业作为一个新的起点，继续努力学习、不惧困难、勇毅前行，始终做一个哲学社会科学领域的学习者、研究者、宣传者，踏实做人、勤恳做事、严谨做学问。

甄　贞

2024 年 2 月

于中共河北省委党校（河北行政学院）崇学楼